GW00658647

HISTORIA

DE

ARAGON, CATALUÑA, VALENCIA

E ISLAS BALEARES.

DEDICADA

A S. M. DOÑA ISABEL II, REINA DE ESPAÑA,

Y PUBLICADA

BAJO LOS AUSPICIOS DE PROTECTORES PERTENECIENTES A LA NOBLEZA, A LA LI-
TERATURA, AL COMERCIO Y A LA INDUSTRIA DE TODAS LAS PROVINCIAS
DE ESPAÑA.

POR

GABRIEL HUGELMANN.

TOMO I.

MADRID.

IMPRENTA DE JULIAN PEÑA,
Cava alta, 44.

1853.

CUÁNDO con generosa solicitud se dignó V. M. concederme un asilo en España, todo mi deseo, todo mi anhelo se dirigió á dedicar á V. M. una obra que pudiese mostrarle mi eterna gratitud. A este objeto he consagrado los mejores años de mi vida; y hoy que merced á una constancia invariable y á una voluntad firme, he logrado vencer los inmensos obstáculos que se oponian á que llenase cumplidamente mi propósito, me presento con orgullo y satisfaccion, no por la importancia de mi humilde trabajo, sino porque al ofrecerlo á V. M. le ofrezco con él una muestra de mi verdadero y franco reconocimiento.

La Historia, Señora, es la leccion de los reyes: ella debe enseñarles lo que fué el pasado, para que sepan dirigir el presente y preparar el porvenir. Desgraciadamente, rara vez se la coloca ante sus ojos; y si hubo un Bossuet que alimentó la inteligencia de su Real discipulo con la síntesis conocida de los tiempos pasados, ¡cuántos profesores en cambio, han puesto el mayor esmero en ocultarla á la vista de los principes!

El conocimiento de la Historia, es en la época que atravesamos mas indispensable que nunca para los reyes. Hoy que el árbol de la ciencia está al alcance de todos, y que numerosos descubrimientos de incalculables consecuencias exigen nuevas leyes para gobernar el Mundo, preciso es que los que rigen los destinos de las naciones, las conozcan á fondo para saber dirigirlas con acierto.

En efecto, Señora, la época que atravesamos no es en nada semejante á las anteriores, y reclama por su indole particular, esfuerzos tambien particulares. La Humanidad que se forma y crece como un solo hombre bajo la mirada de Dios, llega como aquel á cierto periodo de desarrollo y se opera en ella una revolucion. Entonces, las sociedades que la componen vacilan sobre sus cimientos; se trasforman las creencias; los derechos y los deberes cambian de aspecto; los códigos se completan, se perfeccionan, se sintetizan: la idea de lo justo aparece libre de las trabas que la sujetaban, y los hombres rectos de la vispera, echan de ver que necesitan mucha indulgencia para el dia siguiente. Cada vez que se presenta uno de estos periodos para la Humanidad, sucede una de dos cosas: ó aquellos que la dirigen conociendo la Historia, y elevándose á la altura de su mision, mas dificil entonces que nunca, secundan generosamente el desarrollo humano, ó este desarrollo parado un momento por su mala voluntad, por su ignorancia, los destruye despues y continúa su curso. Asi una tempestad provechosa para la vejetacion en general, al aparecer en la cima de los montes resolviéndose en torrentes de agua y centellas, troncha y arrastra los árboles mayores, que resistiendo la ley de la Naturaleza le oponen mayores obstáculos, y confia la magestad de aquellos campos á las plantas y verduras, cuya savia regenera y vivifica.

Bastará, Señora, que V. M. lea con atencion mi obra, para que se convenza de que esto mismo ha sucedido desde el orígen del Mundo, sin que ningun poder, cualquiera que fuese su fuerza y antigüedad, háya logrado retrasar una hora siquiera el cumplimiento del plan providencial; y esto mismo sucederá en adelante, hasta el dia en que saliendo la Humanidad de su infancia, sepa dirigir por sí misma su desarrollo y engrandecimiento, y atravesar las revoluciones, sin hacer víctimas ni crearse opresores. Yo me propongo estudiar con el mayor esmero la marcha de la Humanidad al través de los siglos; y no es mi objeto tan solo narrar los hechos, quiero además buscar su causa y demostrar sus resultados: quiero seguir el plan providencial en su cumplida marcha desde la creacion del Mundo, y al escribir la Historia de vuestras cuatro provincias del Nord-este, abrazar de una rápida ojeada la de todas las provincias dé la Tierra.

Tiempo es ya de probar al Mundo entero, que una ley suprema de solidaridad liga todo lo que existe, y que nada se ha hecho ni se hace en la superficie del Globo, que no haya sido ó sea necesario para lo que ha sucedido ó está sucediendo ó ha de suceder, en todas las partes de la armonia universal, presidida por Dios. El Universo es una máquina inmensa, cuyo objeto ignoramos, pero cuya existencia no niega ya ningun filósofo: todo se encamina á esta organizacion infinita, todo es mutuamente necesario: el astro que atraviesa el espacio buscando un centro de gravedad distinto del que abandona, es indispensable al planeta, cuyo séquito vá á completar: del mismo modo tal hecho histórico, sucedido en tal época es indispensable á tal acontecimiento verificado la víspera ó el dia siguiente; él le completa ó le prepara, y lo que es mas aun, no existe sino en fuerza de su necesidad. Impedid la union de la Córcega con la Francia y ¿qué será de Napoleon? Pero Napoleon debia existir y todas las fuerzas humanas no hubieran podido impedir que la Córcega se uniese á la Francia cuando llegó la hora que le estaba señalada; ¡Dios lo quiso!

El estudio de la Historia es, Señora, tanto mas útil á los reyes en los momentos supremos, cuanto que les dá una idea exacta de la mision de la Divinidad en la Tierra, y les hace profundamente religiosos: no bajo el punto de vista vulgar que prosterna á un individuo ante la Divinidad particular que una nacion venera, sino bajo el punto de vista magnífico y elevado que postra á los séres de alta inteligencia, ante la Divinidad general. En las horas de crísis, lo que hace falta á la Humanidad, es un Dios, una creencia. Llegado el momento en que la Fé que la guiaba es insuficiente para su inteligencia, se cree engañada y degenera en ecléptica; la duda mina sus cimientos y el desórden la destruye. Si apareciese entonces una inteligencia capaz de encontrar la nueva Fé que debe reemplazar á la antigua, la revolucion se organizaría, el órden aparecería de nuevo con la creencia, y la felicidad renacería con la certidumbre.

Si por fortuna, cosa por cierto muy difícil, esa inteligencia existiese al nacer la revolucion y lograse hacerse comprender, ¡cuántas lágrimas y dolores no se evitarían á los hombres! Pero desgraciadamente son raros en el Mundo esos séres privilegiados. Solo despues de años y años de incredulidad, de luchas, de duda y sufrimiento, aperece la gran figura, el hombre hasta entonces desconocido; y Redentor del Mundo estraviado, esclama: «hé- me aqui!» y aun entonces, ¡cuánto no tiene que luchar él y sus discípulos, para identificar á la Humanidad con Dios, á Dios con la Humanidad! ¡Cuán- tas y cuántas sectas hijas de la necesidad de creer no le disputan el imperio del Mundo, hasta que llegue el momento en que se estingan al eco de su voz, como se estinguieron las del Liceo, el Pórtico y la Academia, á la voz de Jesucristo! Este tiempo y estas luchas desaparecerian, si la Historia, elevada á la altura del sacerdocio, fuese conocida en su filosofia por los que se ha- llan al frente de la Sociedad en los momentos de crisis.

Hace mas de un siglo, por ejemplo, que la sociedad occidental, centro de la Humanidad entera, se agita inquieta. Cuantos hombres de genio ha pro- ducido en este espacio de tiempo, han hecho inmensos esfuerzos para res- ponder á sus necesidades, para satisfacer sus deseos, y ninguno de ellos lo ha conseguido; porque ninguno se ha elevado lo bastante en el conoci- miento de la filosofia de la Historia. Unos se han presentado con planes de reformas económicas, y mientras trataban de plantearlos, todo lo que en la Sociedad no depende de la economia, se ha deshecho entre sus manos. Otros han ensayado fórmulas políticas, han modificado á su antojo el mapa del Mundo, y han dicho: «El sacerdocio del dia es la diplomácia!» Y mientras que así variaban la faz de las naciones, todo lo que no era del dominio esclusivo de la política, se conjuraba contra ellos, y su obra privada del apoyo de las masas, ha aparecido vacia como un globo agujereado en el momento de su ascension. Algunos han creido resolver el problema ocupán- dose esclusivamente del trabajo material, como si un relojero colocado de- lante de un péndulo descompuesto, no tuviera mas que arreglar la rueda rota para obtener de nuevo la hora corriente. Muchos han dirigido sus mi- radas hácia el Pasado, y han copiado sus leyes queriendo organizar con ellas el Presente; ¡vana quimera! Querian envolver á la Humanidad adulta en los pañales de su infancia, y ella indignada los ha desgarrado, como haria un hombre vigoroso á quien se quisiera castigar como á un niño. Otros, en fin, y son los que mas se han aproximado á la verdadera solucion del problema, han tratado de buscar una filosofia nueva, una religion acorde con las actuales aspiraciones de la Humanidad; pero al plantearla despues de graves estudios, se ha visto que no habian leido lo bastante el gran libro del Pasado, y no han tenido en cuenta, que todo lo que existe y todo lo que vá á existir, es y será consecuencia de lo que ya ha existido, así como la juventud es consecuencia de la infancia, y la vejez consecuencia de la ju- ventud: han puesto en duda la revelacion, en vez de apoyarse en ella. Así la Humanidad se encuentra hoy en el mismo estado que el dia en que Voltaire empezó la destruccion del gran edificio, á cuya sombra se cobijaba desde el tiempo de Jesucristo: los gobiernos se suceden unos á otros sin probabilidades de que les sobrevivan sus ideas; las masas continúan buscando por do quier un centro alrededor del cual puedan agruparse; los hombres científicos se preguntan á qué síntesis deben referir su ciencia; los artistas buscan una luz para recibir de ella inspiraciones; las madres buscan una creencia para embalsamar con ella la cuna de sus hijos, y todos los que sucesivamente dirigen la Sociedad occidental, se estrellan contra la justa acusacion de su impotencia. Es preciso que aparezca una inteligencia superior, una inteligencia que comprenda que la situacion en que se encuentra hoy la Humanidad, necesita algo mas que responder á sus necesidades particulares; algo mas que enmendar algunos artículos de sus códigos; algo mas, en fin, que reformar los detalles: necesita una organizacion completa y nueva. Es preciso que una inteligencia superior comprenda, que todo hecho debe considerarse por lo que en sí es, y amoldarse á una nueva sintesis religiosa. Sin esto, nada se hará definitivo, y la Humanidad continuará marchando como un ciego que no da un paso sin tropezar, ni tropieza sin peligro de caerse. Y esa inteligencia, Señora, esa gran inteligencia que nuestra época necesita, es preciso que se alimente con la filosofia de la Historia; es preciso que se acostumbre á no estudiar los detalles aislados, sino á ver por el contrario las generalidades, y á sintetizar lo que hace un siglo se viene analizando; que el conocimiento en fin, de las diferentes fases recorridas por el plan providencial, le ponga en estado de prever cómo ha de recibir la fase nueva que hoy se le presenta.

La Historia estudiada bajo el punto de vista en que yo me propongo considerarla, prepara los ánimos para la venida de esa inteligencia suprema que todos esperan, y que hoy quizás se manifieste bajo la forma colectiva del pueblo mismo. Acostumbra á los individuos en particular á reconocer la ley de solidaridad que les une entre sí, y á creerse, en fin, llamados sobre la Tierra para llenar los designios de Dios. Presenta por primera vez acordes entre sí los principios, hasta ahora tan opuestos, de la Omnipotencia providencial y de la Libertad individual del hombre, probando que pueden existir no ya sin contrariarse uno y otro, sino equilibrándose por el contrario, de un modo sublime y milagroso. Enseña sobre todo á los potentados de la Tierra, y esta es quizás su mayor utilidad, á no temer los acontecimientos de que pueda ser juguete su fortuna, á esperarlos con serenidad, y á servir de para-rayos á la Sociedad, en vez de luchar contra ella y de sucumbir con ella. Consuélalos de la injusticia, abriéndoles las puertas del Porvenir, y enseñándoles que en él solo está la imparcialidad. La filosofia de la Historia hace que el hombre descanse tranquilamente en la certeza de lo que no puede dejar de ser: asi me lo escribia poco tiempo antes de su muerte un anciano respetable, cuyo nombre es *Lamennais*. También él estaba persuadido de que todo lo que se hacia á sus ojos en favor de la Humanidad, era insuficiente para sofocar la revolucion que la agita.

No es sin embargo mi ánimo, Señora, dar á la obra que trato de publicar, un carácter esclusivamente filosófico, no concediendo á los hechos sino un lugar secundario. Lejos de eso, los mismos hechos serán los que me sirvan de base para demostrar la existencia del plan providencial que veo en todo y para todo. Tan solo en el modo de presentarlos á mis lectores, está el secreto de mi doctrina ; y estoy persuadido de que ninguna teoria pudiera ser preferida á esta aplicacion inmediata de los hechos en su órden natural y providencial á la vez. Inútil es la reflexion cuando los hechos hablan por si mismos. Las investigaciones de la incredulidad han enriquecido demasiado el análisis, de un siglo á esta parte, para que yo halle dificultades en justificar mi conviccion, aun cuando tuviera que retroceder al estudio de los tiempos mas remotos. Los tiempos del escepticimo tienen tan solo una ventaja : sus trabajos operados la mayor parte de las veces para asegurar el triunfo de la negacion, proporcionan precisamente todos los elementos necesarios para probar la existencia de la afirmacion que está llamada á destruirlos.

V. M. se preguntará quizás, por qué, siendo mi intencion estudiar la marcha general de los acontecimientos bajo un plan providencial, he escogido con preferencia la Historia de las cuatro provincias del Nord-este de la Península, en vez de la Historia del Mundo. La obra que voy á publicar, Señora, no es, por decirlo así, sino el prólogo de otra obra de mayor importancia que me reservo emprender mas tarde, bajo el título de *Biblia de la Humanidad*. Mas instruido entonces que hoy, rico de una erudicion adquirida en los estudios necesarios para escribir mi *Historia de Aragon*, considerada en sus relaciones con la *Historia universal;* mas familiarizado con los hechos generales, emprenderé un trabajo, que á mi modo de ver es indispensable; procuraré reunir en una sola obra la esencia de todos los conocimientos humanos. Muchas de las ideas que voy á emitir hoy, no serán bien comprendidas, sino despues de publicado mi segundo y principal trabajo, en cuya preparacion llevo empleados los mejores años de mi juventud. En la introduccion de la obra que tengo la honra de dedicar á V. M. esplico los motivos que me han impulsado á escribir la historia de las cuatro provincias, que la Providencia ha hecho mi patria adoptiva. La gratitud me imponia un deber; la inspiracion me ha prestado un medio sublime de llenarle, y en esto veo tambien la soberana mano de la Providencia, que proporciona al Hombre las ocasiones de llenar su mision sobre la Tierra, obedeciendo naturalmente á los impulsos de su corazon.

La península hibérica, esa magnífica parte de la Tierra, colocada por el destino á la sombra de vuestra corona, ha desempeñado siempre en el mundo uno de los mas importantes papeles; ha tomado siempre una parte activa en todos los grandes movimientos que han contribuido á la trasformacion de la Humanidad, y sus provincias del Nord-este particularmente, han sellado con su nombre glorioso, los hechos mas notables de la Tierra. Y si estas provincias no han presidido todos los grandes movimientos del Universo, han tomado en cambio una parte tan activa, que no es posible separarlas de ellos.

Hoy mismo, hoy que el Occidente las tenía olvidadas, acaban de mezclarse en esa gran lucha de las nuevas aspiraciones contra las voluntades reaccionarias que se oponian al progreso de la Humanidad. Formidables escuadras cubrian el mar Negro y el Báltico, dispuestas á incendiar las ciudades del Czar : poderosos ejércitos inundaban las llanuras de Oriente ; la Europa entera se agitaba á impulsos de la Francia y la Inglaterra, de esas naciones poderosas que se juzgaban el alma de la civilizacion occidental, y que estaban muy lejos de esperar que otras naciones, hijas del Progreso, descenderian á la arena y ocuparian un lugar mas digno y mas atrevido que el suyo. Barcelona se conmovió un instante á orillas del Mediterráneo en cuyas aguas baña sus piés; vuestro reino entero respondió á aquel estremecimiento, y la península ibérica impulsada por sus provincias del Norte, ha tomado en esa lucha contra la tirania, una parte mas grande, mas noble que la Francia é Inglaterra. El pronunciamiento de Barcelona será mas fatal á las ideas que defiende el Czar, que esa victoria de Alma, en cuya celebracion hace retemblar los ecos en este momento el cañon de los Inválidos de Francia.

Suspendo aquí esta dedicatoria; V. M. se dignará aceptarla perdonándome su demasiada franqueza. No sé si mis fuerzas alcanzarán á llenar cumplidamente la mision que me he propuesto ; de todos modos lo intentaré impulsado por el deber y la gratitud. V. M. me prestó generosamente un asilo, yo la dedico un libro en cambio: es lo único que puede ofrecer á una Reina. un escritor proscrito.

Dígnese V. M. recibir la espresion sincera de consideracion y respeto con que besa los piés de V. M.

GABRIEL HUGELMANN.

24 de agosto de 1854.

A mis Protectores.

Tres años hará muy pronto, que un pequeño buque de contrabandistas mallorquines, condujo desde Africa á la mas importante de las Islas Baleares, á once franceses que se habian escapado durante la noche de la cárcel celuraria de Argel, arrancando una reja, escalando un muro de veinte piés, y descolgándose por medio de cuerdas hechas con sus propias camisas, de una elevacion de mas de ochenta piés, sobre las peñas que rodeaban su prision.

Un mes entero permanecieron ocultos en diferentes sitios y custodiados por la amistad, esperando una ocasion favorable para salir de aquella tierra en que tanto tenian que temer. La ocasion se presentó por fin, y despues de vencer inmensos obstáculos lograron embarcarse en un débil esquife mallorquin, que tenia la mision de conducirlos á Gibraltar para pasar desde alli á Inglaterra; mas los contrabandistas, que habian sido generosamente pagados por los demócratas de Argel, concibieron el infame proyecto de entregarlos á la policia española, esperando así recibir una doble recompensa. Muchos dias navegaron errantes á la vista de las costas de Mallorca espiando un momento oportuno para realizar sus planes; pero descubiertos por un buque de Estado, en el momento en que descargaban el contrabando, les dió caza, les alcanzó, y desde aquel momento los refugiados franceses, hallaron á la sombra hospitalaria del pabellon español, la proteccion que buscaban bajo el pabellon inglés.

El autor de esta Historia, hera uno de aquellos desgraciados. Tres años habia permanecido en el mas estrecho cautiverio, perdiendo la libertad sin tener tiempo para conocer la vida. Preso cuando apenas veinte inviernos desojaban los árboles de su patria sobre su frente jóven y ardiente, jamás abrigó en su corazon la menor simpatia por la Inglaterra; deseaba dirigirse á Lóndres con la sola esperanza de encontrar alli á Victor Hugo, á Mazini y á Kossuth, hombres á quienes admiraba largo tiempo hacia. Pero creyente como poeta, fatalista con esceso, juzgó que la Providencia no habia permitido en vano á los contrabandistas realizar en parte sus proyectos, y permaneció en Mallorca, paseándose por las noches á la orilla del mar, y perdiéndose durante el dia entre los centenarios olivos que cubren la campiña con su venerable sombra. En esos paseos solitarios, concibió la primera idea de la obra que va al fin á ver la luz pública.

Allí, lejos de la sociedad, tranquilo y reflexivo, repasó en su imaginacion todos los conocimientos diversos que habia adquirido durante su largo cautiverio, y concibió el deseo de encontrarles una síntesis, de someterlos á las reglas de una unidad luminosa por cuyo medio pudiese reconocerlos, clasificarlos, hacerlos útiles á sus semejantes y á sí mismo. Esta idea le hizo proyectar el plan de una Biblia de la Humanidad, obra colosal que mas tarde se propone escribir, y que debia encerrar en si la causa de todo lo que ha sido, la razon de todo lo que es, y la profecia de todo lo que tiene que ser. Pero para escribir una obra semejante, era preciso haber recorrido todas las bibliotecas del mundo, haber visitado las cinco partes del globo, y haber hablado como Humbolds con los creyentes de todas las religiones del universo. Además, no es á la edad de veinte años cuando se debe tener la pretension de sintetizar la obra de inmensos siglos y de formar por ejemplo de esta síntesis, una nueva creencia religiosa capaz de regenerar la humanidad. Entonces reconoció que antes de lanzarse á ese colosal trabajo, necesitaba su espíritu de una preparacion, y juzgó que la historia parcial de una de las partes de Europa, escrita bajo el punto de vista elevado en que queria colocarse, podria ser la mejor introduccion para la grande obra que proyectaba, sobre todo, si esta historia, saliéndose de los límites ordinarios, ensanchaba el horizonte trazado hasta el dia á esta clase de publicaciones, y se convertia en sus manos en instrumento para estudiar á vista de pájaro, digámoslo asi, la marcha de la Humanidad á traves de los siglos y bajo la suprema voluntad del autor aun indefinido del plan providencial.

Mas ¿de cuál pais de Europa escribiria la historia? Para responderse á sí mismo necesitaba buscar un pais continuamente mezclado en todos los grandes acontecimientos que han trasformado la Humanidad, desde la creacion hasta nuestros dias; necesitaba un pais que hoy aun fuese por el porvenir que le espera uno de los mas importantes del Globo: necesitaba un pueblo cuyos sacrificios por la libertad y por el progreso, por todo lo que es grande y por todo lo que es lógico, le permitiese estudiar en sus propias masas lo pasado que los historiadores por desgracia no examinan generalmente, sino en la superficie de la Sociedad, á veces la menos digna de este estudio y casi siempre la menos útil al cumplimiento de los grandes designios de Dios. En los momentos de calma, esas clases superiores disfrutan de una importancia aparente que solo han adquirido por los méritos de sus antepasados nacidos en el pueblo; pero cuando llegan las horas verdaderamente grandes, aparece su nulidad, y solo las mas inferiores hacen siempre, dirigen y terminan las revoluciones mas importantes. Lo supérfluo lleva en si mismo su castigo.

El autor dirigió sus miradas al Mundo, como para abrazar de un solo golpe de vista todos los estados, todas las nacionalidades en su pasado y su presente. Preparábase á clasificarlos segun sus méritos, cuando la gratitud le hizo considerar mas particularmente el pais donde la Providencia le habia enviado, y en el que habia sido recibido como un hijo. Este pais era justamente el que buscaba; razon habia tenido en ser fatalista y en no marchar á Londres: cuando la Inglaterra permanecia aun en estado salvaje, Cataluña en relacion con Fenicia, conocia ya lo que habia pasado en la India, y sabia leer los misteriosos geroglíficos de los sacerdotes ejipcios. Si, el refugiado político debia escribir la historia de la antigua coronilla de Aragon, la historia de las cuatro provincias del norte de la Península Ibérica, porque ellas han figurado siempre en primer término y han influido de un modo particular en todas las determinaciones humanas.

3

Habia ya tomado esta resolucion, cuando las circunstancias le condujeron á Barcelona. En la soledad elaboró el pensamiento filosófico de la obra que meditaba ; en medio del ruido de la ciudad fabril, iba á elaborar el pensamiento social. Cuando un hombre pensador ha permanecido algun tiempo en medio de una naturaleza rica, pero solitaria como la que abandonaba, y de pronto se encuentra en una ciudad poblada por todas las clases de la Sociedad, no puede menos de estrañar la diferencia del espectáculo que se ofrece á su vista. La víspera, aun en los momentos en que la tempestad oscurecia el horizonte, hacia retumbar el espantaso trueno, abria las cataratas del cielo y doraba el agua que ellas vertian con el luminoso reflejo de los rayos; todo cuanto veia demostraba armonia, libertad, bienestar ó al menos predisposicion á él; y cuando la tempestad habia desaparecido, nadie podia negar á su alrededor que toda aquella naturaleza un instante turbada, era feliz, libre, armoniosa; que la diminuta yerbecilla disfrutaba de los dones de naturaleza en la misma proporcion que la encina corpulenta, el átomo imperceptible en el espacio como la soberbia montaña, el lagarto perezoso como el águila reina de las aves! En el seno de la Humanidad por el contrario; aun en los momentos en que está tranquila, cuando ninguna tempestad brilla en su frente, cuando no aparece nube alguna en su horizonte, cuando la centella revolucionaria no la conmueve hasta sus cimientos, solo se vé desórden, esclavitud, desgracia, ó al menos eterna predisposicion al infortunio: y si la tempestad estalla, nadie puede negar que esa masa cuyos sufrimientos adormecia un tanto la tranquilidad, es infeliz, esclava y desordenada; que el rico tiene tan poca seguridad en su porvenir, como el pobre, el rey como el vasallo, el sacerdote poderoso como el ateo sin poder alguno.

Si el hombre pensador se pregunta la causa de esta diferencia, no tarda en darse cuenta de ella. La Naturaleza sometida mas directamente al plan de la Divinidad, obedece á las leyes de desarrollo que la hacen aparecer dulce hasta en sus cambios y revoluciones. La Humanidad en relacion menos directa con el plan providencial, llamada principalmente á discutirlo ejecutándolo no obstante, no ha podido reunirse aun bajo una enseña única, obedece á leyes contradictorias de desarrollo, que la condenan á sufrir hasta en los tiempos de calma y de reposo. Si el filósofo busca el remedio, no tarda en conocer que conduciendo á la Humanidad, rica de inteligencia, á la unidad libertadora, pronto se la veria dirigirse armoniosamente por la senda del progreso: se la haria ejecutar sin pena, complacer por el contrario la voluntad suprema, se la conduciria hácia el divino objeto por un camino sembrado de flores y de felicidad. Reunidla bajo una sola bandera, dadle una forma única de gobierno, inspiradla una misma fé en un solo Dios, concededla la libertad templada por la solidaridad, y las tempestades no volverán á agitarla, y la vereis creceren la alegría, morir en la paz, resucitar en la gloria y estar con Dios en relacion directa.

Si el filósofo es historiador, reconocerá al momento que esta ley de unidad ha sido el deseo constante de la Humanidad coleetiva, y que todos los grandes genios no han aspirado mas que á su rehalizacion. Para conseguirlo Brahma organizó la India; los creyentes ejipcios construyeron sus pirámides, hicieron sus obeliscos; los druidas edificaron sus dolmens, amontonaron sus cromlechs; Pitágoras enseñó su doctrina; Moisés dió su ley á los hebreos; Alejandro atravesó como un relámpago siempre victorioso, todos cuantos paises se conocian en el Mundo; Cesar pasó el Rubicon; Jesus y Mahoma evangelizaron, el uno con una cruz como enseña de redencion, y el otro con una cimitarra, como enseña de persuasion; Carlo-Magno reconstituyó un imperio; Napoleon llegó hasta Rusia; y Robespierre murió en el cadalso tratando de formular su pensamiento religioso con aquellos labios que acababa de mutilar un infame. Una fuerza de resistencia, que los que no creen en la existencia de un genio del mal solo pueden atribuir á la necesidad en que se hallan todas las cosas de no existir sino sobre una base de dificultades vencidas, ha detenido constantemente á estos héroes en su marcha; pero una fuerza de atraccion hácia lo mejor, que los que no creen en la existencia de una fatalidad cualquiera tienen que atribuir no obstante á la superioridad del progreso sobre el Pasado, ha impedido que los esfuerzos de aquellos hombres fuesen inútiles y ha hecho de sus obras otros tantos trabajos avanzados donde la Humanidad ha venido á agruparse mas ó menos rápidamente. La Historia pues, demuestra que en la Humanidad existe la unidad en estado de aspiracion. Quizá ha sucedido lo mismo á la Naturaleza toda, antes que el Globo atravesase las revoluciones primitivas que algunas veces han variado su superficie; y acaso de la misma manera que al terminarse la juventud del Globo, la armonia ha presidido á su existencia como preside á la del Universo entero, que tambien en su origen nació sin duda de un desórden primitivo; la Humanidad que ya cuenta algunos años, verá reinar sobre ella la armonia cuando llegue á su pubertad.

Marchamos pues á la unidad, á la armonia. La suprema voluntad, el plan providencial es ese, y todos los intentos malos reunidos solo conseguirán personificar esta fuerza de resistencia, necesaria, para moderar los impetus de las masas; á pesar suyo, el mal es casi siempre esclavo del bien, su instrumento en algunas ocasiones y moralmente inferior á él en todas. ¿Quién personificará la fuerza de atraccion hácia lo mejor? En los primitivos siglos fué la fuerza material; en los que les siguieron la creencia ciega y fanática; en los siglos modernos que las revoluciones han atravesado, será la fé instruida, la fé apoyada en la Historia: la salvacion de la Sociedad actual se cifra en la instruccion de las masas.

El autor de estas líneas, convencido de esta verdad comprendió cuán precioso era el pensamiento que se le habia ocurrido de sintetizar los conocimientos en provecho de las masas. En medio del caos en que una incredulidad continua ha sumido á todos los miembros del cuerpo social, los conocimientos humanos privados de un punto de partida, están esparcidos á disposicion del mal, y solo cuando alcancen ese punto de partida estarán á disposicion del bien. No anatematizaremos en verdad las épocas de crítica que han llevado á la Humanidad por el camino de la duda hácia la necesidad de una creencia superior á aquella que ya le era insuficiente; pero fuerza es reconocer que cuanto menos duracion tienen esas épocas, mas pronto se realiza el progreso; el análisis necesario para la creacion del nuevo evangelio, se ha prolongado bastante desde Lutero hasta nuestros dias y me felicito por esta razon de haber sido de los primeros que han pensado en la síntesis, hoy que el péndulo providencial ha señalado por fin la hora en que debe empezar la época de organizacion.

Siempre que ha aparecido en el Mundo una doctrina nueva, su primer cuidado ha sido ocuparse de la instruccion de las masas; y siendo cada nueva doctrina un grado mas avanzado que la anterior á que sucedia, la instruccion ha sido cada vez mas estensa, la iniciacion cada vez mas completa, el catecismo cada vez mas claro, la ciencia cada dia mas al alcance de todos. Así como á cada paso de un niño en sus primeros años se vé á su madre cariñosa prepararle los alimentos que puede digerir y acostumbrarle poco á poco á poder comer de todo cuando se haya desarrollado, del mismo modo á cada paso de la Humanidad, la Providencia ha ido preparando á esta hija idolatrada los alimentos morales que podia soportar, á fin de acostumbrarla al completo alimento espiritual que la espera cuando llegue á su pubertad. Las primeras doctrinas han tenido por punto de partida la revelacion: sus apóstoles fueron llamados una noche por voces misteriosas, se les dijo que la Humanidad debia marchar hácia adelante, y fieles á su vocacion repitieron á las masas lo que habian oido: Dios era el que se manifestaba entonces y llamaba hácia si á los hombres. Despues, cuando esta doctrina se hubo repetido bastante tiempo, la Humanidad buscó naturalmente á ese Dios que la llamaba, y la doctrina no fué ya solo una revelacion, fué una investigacion: la creencia vino á ayudar á la fé. Hoy que la Humanidad conoce á Dios por la revelacion y por la investigacion, tan solo espera conocerle por la armonía, y esa armonía la obtendrá cuando el conocimiento perfecto del pasado haya hecho ver á las masas la sabiduria del plan providencial, y les haya indicado los medios de secundarlo, ejecutándolo con placer en vez de entorpecerlo por medio del desórden ó de separarse de él por egoismo. Hé aqui por qué la instruccion, revelacion en un principio, ciencia despues, debe ser hoy filosofia. La Humanidad ha llegado á un periodo semejante á aquel en que el padre de familia llama á su hijo mayor á una habitacion solitaria, para recordarle su vida pasada, á fin de que abrazándola en todos sus detalles, reconozca las faltas que ha cometido y el bien que haya podido hacer, y se trace para el Porvenir una linea de conducta basada sobre la observacion.

El autor de estas lineas, al escribir la historia de la coronilla de Aragon iba á la vez á probar su reconocimiento á su patria adoptiva, á trabajar en esta sintesis que debe poner fin á la duda y por consiguiente al malestar de que son presa todas las clases de la Sociedad y á facilitar á las masas esa instruccion histórica por cuyo medio llegarán á la altura de la doctrina del Porvenir. Prometióse pues recurrir á toda clase de medios para realizar este proyecto que satisfacia los mas dulces instintos de su corazon, las mas nobles aspiraciones de su religiosidad y los mas vehementes deseos de su espiritu. Dios sabe cuán dificil es á un proscrito errante en un pais cuya lengua ignora, publicar una obra como la que ya he emprendido, sobre todo con las condiciones de lujo que deben adornarla para ocupar la atencion y sostenerse á la altura del objeto que la motiva. Sin libros, sin medios de existencia, sin techo para abrigarse cuando la tempestad rujia en el cielo, tuvo que crearlo todo á su alrededor desmintiendo aquel dicho triste pero verdadero de un gran filósofo muerto hace poco tiempo. «¡El proscripto está solo por do quier!» Si el autor de estas lineas ha desmentido esas palabras, se ha creado los medios de que carecia, y su obra va al fin á ver la luz pública.

Preciso es convenir, señores, en que este triunfo lo debe tanto á vuestra generosidad como á su perseverancia, y que sin vuestro apoyo le hubiera sido imposible conseguir su objeto. Pero existe un pais de Europa, donde la hospitalidad ha tenido fé en la proscripcion, donde el desterrado no se ha encontrado solo, donde trescientas personas de todos los partidos han respondido á su llamamiento, y sin pensar acaso lo que podia ser su obra, le han proporcionado los medios de emprender su publicacion. Sin duda os habeis decidido considerando tan solo, que un libro mas, si no proporciona ningun bien á la Humanidad, no puede tampoco ocasionarla mal alguno y que una buena accion pesa siempre en el platillo del bien, en la balanza de los destinos. Yo haré cuanto pueda para que mi obra tenga un mérito igual á la generosidad de vuestros corazones y para que se distinga del mejor modo posible en los anales de vuestra patria.

En el fondo quizá, adelantando el precio de esta historia habeis obedecido á ese sentimiento interior que existe en todos los hombres de contribuir de una manera positiva al desarrollo del progreso. Debemos convenir en esto, y hé aqui una prueba mas de la escelencia colectiva de las disposiciones que la Humanidad abriga cuando dominamos nuestras pasiones, los hombres todos, de cualquier color politico que sean, quieren marchar hácia adelante; el retroceso no existe en la imaginacion de nadie; cuando nos acusamos mutuamente de reaccionarios, no usamos de la verdadera espresion en la acepcion moral de esta palabra, y únicamente los intereses egoistas conservan estacionadas á individualidades cuyo espiritu se dirige hacia el Porvenir tanto y algunas veces mas que los que combaten esas individualidades por instinto de conservacion consuetudinario. El autor de esta historia lo reconoce asi: con motivo de su publicacion se ha encontrado mas de una vez con personas de opiniones enteramente opuestas á las suyas, y sin embargo al cabo de media hora de conversacion se ha convencido de que abrigaban en el fondo deseos iguales á los suyos, de distinta manera formulados, agrupados de un modo diferente pero dirigidos á obtener resultados idénticos. Esos deseos que en todos los hombres existen solo necesitan ser puestos en comunicacion, ser agrupados por un mismo órden, para que lo que nosotros llamamos opiniones diversas, llegue á ser una aspiracion única de la Humanidad hácia el infinito. La Providencia por otra parte reduciendo los siglos al valor microscópico que verdaderamente tienen considerados con respecto á la inmensidad de la duracion, permite al filósofo reirse de esos odios eternos de indivíduo á indivíduo, de partido á partido, y confundir todas las individualidades en un mismo amor : algunas de ellas obran en un sentido, otras en otro distinto, pero siempre para la realizacion del fin providencial, sin que ninguna haga el mal por el mal confesándoselo á si misma. El dia en que la unidad establezca la armonia, nos sonreirémos al recordar nuestras divisiones y confundirémos en un mismo sentimiento de compasion á los que han sido y son aun sus instrumentos y sus víctimas.

Entretanto, recibid, señores, la espresion sincera de mi gratitud. Gracias á vosotros, gracias á vuestro generoso concurso, voy en fin á llenar el deber que me imponia el reconocimiento, á trabajar en esa sintesis que la Humanidad espera, y sobre todo, á enseñar á las masas, en lo que mis limitadas facultades me permitan, la filosofia de la historia que debe iniciarlas en el conocimiento del plan providencial. Yo os doy las gracias sobre todo en nombre de la necesidad que tienen esas mismas masas de saber para ser dichosas, de aprender para llegar á su felicidad. Veo delante de ellas el templo magnífico donde el Porvenir las espera : la ciencia les abrirá sus puertas. Dichoso el escritor que las conduzca hasta su pórtico, dichosos los hombres que le hayan proporcionado el medio de hacerlo, librándole de las pesadas cadenas de la necesidad impotente y celosa.

DE LA MISION ACTUAL DEL HISTORIADOR.

Cuanto mas se acerca la Humanidad á la época de armonía que le está profetizada desde hace tantos siglos, tanto mas debe acercarse al objeto mismo que ella se propone todo lo que pertenece á la instruccion de las masas, tomando por punto de partida la nueva idea sintética que gira á su alrededor. La historia es la forma moderna que con mas preferencia debe adoptar la instruccion para ofrecerse á las masas: su mision no se limita á narrar los hechos; hoy debe clasificarlos, compararlos, recorrer las relaciones que han existido entre ellos y buscar la mano de la Providencia en cualquier parte donde se han cumplido. El historiador debe ser un apóstol: empuñando la antorcha de la fé que va de nuevo á iluminar al Mundo, debe recorrer las ruinas del pasado para encontrar y señalar la voluntad continua de Dios presidiendo á todas las cosas de la Tierra; y hoy que las masas tienen edad bastante para apreciar lo que se les invita á creer, debe por medio de la esposicion verdadera de lo que fué, probaríes que la idea del progreso que va á gobernar al Universo es hija, es heredera, es consecuencia lógica de los siglos que atravesaron nuestros antepasados; debe establecer con claridad que todo lo que ha sido, ha tenido por objeto todo lo que debe ser, y por consiguiente, debe esplayar señalando sus pormenores el plan providencial cuyo desarrollo le ha sido al fin permitido estudiar. Desde el principio de la Sociedad, desde que la Humanidad comprendió y percibió, han marchado sus conocimientos por vias separadas para mayor claridad; en ciertas épocas se han sintetizado bajo la mano de un hombre inspirado, para formar un Evangelio, pero bien pronto se han vuelto á separar para seguir su marcha aislada y analítica. Hoy que ha llegado la hora de la gran síntesis, van á reunirse en una sola via y no podrán caminar mas que unidos, porque, lo demostraré con toda claridad, tienen entre si relaciones tales, que su separacion no puede existir sin prolongar los tiempos del error. El historiador debe ser un apóstol, he dicho; debo añadir que el apóstol moderno tiene que ser sabio, artista y poeta á la vez, porque está reconocido que Dios no se manifestará ya á los hombres, sino bajo la forma triple de de la ciencia, de las artes y de la poesia, que deben constituir la creencia del porvenir.

Cuando la Humanidad era incapaz por si sola de comprender su mision sobre la Tierra, era preciso para que trabajase en la mision que le estaba conferida, que una manifestacion superior se le indicase. Esta fué la época de la revelacion; el Evangelio fué una obra de imaginacion, no temo el decirlo, inspirada por el mismo Dios á hombres superiores que no mentian al llamarse sus hijos queridos.

Cuando la Humanidad hubo comprendido lo que estaba llamada á hacer, cuando hubo conocido la inmensidad de Dios, se confesó á si misma que la revelacion habia sido un alimento espiritual propio de su niñez y que necesitaba descubrir leyes propias para su juventud. Entonces se manifestó en ella una gran necesidad de saber. Aquella fué la época de la investigacion científica. El evangelio de entonces fueron los descubrimientos de Galileo, de Gutemberg y de Cristobal Colon: se descubrió la verdad material, pero aislada. Y como esta vez los hombres que formulaban el código nuevo no venian del Cielo á la Tierra sino que iban de la Tierra al Cielo, se llamaron hijos queridos de la Humanidad, y esta los juzgó los primeros en la ciencia de Dios.

Hoy que la Humanidad no solamente comprende lo que está llamada á hacer sino que empieza á sentirse capaz de cumplir por si misma su mision, de dirigir todas sus fuerzas hácia la realizacion de la armonia prometida á

su edad madura, es preciso que conozca no solo la verdad aislada sino la
verdad tan absoluta como posible sea; que ponga de acuerdo la revelacion
con la ciencia, llamando á la Historia para que demuestre que ambas han
contribuido igualmente á acercarla á Dios y hacerla digna de creerse en su
edad madura. El Evangelio moderno, pues, debe estar basado sobre la filosofia de la Historia, puesta al alcance de las masas. El apóstol sólidamente
apoyado en las verdades escritas sobre la superficie misma del Globo por la
mano robusta de los siglos, debe decir á la Humanidad: «Tú has nacido en
»tales circunstancias, despues de tales revoluciones; asi lo prueban las in-
»vestigaciones sintéticas de la ciencia. Has nacido con tal mision espiritual,
»con tal deseo de alcanzar el infinito de donde tu alma ha descendido á tu
»cuerpo con el alma colectiva de la Tierra; asi lo prueban las afirmaciones
»continuas de la revelacion que en nada se opone á la ciencia mientras no se
»cometa el error de materializarla. Has crecido siguiendo tal camino, ó tales
»acontecimientos son el resultado del choque de tus hijos. Como ignorabas
»en resúmen lo que hacías en detall, sufrias, luchabas, te destrozabas á
»ti misma; pero mira con qué precision dirigia la Providencia cada uno de
»tus sufrimientos, cada una de tus luchas, cada una de tus amarguras hacia
»el objeto que la revelacion indicaba á tu espíritu y la ciencia á tu cuerpo.
»Ahora se trata de conocer á fondo el libro que te ofrezco; es la historia
»sintética de tu pasado; cuando lo sepas de memoria te costará muy poco
»obtener la armonia, porque serás digna de ella.»

Cuando el sabio penetrado de su mision comenzó sus investigaciones en
medio de la oscuridad moral que le rodeaba, debió dudar del apoyo de la Divinidad; pero cuando estas investigaciones llegaron á dar resultados; cuando
reconoció que la mano del Criador habia dejado por do quier las huellas de
las edades sucesivas del Universo y las pruebas de las transformaciones que
ha esperimentado; cuando distinguió en el mas insignificante de los séres
la descripcion de su origen escrita en las partes mas diminutas de su cuerpo:
cuando en fin se convenció de que cada siglo estaba encargado de dejar testigos verdaderos de lo que habia sido: el sábio, el hombre pensador, no pudo
menos de reconocer y admirar á la Providencia. Por eso Leibnitz, Newton,
Pascal, han unido su voz á la de los creyentes para confesar y proclamar
la Divinidad. Lo han hecho dando á su acento una forma débil acaso; pero
esos grandes legisladores del Universo material no habian recibido la mision de crear una religion nueva: cada cual tiene su mision en este Mundo;
aquellos hombres sabian que en ciertas épocas nada hay mas perjudicial
que una creencia religiosa separada del voto de la mayoría de las masas.

El historiador apóstol debe tambien en un principio dudar del apoyo divino; debe empezar sus investigaciones con el temor de no encontrar todas

las pruebas necesarias á su objeto; debe temer, á pesar de su profunda fé, no porque no esté persuadido de la exactitud de sus pensamientos, sino porque se considere indigno de ser el noble instrumento llamado á traducir aquella gran verdad. Pero cuando penetra en el templo de lo pasado, cuando conoce á su vez que la mano del Criador ha dejado por do quier huellas de las edades sucesivas de la Humanidad y pruebas de las transformaciones que el Universo ha esperimentado antes que ella, al mismo tiempo que ella, por ella y para ella; cuando considera en cualquier época á un historiador, á un filósofo, á un artista, á un poeta, cuya memoria y cuyas obras solo un milagro ha podido conservar al traves de infinitos siglos de barbarie para que aquella época fuese conocida ; cuando se convence de que todo hecho importante ha dejado tras sí la prueba de su existencia y la esplicacion del intento que ocultaba; el historiador no puede menos de conocer que sus pensamientos están en la realidad y que es digno de servir á la gran idea de que se ha hecho apóstol y confesor. Tiene ante sí el plan providencial ; sabe la razon de todo lo que ha existido: es el sacerdote del Progreso.

Curioso es estudiar en el curso de los siglos la prodigiosa manera con que la filosofia, la poesia, el arte y la historia se han hermanado para conservar el conocimiento de los hechos y de las intenciones de cada época. Bastaría consagrarse á este estudio y reconocer esta union admirable aunque involuntaria, para persuadirse de la existencia de un plan providencial, y por consiguiente de la existencia de Dios. Indudablemente, cuando por ejemplo se tiene la certeza moral de que por un punto cualquiera del Globo han pasado millares de hombres ciegos de cólera y cubiertos de sangre, declarando una y mil veces que la yerba no volvería á crecer en aquel sitio; cuando se sabe que ese mismo punto ha sido visitado por el incendio que solo deja cenizas en pos de sí, por la peste que destruye los pueblos, por erupciones volcánicas que conmueven el suelo y hacen subir á la superficie las entrañas mismas de la tierra, por los huracanes que arrastran todo cuanto la civilizacion ha edificado; indudablemente, repito, debe causar admiracion el saber que en ese mismo punto del Globo, un labrador pacifico ha descubierto con el hierro de su arado un objeto insignificante , una moneda, una arma, y que un hombre instruido ha estado allí por acaso y ha deducido de ese objeto insignificante, de esa moneda, de esa arma, uno de los mas íntimos secretos de la antigüedad. No, no es la casualidad la que permite esas cosas, es la Providencia!

El historiador apóstol encuentra el verdadero Génesis escrito por la creacion misma en todos los sitios en donde la ciencia se ha detenido antes que él; puede seguir paso á paso á la naturaleza en las transformaciones sucesivas que la han conducido á reasumir en el hombre todas sus perfecciones, y puede estudiar á la Humanidad desde que como reina y señora tomó posesion del Globo hasta nuestros dias, sin perder un solo instante de su existencia. Y donde la revelacion no permitia á la Historia nacer bajo la forma escrita, encuentra monumentos que se la enseñan, esculturas informes que le revelan formas particulares, montones de piedras de bizarra estructura donde reconoce los primeros alfabetos del entendimiento humano.

Mas cuando se aplica la fórmula escrita á otro objeto que á la revelacion, cuando se manifiesta la filosofia, cuando la poesía embellece los recuerdos tanto como las aspiraciones, cuando la Historia demuestra como el arte su fin conservador, nada de cuanto se hace pasa desapercibido, y empieza esa gran investigacion de los hechos, de los pasos de la Humanidad, cuyo objeto es que la sintesis definitiva que va á colocar en nuestra época la edad madura de la sociedad, tenga donde apoyar esta verdad. La clasificacion no se ha verificado á la par que la investigacion; no se ha comparado; no han podido establecerse las relaciones respectivas; y en esto se reconoce el poder admirable del plan providencial que en defecto de una sintesis que no debia existir hasta mas tarde, ha permitido un análisis siempre dirigido hácia el mismo objeto, si bien hecho por caminos relativamente distintos. Que aparezca el gran organizador del porvenir, que trabaje á su logro con voluntad firme, y encontrará en las obras de las generaciones pasadas, de las cuales acaso ninguna trató de ser útil á las otras, todos los elementos de esa armonia universal que está llamado á preparar.

El autor de esta Historia ha admirado varias veces ese conjunto de esfuerzos intentados por los siglos para trasmitir el recuerdo de lo que fueron á los siglos que les han sucedido. Conoce que debia existir en el seno de la Humanidad un sentimiento profundo que la impulsaba á preparar así los elementos de su educacion; y sino ¿hubiesen consagrado los celtas su tiempo á edificar esos monumentos estraños, primera lengua, primera manifestacion del arte, dedicados á traducir una poesía salvaje y una filosofia bárbara, en cuyo fondo sin embargo existian en estado de embrion la poesia de Scheaskpeare y la filosofia progresiva? Y sino ¿hubieran empleado el idioma sagrado de los Bracmas, el religioso Sanscrit, para levantar esos monumentos de literatura primitiva que se llaman los Vedas, las leyes de Manou, los poemas de Bamayan y del Mahabharat, y que no son otra cosa que un conjunto de ricos documentos de donde el historiador apóstol puede sacar datos preciosos sobre los primeros pasos de la Humanidad?... Y sino, ¿se hubieran dedicado los chinos combinando los innumerables términos de su Kou-wen á conservar precisamente los descubrimientos morales de Confucio, mientras que los egipcios, esos sabios desnudos y de color cobrizo, cubrian sus obeliscos y sus pirámides de tantos geroglíficos como hechos importantes veian realizar por sus héroes, instintivamente convencidos de que habia de llegar un dia en que la Providencia impulsase á Champollion Figeac á esplicar su lengua escrita al génio de la civilizacion definitiva? No, no; la Humanidad no hubiera obrado asi, si un sentimiento instintivo no la hubiese obligado á ello; pero asi como la Providencia ha permitido que el acto de la generacion fuese acompañado de goces inmensos para el amor, tambien la Providencia, previsora siempre, ha dispuesto que el acto de la conservacion de los conocimientos adquiridos, proporcionase inmensos placeres á los que lo cumplian.

Todos los idiomas son diferentes: Babel existe. No como un castigo del cielo; el cielo no castiga sino á los culpables; sino como una consecuencia de la completa ignorancia en que se encontraba la Humanidad en su niñez. y sin embargo, todos esos idiomas sirven para el mismo objeto; producen el mismo resultado; se precipitan todos hácia su origen primitivo por los grandes caminos de la filosofía, del arte, de la poesia y de la Historia, como los primeros pasos de un niño, sea cual fuere la nacion á que pertenezca, le dirigen al objeto que anticipadamente ha señalado la Naturaleza. De otro modo, si la Humanidad tuviese libertad completa ¿por qué no crear otros caminos para dirigir su espiritu y sus obras? No, no le es posible hacerlo, como no le es posible al niño recien nacido prescindir del pecho de una nodriza. Era necesario que aprendiese á ser sabia, á ser poeta, á ser artista, á conocerse á si misma antes de llegar á su edad madura, como el niño necesita arrastrarse primero, andar con inseguridad despues, y desarrollarse lentamente con el ejercicio, antes de llegar á ser fuerte por medio del trabajo: entonces es hombre. Dos mil idiomas y cinco mil dialectos dividen momentáneamente la espresion vocal de las naciones; pero esos dos mil idiomas y cinco mil dialectos, preparan y predican todos la unidad que es su objeto providencial. Es un error sostener que saliendo todos de un mismo origen, se separan de él por la voluntad del Todopoderoso, deseoso de castigar el orgullo humano: al contrario, partiendo de paises completamente opuestos, hijos de los esfuerzos del paladar y de la garganta de hombres pertenecientes á mil razas distintas, se dirigen todas hácia un punto comun por la voluntad del Todopoderoso, que quiere que el hombre se eleve hasta su divinidad!

Observemos la antigua familia asiática con sus viejos idiomas, tan antiguos como sus templos subterráneos. ¿Cuál de ellos no ha contribuido á preparar la armonía? ¿Hay entre ellos alguno que no haya confesado á Dios como punto de partida y como objeto, ó que se haya negado á la investigacion del progreso, cuyo instrumento eran los mismos que lo hablaban? en vano seria pretenderlo. El *Sanscrit* formula los Vedas, cuya esencia propaga el *Pracrit*, y que el *Pali* va á esplicar á las regiones trasgangéticas para que su memoria se estienda mas aun: luego conforme se van haciendo las conquistas físicas y morales, unas por medio de otras, van apareciendo nuevos idiomas; el *Indostánico* mezcla al pensamiento de los Vedas la idea musulmana; el *Bengalo* conserva pura la esencia moral de los Bracmas; el *Cachimiro*, el *Seilkh*, el *Mahrate*, el *Zuigano*, propagan la idea europea ; el *Malabar*, el *Tomoul*, el *Telinga*, civilizan el Sud del Asia; el *Cingalés* y el *Maldiviense*, van á llevar á las islas los gérmenes de la civilizacion. El *Kou-wen* chino, traduce las ideas religiosas de esas razas perdidas en la noche de los tiempos, de que nos burlamos sin razon; el *Kouan-Roa* las conserva en su orgullo de lengua mandarina; y al rededor de ese vasto imperio mas predispuesto quizás de lo que nosotros creemos á la armonía, el *Thibetan* las enseña á los Bodgi; el *Aracan birman*, el *Peguan*, el *Laos* y el *Anamita*, las inculcan á infinidad de criaturas; el *Coreen* las aumenta; el *Japones* y el *Lieou-Kieou*, las prestan la sonoridad de su espresion polisílaba. El *Kalmouk* rudo y áspero, conserva poemas de veinte cantos, que la tradiccion trasmite de padres á hijos; y el *Mogoles* dotado de su literatura, sirve de transicion á las creencias entre el Oriente y el Occidente; entre el Oriente, que el *Mandehon* traduce, y el Occidente, con el que se comunica por medio del *Turco* del *Ouigour* y del *Osmanli*, que se divide en razon de su estension y para el conocimiemto de mayor número de hechos, en *Tchakateen*, *Turkoman* y *Khirgis*. En el Norte, buscad el *Samoyede*, el *Jenissei*, el *Koryeke*, el *Kamstchadale*, el *Kountieu*, que han enumerado los pensamientos de esas criaturas próximas al polo Norte, donde segun nosotros, la desolacion debe haber traido la desesperacion. No encontrareis una lengua que no traduzca las mismas aspiraciones que las ótras han traducido; siempre es Dios la palabra mas importante de ellas, siempre es su objeto la prueba permanente de los progresos que han obtenido. El historiador que profundiza en su estudio y encuentra señales que indican un camino trazado á propósito, esperimenta una sorpresa parecida á la del hombre que embarcándose por primera vez, observa esos indicios flotantes que marcan tambien un camino á través de la inmensidad del Océáno. El *Zenda* interpreta las palabras de Zoroastro; en esta lengua está escrito el Zend-Avesta, y las cuarenta y dos letras de su alfabeto, se combinan para formular la Liturgia de los Guebras. El *Parsi* admite la idea de la India Occidental y de la Isla de Mozambique: despues, cuando nuevas necesidades exigen nuevas espresiones, aparece el *Persa* moderno en su aristocrático *Devi* y *Valaat* demócratico; fúndase en el *Kurda* el *Ossete*, el *Afgan* y el *Belloutche*, y enriquece la gran cronologia humana con todos los hechos que estos idiomas le trasmiten. Pero ¿á qué es seguir esta enumeracion? En vano sería buscar una lengua inventada para la negacion : si algun pueblo se hubiera propuesto negar el porvenir , solo el mutismo podria ser el resultado de su empeño , y ese mismo pueblo romperia el silencio para confesar el progreso á la vista de una accion grande. Examinad la antigua *Georgia* llena de himnos en loor de las mas altas montañas ; el *Suaneti* y el *Lasi* que celebran la divinidad del mar Negro en Trebisonda ; el *Armenio* religioso por escelencia; los idiomas *Avvaros* en sus oraciones nocturnas á los ecos del mar Caspio; el *Mizdjeghi* con los cantos queridos de las hermosas circasianas ; y encontrareis en ellos una tendencia á buscar los medios de confundirse entre si para lanzarse juntos en el camino único del saber , el arte , la poesia y la narracion verdadera. Ninguna de esas lenguas es hija de la cólera divina, porque todas aspiran á la paz en Dios. Por último, entre ellas se presenta ese grupo semítico que nadie podrá decir no contribuye á la realizacion del plan providencial : el *Hebreo*, lengua de Moises; el *Caldeo* que habló Tobias; el *Samaritano*, que Jesucristo murmuró en la cruz; el *Fenicio*, padre de esa lengua púnica querida de Annibal y que nos ha conservado la historia de Tiro; el *Sirio* cuyos tres alfabetos se combinan para decirnos como creció Nabucodonosor y murió *Sardanápalo* ; el *Meda* que cantó Dario y saludó en Alejandro la imágen de la unidad universal , pesando como una profecía sobre la antigüedad creyente ; y en fin, el *Arabe* que ha producido el Koran.

Observemos el Africa y hallaremos igual diversidad de idiomas y semejante unidad de deseos : en ella se manifiesta el poder del plan providencial con mas claridad acaso que en Asia : porque las potencias asiáticas tienen todas una mediana civilizacion, y pudiera sospecharse por inverosimil que esto parezca, que se habian puesto de acuerdo entre si para combinar una marcha comun y una aspiracion semejante. Pero el Africa desmintiendo esta suposicion, conserva aun en estado salvaje la mayor parte de su suelo. Dirigios á sus vastas comarcas del centro; preguntad á la lengua de *Tombuctu* sus tendencias, y os responderá lo que ha respondido el *Hebreo* traduciendo á Moises, el *Zeda* interpretando á Zoroastro, el *Ku-vven* esplicando á Confucio; os dirá que busca la sabiduría , que canta lo bello , que inspira el deseo de imitarlo con las manos, instrumentos del espiritu, y sobre todo que inscribe las acciones de los que la hablan en el gran libro de la memoria humana para obedecer no sabe á qué sentimiento interior que la impulsa á obrar de este modo. *Oh! Egipcio monosílabo!* idioma de los constructores de Palmira, tú casi adivinaste la gran sintesis que bien pronto llevará al mundo á la unidad ; con qué esmero tus sacerdotes y tus autores te hicieron servir para el cumplimiento de tu mision , escribiéndote á la vez bajo las tres formas geroglífica, gerática y demólica! ¿Podias temer al tiempo? no, porque creia, y el tiempo no asusta á la fe. El granito ha con-

servado tus geroglíficos, la piedra de Roseta ha iluminado á Champollion
que ha leido en la inteligencia de Meris como si hubiera sido su ministro.
!Cuántos secretos importantes no revelará el *Troglodita*, cuando la antorcha civilizadora llame al concurso de sus luces á los *Ricarios*, los *Amaros* y
los *Adarel!* Esos seres en apariencia abandonados por la Divinidad y que
acaso saben lo que verdaderamente fué el soberano de Saba y por qué ré-
gimes atravesaron sus antepasados para dirigirse desde los polos al ecuador.
El *Foula*, el *Mandingo*, el *Souson*, el *Wolof*, reciben los preciosos secretos
de la civilizacion y le dan en cambio el conocimiento de las aspiraciones *se-
negámbricas* hermanas de las nuestras y como ellas dirigidas á la armonia.
En fin, el *Berberisco* que hablaban todas las tribus Kabilas, trasmite en este
momento á la Francia conquistadora, revelaciones que encierran el pensamiento comun de los reinos de Bornu, Tombuctu y Hansa. Ha llegado la
época para el historiador, hoy apóstol, de ocuparse seriamente de los documentos reunidos por todos esos idiomas, de los hechos que nos revelan, y de
examinar si todos ellos son verdaderamente la causa ó la consecuencia de lo
que se ha verificado en todos los teatros que se han ofrecido á la Humanidad
para que representase en ellos el importante drama de su existencia: y yo
creo que todo lo que en lo sucesivo revelen esas lenguas hoy aun poco conocidas, será una corroboracion de mi modo de pensar y una prueba mas
contra los que niegan la intencion superior de la Providencia.

Llega su turno á la Europa: bajo el punto de vista filosófico puede decirse que reasume todo cuanto han deseado el Africa y el Asia; sus idiomas
tienen una tendencia mas claramente marcada, pero no menos religiosa y
algunos de ellos empiezan á hablar de las revelaciones al mismo tiempo que
el Zenda y el antiguo Egipcio. Los *Iberos*, de que se hablará en esta historia,
tenian un idioma peculiar que se ha perdido, pero que hermano del *Celta* y
del *Teutónico* debia elevar á los cielos los deseos incompletos de nuestros
padres. Severos montones de piedra que traducen estos idiomas, subsisten
todavia en muchas de nuestras llanuras; yo por mi parte he visto en la Bretaña algunos de esos informes recuerdos, cuya disposicion frívola para muchos, me ha conducido á graves reflexiones y ha escitado en estremo mi religiosa atencion. Los hombres que movieron esas masas informes y las colo-
caron unas sobre otras, no lo hicieron sin objeto, y los que las han respetado
hasta nuestros dias debieron tambien obedecer á una ley desconocida que
es mas digno admitir que negar. El *Basco* es un eco del Ibero y del Celta
que se ha prestado mejor que ningun otro á la enumeracion de los hechos
consumados. Recientemente el sabio Humbolt publicó la famosa cancion re-
firiendo la guerra que los Cántabros sostuvieron contra Augusto: el *Basco*
ha empleado su millar de sílabas al mismo objeto que los otros idiomas han.

consagrado las suyas. El *Breton* ha conservado las formas de los Celtas y del Ibero; gracias á él, podemos hoy traducir una infinidad de cantos y poemas que encierran curiosos pormenores, sobre hechos de la mayor importancia. Para buscar mejor el pensamiento ó el acto que debe recoger, penetra en toda la Bretaña bajo su cuádruple aspecto de *Trecoriano, Leonardo, Cornellés* y *Vanno.* Aparecen despues el *Frigio* y el antiguo *Griego* reasumiendo el Oriente y el Occidente, filológicos desde la antigüedad. ¿Existe algun idioma mas á propósito que el Griego para probar la predestinacion de la espresion humana? Y cuando llegó á ser rey de los demás idiomas ¿no comprendió que esta supremacía le era concedida, tan solo con el objeto de que recogiese en sí cuanto habia producido el pasado, ó por lo menos para que fuese su catálogo á fin de que mas tarde los enviados de la Providencia y los hombres elegidos de la Humanidad pudiesen penetrar en las tinieblas profundas de la antigüedad? — Homero, Herodoto, Plutarco! esos tres inmensos guias que la Grecia produjo se elevan sobre las tinieblas del pasado como tres luminosos faros sobre un profundo abismo. Todos ellos reparten sus luces con igual objeto que Confucio, Zoroastro, Moisés y Brahma: su idioma se dirige hacia el progreso; lejos de separarse de la unidad tiende á obtenerla. El *Etrusco* prepara á la Italia para el papel que está llamada á desempeñar, y cuando la civilizacion, vanguardia de la unidad, despues de haber recorrido la India, el Egipto y la Grecia, viene á posarse sobre las siete colinas de la ciudad de los Rómulos, nace la lengua *Latina;* y comprendiendo la importancia de la mision que está llamada á desempeñar, reconociendo la necesidad de la mutua comprension entre todas las naciones, une por intuicion y por absorcion las lenguas Indo-Europeas que existian y debian existir, retrasando su realizacion hasta el momento en que Roma es la reina del Mundo. — Latin, idioma de Augusto que Carlomagno empleó para recrearse en la imágen de la armonía constantemente esperada, tú nos has dado á Tito-Livio, á Tácito, á Ciceron y mas tarde á Agustin y Gregorio de Tours; tú nos has trasmitido las capitulares, y copiando sin cesar tus concisas palabras, esos monjes laboriosos que pasaban su vida escribiendo, han preparado esas inmensas colecciones de hechos, en las que hoy el historiador apóstol, puede admirar una por una todas las lineas del plan providencial. Pero son necesarias nuevas épocas de análisis ó de crítica: el gran edificio imperial ya una vez destruido por los bárbaros, lo es de nuevo por los Normandos y por el Feudalismo que es obra suya. Divídese el idioma latino para penetrar mejor en cada una de las partes de Europa que van á emprender el trabajo analítico de una civilizacion mas adelantada que la del imperio: nacen los idiomas Romanos que son el grito salvaje de los bárbaros, dulcificado sin embargo y tratando de apropiarse las formas puras de la latinidad; ese grito es tambien el reconocimiento de Dios, el camino de la sabiduría, de la invocacion, de la poesía ; el deseo de crear el arte y la voluntad de enumerar los hechos realizados.

El *Italiano* con el que Dante visitára el Cielo y que Cantú hiciera servir para la mas ingeniosa copilacion histórica que pueda existir, esceptuando la nueva verdad; el *Castellano*, que Cervantes hablaba, que Mariana ha encadenado á todas las narraciones y que la Andalucia modifica con la absorcion de las raices árabes; el *Portugués*, lengua de Camoens, de Vasco de Gama y del historiador Brito, uno de los primeros investigadores acerca del diluvio. El *Valaco* creado para recoger cuanto el *Latin*, el *Griego*, el *Godo* y el *Slavo* dejaron de aprender de los salvajes oriundos del Danubio : el *Francés* en fin, encargado de la gran investigacion, de la gran crítica, de la gran recoleccion de aspiraciones necesarias para edificar una civilizacion llamada á ser segun yo creo, la civilizacion definitiva, ó para calificarla mejor, la civilizacion progresiva. Los trabajos dirigidos á la unidad que estos idiomas han realizado son inmensos. El francés por sí solo, ha hecho mas en un siglo de dominio, que el latin y el griego unidos durante toda su existencia. En otra obra, de la cual esta puede decirse que no es mas que el prólogo, me reservo hacer una comparacion filológica acerca de los intentos providenciaeiales; por cuyo medio demostraré con qué tacto el poder supremo de la Divinidad ha dirigido el desarrollo de cada idioma segun la mision que habia de llenar y ha fijado de antemano la época de su absorcion ó su refundicion en otro. Entonces enumeraré los trabajos de cada idioma y probaré por la magnificencia del papel reservado al francés, la influencia que debe ejercer mi patria en la marcha de la Humanidad.

El Norte necesita enviar hácia la civilizacion sus aspiraciones permanentes y recibe de ella por medio de la ramificacion de los idiomas, la luz de la verdad y del progreso.

El *Escandinavo* lanza por cinco lados diferentes y segun las épocas respectivas sus ramificaciones denominadas, el *Mesogótico*, el *Normando*, el *Noruego*, el *Sueco* y el *Danés* que llevan al Sud los cantos estraordinarios improvisados en la zona glacial y reciben de las lenguas meridionales, con que se amalgaman, los evangelios de Progreso que preparan el porvenir. La Inglaterra está destinada desde la mas remota antigüedad á ser uno de los instrumentos de unidad que con mas poder han de obrar en el mundo, materialmente hablando; es preciso que su idioma se ligue fácilmente con todos los demás de Europa y hé aquí por qué el *Anglo-Sajon* toma su origen de las invasiones germánicas en aquella pequeña isla y llega á ser el instrumento con que los Normandos mezclan los idiomas del Norte con los idiomas del Mediodia. Una sonrisa irónica cruzará por los labios de los escépticos á la lectu-

ra de estas lineas; dirán que esas mutuas relaciones son hijas de la casualidad y consecuencia natural de hechos que podrian no haber existido.—¡Insensatos! Si la casualidad ha dirigido todos esos acontecimientos y permitido
que tuviesen lugar esas mutuas relaciones, la casualidad es el mismo Dios;
no haceis sino oponer un nombre á otro nombre, y vuestra declaracion es
una prueba mas en favor de la Providencia. En cuanto á esos hechos que podian no haber existido, se han verificado, y ninguna negociacion impedirá que
el presente sea una consecuencia de ellos. El *Slavo* centraliza con grandes
esfuerzos una de las partes Orientales de Europa; absorve con este objeto el
Croato, el *Windo*, el *Bohemio*, el *Polonés*, el *Servio*, el *Prusiano*, el *Lihuanio*,
el *Funivis*, el *Ecthonio*, el *Lapon*, el *Livio*, el *Tcheremis*, el *Permio*, el *Hún-
garo*, el *Wogul*, y el *Ortiaco;* absorcion que se verifica en medio de la tirania
moscovita. Pobre tirania! siempre ha representado el mismo papel! instrumento de la unidad demócrata, ha refundido en si misma y para su propio
provecho todo el feudalismo; pero cuando se ha terminado este trabajo, cuando
un poder único, el suyo, ha quedado al frente de la multitud unida, ha visto que solo se habia usado de ella como un instrumento y ha caido por la fuerza misma de la obra centralizadora que antes la impulsó á obrar. Cuando el *Slavo* haya absorvido todos sus dialectos y abrazado con su unidad las
poblaciones que centraliza, dejará el Czar de existir, y desde el Monte Negro á Smolensk, desde Tobolsk á Varsovia se elevará á la libertad de los
pueblos un himno en aquel mismo idioma creado por el depostismo y
la tirania.

Como si la Providencia hubiese querido destruir con un solo hecho las ob-
jecciones todas de los que niegan su existencia, ha permitido que lejos del
gran continente donde por espacio de miles de siglos se han empleado la infancia y la juventud de la Humanidad en preparar la armonia, ha permitido, digo,
que América y Occeania contuviesen una porcion de esa Humanidad y no
la revelasen hasta la época fijada para su descubrimiento. — Ciertamente
que teniendo los incrédulos á su disposicion dos continentes inmensos á donde no ha llegado la voz de Pitágoras, de Brahma, de Moisés, de Cristo ó de
Mahoma, van á hallar sin duda pruebas irrevocables de la locura de los creyentes; esos pueblos vírgenes tendrán idiomas creados con otro objeto que
los nuestros.—Error.—Esos idiomas solo encierran pruebas de la verdad de
nuestros asertos. Las lenguas de América y Occeania aspiran á Dios, se dirigen á él, desean la armonia, buscan la sabiduría, cantan lo bello, nace el
arte á su impulso y se verifica en ellas la enumeracion de los hechos
pasados sin previo convenio alguno. Esas lenguas que nadie ha dirigido,
van hácia el mismo fin que las que nos legaran los secretos de la India y el Egipto; tienen en si mismas el gran instinto del porvenir; saben que

Colon debe llegar y que un dia los navíos europeos bogarán en las aguas de la
Australia; obedecen por tanto á la voluntad suprema, trabajan segun el plan providencial. Yen efecto, el *Caribe* celebra á Dios con voces sonoras; el *Tamanaco*
conserva las narraciones históricas de lo que han visto las ondas del Orinoco;
el *Guarani*, el *Macharis*, el *Camacan*, el *Payagua* y el *Guaicuru*, tienen su filosofia; el *Mejicano*, ó *Azteco* tiene su poesia sublime que canta á la Divinidad
bajo la forma del fuego, imágen de la luz moral: y antes de tener la forma
escrita, para obedecer los que le hablan á su mision histórica, inventan los *qui-
pos* ó nudos de cordones de distintos colores por cuyo medio llegan á trasmitir y conservar los acontecimientos. El *Mocabi*, el *Abipon*, el *Peruano*, el *Chi-
quito*, entonan cantos á todo lo que es bello, en monumento que el arte
revindica á pesar de su deformidad. El *Esquimo*, idioma cuyos sonidos re-
suenan en paises abandonados, obedece al mismo destino; el idioma de
Chile, celebra en versos de once silabas la majestad de la naturaleza, mientras que el *Pecheres* la venera en el archipiélago de Magallanes. El *Javanes*
y el *Malabio* son milagrosamente semejantes al Sanscrit de Bhama; sus innumerables monumentos históricos son origen continuo de nuevas observaciones y descubrimientos preciosos. Ninguno de estos idiomas ha nacido ciertamente de la cólera del Dios vengador que destruyó la torre de la instruccion.
el monumento investigador que elevaron los hombres, para leer con mas
facilidad en los Cielos. Los partidarios fanáticos del testo literal de la Biblia
son vencidos en el exámen de las lenguas de América y Occeania como los
partidarios del ateismo. La razon, concedida al fin á la Humanidad, responde
á unos y á otros por medio de la verdad que encuentra escrita en todas partes, hoy que se han abierto los ojos á la luz, hoy que la ciencia ha hablado.
Cuando la filosofia de la historia haya completado la educacion humana, el
fanatismo y la incredulidad serán igualmente imposibles y el último labrie-
go podrá combatir la ignorancia bajo cualquiera de las dos formas que se le
presente.

Acabo de recorrer rápidamente todas las combinaciones del lenguaje humano; acabo de manifestar con qué precision, sin dejar de seguir cada cual el
análisis que le estaba impuesto, se prestan todas á la sintesis providencial.
Réstame indicar la disposicion actual en que se encuentra cada uno de esos
idiomas para refundirse en una lengua universal que reuna las bellezas de to-
'os ellos; réstame demostrar con qué sabiduria la Providencia las ha preparado á esa unidad que un dia debian exigir la electricidad y el vapor, esas dos
grandes manifestaciones de la voluntad del Dios progresivo; pero tendria que
estenderme demasiado para tratar de este asunto. Me contentaré con afirmar, reservándome el probarlo mas tarde en la nueva obra que preparo,
que los idiomas de que se sirven hoy los hombres para traducir sus pensa-

mientos, son arrastrados por una fuerza secreta que existe en ellos desde su origen hácia una fusion definitiva, y que esa fuerza que los impele es una inmensa garantia de los beneficios que nos reserva el porvenir. El historiador moderno necesita definirla bien, ayudarla á manifestarse y mostrarla á todos como una prueba del eterno auxilio que no ha cesado de conceder al progreso humano, la verdadera Divinidad.

Esa fuerza es hija de la unidad espiritual que siempre ha existido en el fondo de la variable espresion de sus voluntades. El genio, la inteligencia, el alma, el soplo interior que existe en el ser humano, y que todo conduce á creer que es una parte de la Divinidad misma, han visto ciertamente el objeto de su carrera en la eternidad, han obrado constantemente con destino á la fusion de sus innumerables divisiones, en un todo que conociese realmente á Dios. Para estudiar los medios de llegar á esa fusion, el alma humana ha dividido sus luces como dividia en los idiomas su espresion, su forma, su manifestacion, y se ha entregado al análisis por medio de la filosofia, la poesia, el arte, la historia, colocando por encima de esas divisiones de su claridad y como una nueva garantia de la unidad futura, los sagrados reflejos de la religion que la protejian contra los abismos de las tinieblas y de la nada.

La mision salvadora que reconozco en la religion no podria negarse sin que las pruebas de esta mision apareciesen involuntariamente en los labios de los mismos incrédulos. Comprendo que no dejarian de echarme en cara las divisiones aparentes que existen en el espíritu de los hombres relativamente á esa luz que el Señor parece haber suspendido sobre nuestras cabezas para que ilumine todo nuestro ser. Pero elevaos mas allá del presente, elevaos mas allá de esa corta historia de ayer que impostores, á veces involuntarios, os dicen ser la historia del pasado, y comprendereis que esas divisiones son á la unidad del objeto religioso, lo que las divisiones del lenguaje á la unidad de su accion. Además, en medio de esas divisiones aparentes, la Providencia ha permitido que fuese un centro principal religioso, el nudo de la unidad profetizada al traves de los siglos! ¡Oh unidad, que flotas sobre todas las religiones analiticas y que has ido preparando sucesivamente las inteligencias, yo te distingo por do quier en el curso de los siglos y te agradezco sincero que aparezcas así! La mision del historiador moderno es procurar tu desarrollo cuanto necesario sea para absorber en ti todo lo que se halla mas separado y todo lo que conozca está pronto á celebrarte, cuando consiga juzgar sin pasion la creencia de tus numerosos adversarios.

Es preciso desengañarnos; la unidad es el instrumento mas seguro de progreso que puede existir; la conquista mas preciosa que haya podido hacer la Humanidad sobre lo desconocido. Pláceme cantarla un himno. — ¡Oh hija luminosa del genio, estrella polar de la inteligencia divina, antorcha encendida por la Providencia misma en un momento de generosidad, término donde todo se purifica, centro donde todo se ilumina, via donde existen todos los elementos de igualdad; yo te amo, unidad, y perdono en obsequio tuyo muchos escesos cometidos por los que trataron de proclamarte reina del mundo!—Sé á qué precio tu ley se ha descubierto, á qué precio existes en estado de embrion en los diversos templos cuyos sacerdotes bien pronto tendrán un idioma comun y comunes aspiraciones; te veo como un punto luminoso en la sombra de la antigüedad reuniendo á tu alrededor la mayor parte de las inteligencias para neutralizar la fuerza que producia cada momento nuevos é inmensos desórdenes; te veo introduciéndote sucesivamente en las iglesias de la India, en los templos Egipcios, en las revelaciones de Zoroastro; y despues, cuando una revolucion gigantesca del espíritu agitó á la Humanidad como la lava de un volcan, te reconozco en Jerusalen donde el pueblo de Dios te adora, en la espada de Alejandro que prepara el Oriente á saludarte como una revelacion sagrada, en la espada de los Césares, insensatos acaso pero cuya locura reune y confunde todo cuanto en el Universo existe, para que sirva de elementos á tu triunfo que el cristianismo proclama!

Deplorables fueron sin duda los males sufridos por millares de seres, cuando la espada de Alejandro niveló el Oriente, cuando la tiranía de los Césares niveló el Mundo. Hubo gritos terribles, sufrimientos atroces, horrorosas matanzas, incendios en medio de los cuales se oian los ayes lastimeros de las madres cuyas entrañas habian desgarrado los soldados para mutilar á los hijos que en ellas llevaban; pero cuando en una revolucion física del Globo ó del Universo se desgarra una montaña por la fuerza de un volcan, ó un astro parado en su movimiento de rotacion se parte en el espacio por la voluntad divina, la lava destruye infinitas ciudades, millares de seres vuelan dispersos por el vacio, sin que esto suspenda la marcha universal. Todos los sufrimientos son relativos y de poca importancia: en cambio, el conseguir la unidad es llegar á Dios. Cuando la cruz del Divino Salvador se levantó en Roma sobre los huesos de los mártires, en el suelo que cubria las catacumbas, tu ley fué reconocida como la ley de salvacion y la palabra *Católico* se introdujo en el idioma de todos los pueblos civilizados. La suma de los conocimientos adquiridos por la Humanidad desde su nacimiento se halla reasumida en su nuevo punto de partida; y cuando los bárbaros borraron con sus plantas ensangrentadas las huellas del pasado de Roma, sintesis del pasado del Mundo, guardaste tú, preciosa unidad, el tesoro del saber acumulado por todos los hombres eminentes; gracias á ti, á ti sola, podemos hoy nosotros leer en las tinieblas en que están envueltas las primeras edades del Universo.

¡Oh unidad! tu mayor enemigo es el orgullo: pretende no doblegar ni por un instante su voluntad ante razon alguna; quiere á toda costa el poder inmediato, ó se lanza en brazos de la division, y sin calcular las consecuencias de su separacion de la comunion general, funda una comunion distinta si tiene como Lutero algo de genio, ó un reino á parte si es soberano como Enrique VIII. Tus verdaderos amigos son los que mueren en la comunion que quieren estender; al dia siguiente de su muerte un ardiente vapor se desprende de su cádaver, la verdad que han defendido se exala en él gloriosa, y la comunion se apresura á recogerla y se enriquece con ella, satisfecha de la prueba que ha sufrido.

¿Y á donde conduce el orgullo con sus iglesias particulares, sus templos para cada capricho, sus centros para cada voluntad?.... Conduce á la division y la division á la ignorancia: multiplicanse las fronteras, sepáranse los idiomas y tratan de sustraerse á la ley que los gobierna; conviértense los creyentes en enemigos encarnizados unos de otros; la ciencia, la poesia, el arte, pierden un horizonte que la creencia parcial no puede abrazar; empieza de nuevo el caos, y entonces la tirania ardiente y despiadada aprovechando este desórden se apodera de las riendas del gobierno. El orgullo insensato que decia á los hombres: venid á mi; voy á revelaros al Dios!.... entrega sus víctimas á los tiranos que no las permiten mirar al cielo sino para confesar su presencia en él.

Tú por el contrario, unidad santa, suspendiendo á veces, es cierto, la marcha demasiado rápida de algunas inteligencias privilegiadas hacia la divina sabiduria, los martirizas, pero no los estravias, ni sacrificas miles de hombres por alhagar el amor propio de uno solo. Te encaminas á la ciencia, eliminas las fronteras, fundes en uno todos los idiomas, no tienes mas que una creencia; el saber, la poesia, el arte no tienen ya distintos horizontes sino el horizonte mismo de la inmensidad; haces imposible el caos, y cuando á pesar tuyo la tirania oprime á tus hijos, encuentran en tu seno derechos para destruirla!

En el curso de esta historia tendré ocasion de probar que el espiritu religioso mirado por la ignorancia como un espiritu de desórden, ha sido la luz superior de que anteriormente he hablado, y ha cumplido su mision de salvador continuo de la Humanidad llevándola hacia esa unidad que acabo de celebrar y cuyo triunfo asegura al mundo el mas hermoso porvenir. Sin tratar de enumerar todas las creencias religiosas del pasado porque esto necesitaria un volúmen, sin indicar sus relaciones intimas, contentándome únicamente con echar una rápida ojeada sobre las que ilustran hoy las grandes aglomeraciones humanas, noto desde luego que todas han tenido el mismo orígen, que todas se han propuesto el mismo objeto, y que todas tienden al mismo fin por las diversas vias que han recorrido. Por lejos que penetre el investigador, sea en el centro del Africa, en los desiertos del Asia, en las sábanas de América, en las soledades de la Polinesia ó de la tierra de Diemen. encontrará la fé llamando ó preparando la unidad. El Feticismo confiesa su insuficiencia, pero fuerza á los que le estudian á reconocer que no ha dejado de ser una creencia útil. El Sabeismo que va perdiéndose, ha prestado sin embargo inmensos servicios; á él deberá la creencia del porvenir, el deseo de saber lo que pasa en el espacio donde se mueven infinidad de mundos. El Judaismo es demasiado conocido para que ni aun la ignorancia misma pueda negar lo útil que fué en otro tiempo como agente del progreso. El Brahmanismo. el Budhismo, la creencia de Confucio y la mágia que han instruido igualmente á multitud de generaciones en la marcha infinita de la perfeccion, no desean sino entrar en la fusion profetizada, con la única condicion de que se les pruebe que están llamados á esa misma fusion , de la cual tienen conocimiento desde que nacieron. En cuanto al Cristianismo. esa magnífica religion que posee todas las bellezas de las ciencias que fueron en lo pasado el principal centro religioso. en la manera con que se ha desarrollado y se está desarrollando todavía, indica bastante su utilidad como agente del progreso, y su intencion de fundirse á su vez del mismo modo en el horno comun del alma humana, cuyas subdivisiones van siendo cada vez mas inútiles. El historiador de la época actual debe revelar esas relaciones que existen entre las religiones del pasado: debe buscar los puntos de contacto que se ocultan bajo una aparente oposicion, á fin de probar que las convicciones, como los idiomas, han obedecido al plan providencial trazado por la mano que tiene los hilos del Universo, y que la marcha que han seguido demuestra que ese plan providencial no es otra cosa que el progreso mismo.

Al propio tiempo que la espresion del pensamiento cumplia bajo la forma del lenguaje su obra de análisis y sus sintesis parciales, al propio tiempo que la parte mas pura del alma humana trataba de conocer á Dios y se desarrollaba de misterio en misterio en el camino de fusion de las creencias y de la verdad. la filisofia mas ligada á la Tierra que el pensamiento religioso. pero arrastrada tambien algunas veces al espacio para contrapesar el vuelo de su hermana. se entregaba al análisis de la razon humana, á la investigacion de la verdad demostrada. Como el cerebro de la Humanidad no era aun capaz de reasumir en si mismo, en un todo supremo, el resultado de las investigaciones misteriosas de la religion y de las investigaciones luminosas de la filosofia. tuvo lugar entre ambas un choque continuo, y aun cuando hayan marchado de acuerdo desde su orígen, puedo decir con seguridad que no hubo nunca entre ellas una verdadera alianza. Por otra parte, hubiera sido preciso para que esta alianza tuviese lugar, que llegase la hora de su realizacion, y que tanto una como otra estuviesen preparadas á esa fusion por el descubrimiento de

6.

verdades que deben esplicar su necesidad. Se verificará sí, pero será cuando el pensamiento religioso conozca lo bastante la divinidad para definirla sin estrechez, y cuando la filosofía la haya entrevisto lo suficiente como una certeza definible para no negar su existencia. Creo haber manifestado con sobrada claridad que la religion bajo sus diversas formas y por sus transformaciones sucesivas, ha marchado constantemente hacia este fin como si nada hubiese dividido su pensamiento: preciso será ahora que con la misma rapidez someta la filosofía á igual exámen sintético.

Los incrédulos se han reido de las luchas filosóficas como se han reido de las luchas religiosas y de las divergencias filológicas, pero lo han hecho por que les ha faltado lo que les falta siempre á los incrédulos, la fé y la ciencia; no han tenido suficiente elevacion de espíritu para creer en un regulador supremo; no han aprendido lo bastante para ver que todo lo que existe se organiza con un objeto armónico. Mientras la filosofía subdividida ostensiblemente parecia ser como la religion una causa eterna de guerra entre los miembros de la Humanidad, sus trabajos tendian todos á descubrir los medios de llegar á la unidad. Si cada una de sus fracciones deseaba la unidad en sí, es porque la Providencia ha dado á toda idea un sentimiento de personalidad bastante fuerte para contrabalancear la mucha vivacidad de su deseo de union que podia arrastrarla al sacrificio prematuro de su originalidad. La religion y la filosofía, como el arte, la poesia y la historia, encierran en sí desde que llegan á sentir su existencia, la profecia de esa armonia definitiva hacia que tienden. No hay un creyente que no sea filósofo sin conocerlo no obstante algunas veces; no hay un filósofo que no sea creyente negándolo sin embargo; y lós poetas, los artistas y los historiadores, sobre todo aquellos cuyo genio glorifica uno de estos títulos, tienen en sí el gérmen de todos los sentimientos que esperimentan á la vez los que ejercen misiones diferentes de la suya. Un poeta, por ejemplo, es creyente, filósofo, artista é historiador, y no hay un creyente, un filósofo, un artista, ó un historiador, que no sienta su genio para un porvenir cualquiera, y tal vez bajo una forma distinta, como Pindaro y Homero, dispuestos á reinar en el mundo de la imaginacion. El origen de la religion, la filosofía, el arte, la poesia y la historia es uno mismo. En la niñez de la Humanidad el hombre de genio las descubrió todas á la vez, como en su edad madura el hombre de genio deberá reasumirlas todas en nombre de ella. Es dificil por consiguiente seguir en el pasado real de la Humanidad cada una de estas fracciones del alma en su aislamiento: por ejemplo, en un principio todos los creyentes son filósofos; la religion y la filosofía ayudándose mútuamente buscan la senda que cada una ha de seguir.

Mientras marchan de este modo, la filosofía acompaña á la religion en su análisis inteligente de que ya hemos hablado, y por la única razon de esta alianza aparente y momentánea, solo se manifiesta la primera bajo la forma dogmática positiva, dejando á su porvenir el empleo de la forma crítica y del dogmático negativo. Las emanaciones sucesivas de Brahma á la vez Wihnion y Siva, son otros tantos simbolos de un dogma afirmativo, á cuya sombra los Brahmas se entregaban á la investigacion de todo lo que les era perceptible? La indiferencia de los sectarios de Boudha era un esperimento, y la indolencia de los Bonres, de los Siames y de los Tealapones era un modo de probar á la Humanidad por el ejemplo que no avanzaba nada en su seno fuera de su actividad.

Para convencerse de la importancia que encerraba la filosofia de la India, basta recorrer los Schasters, los Sedans y en particular las Upaniradas. Lo que queda de las investigaciones hechas por los iniciadores de Thibet nos lo enseñan tratando de fijar la verdadera edad del Mundo, importante asunto de aclaracion para llegar al conocimiento de la sabiduria verdadera. Si hubiera de negarse el plan providencial, ¿cómo se esplicaria que sin medios rápidos de comunicacion, al mismo tiempo que Brahma lanzaba la India á la investigacion de la verdad, se encontrasen en China hombres destinados á imprimir á su alrededor un movimiento igual en cuanto al punto de partida y el término de él? Lao-kuin, Fo, Koung-fu-tree, Meul-tsu, no cedian en nada alrededor de las márgenes del Gange, y ponian de un solo golpe á sus hermanos en estado de esperar por espacio de siete ú ocho mil años la hora de la unidad filosófica, sin que ese largo plazo viciase su ciencia relativa.

Las investigaciones de Zoroastro que la cronología errónea de nuestro siglo nos ha trasmitido con un objeto que nada esplica sino el deseo de ser agradable á la ignorancia, son una nueva prueba de la existencia del plan que hemos visto regir y presidir al desarrollo de los idiomas. Ormuzo y Ahriman sacan la personificacion divina de lo que el convenio humano llama el bien y el mal; profesándole igual adoracion Zoroastro parece sostener esta verdad: «nada de lo que puede existir es perjudicial segun la aceptacion dada á esta palabra por nuestras sensaciones erróneas y todo lo que existe es un instrumento necesario de la armonia.» Los Ams-Kaspaurs los Freos, los Ferfers, los Devos son inteligencias exentas del lazo material, y su permanencia contínua entre el hombre y la Divinidad obliga á la imaginacion de aquel á elevarse realmente á la altura espiritual que ella le impone. Nada diré de la filosofía Caldea; anterior á la de Zoroastro prepara como ella al hombre para su elevada mision, obligándole sin cesar á tener los ojos fijos en el Cielo. La dualidad egipcia cuyo recuerdo nos ha quedado bajo la forma de Iris y Osiris era tambien una verdadera filosofia; profetizaba únicamente la union futura del hombre y la mujer para la constitucion definitiva del individuo. El Egipto creia en un Dios único, y nunca quizás hizo mayores descubrimientos la filosofia en la antigüedad que bajo la dominacion de los constructores de las pirámides; solo ella era colectiva, pero ya indicaba la reunion de todos los imperios en uno solo, y el gran socialista Sesostris sirviendo de ejemplo á Alejandro era una prueba de que la sabiduria humana habia ya reconocido implicitamente la ley de unidad.

Bajo el yugo imponente de su celoso Dios ¿dejaron los hebreos de ocuparse en la solucion de los grandes misterios sociales que la naturaleza presentaba ante su naciente sabiduria? No inherente al dogma, su filosofia marchaba con él. Sanchosidaton y Ochus Mochus ilustraban á los fenicios, y el último como si hubiese adivinado las ideas de Fourrier, sostenia la probabilidad del reinado aromal formulando la doctrina atomistica. Por último, la Grecia naciente, ó mas bien adulta ya, despues de haber escuchado á Orfeo y divinizado á Homero, trataba de darse cuenta de los destinos humanos. Thales, Solon, Chilon, Pitachus, Bias, Cleobulo y Periandro, empezaban á separar la filosofia de la religion; la forma critica y negativa iban al fin á llenar su objeto. Para que se verificase con mas órden la preparacion de la unidad, el plan providencial que habia ya puesto á toda la Tierra en situacion de esperar la época de armonia, por medio de un trabajo simultáneo, religioso y filosófico de diez ó doce mil años, el plan providencial, repito, iba á confiar á una nacion sola la última mision analitica para quitársela despues que hubiese consagrado á ella su edad madura y confiarla sucesivamente á cada una de las otras con el mismo objeto, hasta llegar al análisis completo de las cuestiones filosóficas. Asi, la Grecia, la Italia, la Inglaterra, la Francia, la Alemania, se han sucedido en la investigacion de los detalles, mientras que el resto del Mundo espera, siguiendo la filosofia antigua, la venida del genio universal que ha de decir: «ha llegado la hora de la unidad!»

La primera nacion que estudió y buscó por si sola las leyes de la sabiduria humana en sus relaciones con la realidad perceptible, fué la Grecia. En ella empezó la filosofia sus trabajos como la débil semilla que debiendo ser un dia robusta encina, verifica invisible bajo la Tierra la obra primitiva de su desarrollo. Mas como la filosofia debe ser en el porvenir semejante á esos frondosos bosques á cuya sombra puede uno entregarse sin temor al análisis de la luz, nació á la vez bajo su forma aislada en el espíritu de muchos que, sin escuela en un principio, propagaron sus ideas por medio de la palabra, sirviéndose de este modo de la tradicion como si se hubiera tratado de la revelacion divina. Thales, Anaximandro, Pherecide y Anaximenes, fueron los primeros esploradores especiales del Universo perceptible.

A mi modo de ver, existe entre la religion y la filosofia esta diferencia: la una obra en el circulo limitado de lo que es, la otra en el circulo ilimitado de lo que adivina el espiritu humano y se revela á si mismo por la voluntad del Dios colectivo. Pitágoras, el hijo de Samos la predestinada, fundó por decirlo asi, la escuela, agrupó talentos en derredor del suyo y fundó, los cimientos de la familia espiritual, que debe sobrevivir á la otra, y tarde ó temprano inutilizarla á los ojos de la Humanidad y de la Naturaleza. La lectura de los versos dorados de Pitágoras es un magnifico punto de partida donde el espiritu de la Humanidad encuentra el origen de todos los hilos conductores que guian las inteligencias hácia el gran objeto de la unidad. Son una prueba de la preparacion providencial, de los adelantos filosóficos, previstos por consiguiente desde lo eterno por el autor divino de ese plan maravilloso, como el primer idioma encerrando el verbo de todos los demás y encadenándolos á él, es una prueba de la preparacion de las vías que debia y debe aun recorrer la espresion humana. La filosofia que se ocupaba de la *música de las esferas*, profetizaba sin duda alguna la armonia de los mundos. Una vez lanzada la filosofia en el camino por donde ha de alcanzar su objeto definitivo, se verificó rápidamente el análisis de los objetos de su estudio, y de consecuencia en consecuencia se prepararon los elementos de sintesis por los diversos trabajos de los artífices de la razon. Aristeo de Crotona, Teleanges, Menesarco, Alemeon, Epichrama de Cos, Arehytas de Tarento y Philolan estienden las doctrinas de su maestro empezando ese llamamiento á las masas por medio de la ciencia que es la salvacion y la garantia del progreso.

Los Eleatos ó defensores de la inteligencia, como fuerza absoluta, y los discípulos de Leucipo que deben mas tarde agruparse bajo las banderas de Epicuro se encargan de dividir el estudio filosófico, mientras que Eráclito como un contrapeso al demasiado entusiasmo de las otras formas filosóficas, encuentra los principios de la duda en las pruebas mismas de la afirmacion. Anaxágoras se eleva á la altura de la concepcion espiritual, única en la vía de la inteligencia; Empédoclas de Agrigento divide en cuatro grandes clases todo lo que es materia, y define asi los elementos de lo que existe en el terreno de la realidad palpable. Sé que los sofisticos llegan con su incertidumbre á hacer esperimentar una especie de alucinamiento al espiritu humano, pero el autor del plan providencial que reina sobre el conjunto de las cosas para dirigirlas todas á su objeto, ha permitido que los pasos inciertos de los Gorgias, Protágoras, Prodicus, Trasomacos, Euthidenes y Diágoras de Melos, condujesen al descubrimiento de certezas necesarias á los que ilustraban á la Humanidad, y de cuya investigacion sin embargo nadie se habia ocupado. ¡Cuán grande debe ser la admiracion del pensador profundo que haya estudiado todas las doctrinas de los primeros filósofos, al percibir de un solo golpe de vista, en medio del caos en que parecen estar envueltos para el hombre vulgar, los hilos nacientes de la comprension humana entrelazándose sin romperse y buscando su lugar en la organizacion del saber, como las fibras tiernas del embrion se enlazan sin romperse y buscan en el feto informe el sítio que han de ocupar para que vaya aproximándose á la perfeccion.

Sócrates nace del escultor y de la sabia mujer de Atenas, debiendo él mismo esculpir la base definitiva de la creencia y hacer al espíritu humano dar á luz, por decirlo asi, su primera confesion de la unidad. Es á la vez un exámen de la obra hecha ya; es un pensador profundo, y por consiguiente ve el conjunto de doctrinas que han precedido á la suya y toca con su dedo poderoso los hilos del porvenir, y los coloca precisamente en el sítio que buscaban y que no habian encontrado sino á medias. En adelante todo en la filosofia va á tomar origen de él, como todo lo tomó de Cristo en materia de revelacion religiosa. Muere mártir como este último: está escrito que hasta la realizacion de la unidad en la Tierra, todos los que obren el bien morirán por él, como si su mas penosa transfiguracion en Dios fuese la recompensa reservada á sus nobles esfuerzos. Sin duda va á olvidarse lo que él ha descubierto y afirmado; va de nuevo á empezar el cáos sin tener en cuenta su síntesis preparadora, y si no existe el plan providencial, asi debe suceder; del mismo modo que si el misterio de la fuerza centrífuga no llamase á su centro las partes de la Tierra, el Globo se dispersaria en átomos en el espacio. Nada de eso sucede; muere el hombre solamente, pero quedan sus doctrinas que en adelante serán una luz con cuyo auxilio el análisis no permanecerá ya en la oscuridad. Si de nuevo empieza la separacion del estudio, tiene siempre por antorcha la luminosa declaracion de Sócrates. Anthistenes, Aristipo de Cyrena y Pyrrion de Elis moralizan bajo un triple aspecto, mientras que Euclides de Megared, Fedon de Elis y Menedemo de Eretria continúan las investigaciones teóricas del maestro, y vuelan en el espacio ilimitado de la inteligencia. Platon equilibra los trasportes del socratismo y se encarga de poner el límite de ellos en la via del porvenir. Todos conocen los numerosos discípulos de los siete filósofos que acabamos de nombrar. Todo el mundo sabe lo que fueron Diógenes, Crates, Monimo el Cínico, Menedemo y Menipo; lo que fueron Metrodidacto, Teodoro de Cyrena, Bion, Erhemero, Hegecias, Anniciero y Teucon el autor de los diez motivos de duda; diez medios que han servido para probar tantos elementos de creencia. Lo que fueron en fin, Speusipo, Xenócrato, Polemoso, Crates de Atenas y Crautor de Solí. Pero no todo el mundo sabe que los discípulos de Sócrates fueron los primeros que obligaron á la sabiduría humana á contar con la mujer, y que la admitieron á investigar con ellos la causa de lo que existe. Desde entonces el nombre de Hiparchia se escribió á la par que el de Diógenes, el de Areté al lado del de Aristipa, y los de Axiothé de Phliomto y Lastenia de Mantin á la par que el de Platon. Salud al advenimiento de la mujer en las cuestiones filosóficas!

Iba á terminar el papel filosófico de la Grecia: Sócrates habia sido lo que debe ser un hombre sintético ; no habia dejado en pos de sí sino axiomas, y algunas palabras bastaban para traducir lo que él habia proclamado. Era preciso que otro hombre, bajo la inspiracion de esos axiomas y creyendo combatirlos, enumerase las conquistas de la sabiduria humana, á fin de que sobreviviesen á la transformacion cuya señal iban á dar las conquistas de Alejandro, útiles bajo otro punto de vista. Aristóteles encargado de esa mision, nació y fué el maestro de ese mismo conquistador cuyo nacimiento habia necesitado el suyo propio. Inútil seria enumerar aquí sus trabajos y la importancia de ellos. Todo lo que se ha dicho en contra y en favor de Aristóteles, es cierto en el sentido opuesto de sus partidarios ó de sus detractores, deseosos los unos de avanzar demasiado y los otros de no dar un solo paso. El pensador profundo, sin embargo, conoce la utilidad de sus trabajos, y los vé como conservadores fieles del saber en las tinieblas de la edad media. Teofracto de Eresos, Eudence de Rodas, Dicearco de Menisa, Aristógenes de Tarento, Heráclito del Puente, Straton de Lampsaca, Demetrio de Ialecio, Glicon de la Troada, Gerónimo de Rodas, Ariston de Ceos, Cristolao de Falesis y Dioro de Tyro esparcian por el mundo las obras del maestro de Alejandro. La mayor parte de ellos se alejaba en apariencia de Sócrates mas aun que su maestro, pero es preciso observar que la mision de este, como la de sus discipulos, era llevar el espiritu humano á un punto dado, donde debia tomarlo el pensamiento de Sócrates para llevarlo á su vez á otro mas elevado. Al lado de estos hombres y con un fin práctico, Epicuro y Zenon predicaban dos doctrinas, de las cuales la una parecia ser una profecia de la venida de Mahoma y la otra una profecia de la venida de Cristo. Y el espiritu humano iba siempre hácia adelante, cada pensamiento nuevo era para él una conquista, porque cada uno de ellos era superior á su anterior inmediato y por consiguiente á todos los que le habian precedido. Epicuro agrupaba en su derredor á Metrodoro, Temocrato, Colotes, Leontens, Theusisto, la cortesana Leoncia de Atenas, Polistrato, Dionisio, Basilio, Apolodoro, Zenon de Sidom y Diógenes de Tarso. Estudiando en conjunto el medio mas grato de gozar de la existencia en relacion con el objeto mismo de la vida, cumplian una mision necesaria cuyos resultados utilizaria para la mayor felicidad de todos, la creencia del porvenir: la felicidad material 'es una de las posibilidades divinas. Zenon reunia bajo el pórtico á Perseo de Citium, Aristo de Chio Hevillus de Cartago, Eleanto de Assos, y despues á Chrisipo de Soli, Zenon de Tarso, Diógenes de Babilonia, Carnoado de Critolao y Fenecio y Posielonio de Aparuse. Estudiando en conjunto el medio mas noble de ser dichoso y cifrándolo en la virtud, preparaban el campo á la ley del sacrificio aun desconocida en la Tierra; eran, como San Juan Bautista, los apóstoles occidentales del tierno niño, que una estrella iba á anunciar á los Magos, ó mas bien que un resplandor divino iba á anunciar á los sacerdotes del espiritu humano.

Antes de pasar adelante quiero hacer una observacion relativamente á un punto de mi doctrina: quiero dejar establecido que á mi modo de ver el espiritu y por consiguiente la materia humana en el curso de su existencia, no ha retrogradado nunca colectivamente y no ha dado nunca un paso inútil en la via del porvenir. Las naciones encargadas sucesivamente de llevarlo hácia adelante han desaparecido como naciones, pero su decadencia era relativa á la fuerza de accion que tuvieron y no á la inteligencia de sus hijos que participaban del progreso conquistado por ellas. Así, cuando la Grecia cesa como nacion de guiar al Mundo, cuando se apoderan de él los latinos, cuando le oprimen los turcos, la Grecia degenera, pero lejos de volver hácia atrás en espiritu como pudiera imaginarse, cada griego progresa con la nacion que á su vez hace el papel de guia, y el marinero mas oscuro que hoy sirve en ella, está mas avanzado en ideas que el habitante mas oscuro de Atenas en tiempo de Sócrates.

Permitaseme esta comparacion; cien personas están á oscuras en una sala, en cuyo techo se va á colgar un globo luminoso; aparece un hombre en la puerta con el globo en cuestion, y como haya mucha gente desde donde él está al sitio en que se ha de colgar la luz, el portador de ella conoce es mejor que el globo pase de mano en mano hasta el centro, á lo cual se prestan todos con la complacencia á que obliga la imposibilidad de negarse á ello. La persona qne está inmediata al que ha traido la luz, aun no del todo encendida, la coge, y empieza un resplandor suave á iluminar la sala; ciertamente que el que en aquel momento tiene el globo, se encuentra personalmente mas iluminado que los demás, pero cuando pasa á manos de la persona inmediata á él, pierde de luz personalmente si bien gana en sentido colectivo, porque la sala se encuentra mas iluminada, y conforme el globo va aproximándose al centro, va estándolo mas la totalidad de las personas, hasta que uno por fin subiéndose en una silla cuelga la luz del centro del techo, y colocándose todos en círculo alrededor de ella se encuentran igualmente alumbrados. Así ha sucedido á la Humanidad. La luz primera que la revelacion trasmitió á la India ó á alguna familia salvaje de las regiones polares donde segun yo creo tuvo su órigen la Humanidad, ha pasado de manos de una nacion á otra iluminando personalmente á cada una de ellas, pero iluminando colectivamente al espíritu humano cada vez mas, conforme se aproximaba al centro espiritual donde con mano fuerte la ha colocado el último artífice de la unidad. Cesen pues los gritos de desesperacion que han elevado hombres interesados; las decadencias relativas son progresos reales, y si por ejemplo, la Francia y la Inglaterra desapareciesen en este momento como naciones, cada hijo suyo en compensacion de su caida estaria mas avanzado en ideas al dia siguiente de haberse verificado, que su padre lo estaba cuando aquellas naciones eran reinas del Universo. ¡Qué importan al pensador profundo las naciones y las nacionalidades! ¡qué importa al hombre de la Humanidad que el culto de la inteligencia pertenezca á una ú otra fraccion de esa misma Humanidad, con tal de que resplandezca la inteligencia! Nada: ella resplandece mas y mas cada dia á pesar de la demolicion de los imperios; su reinado está próximo, y bien pronto suspendida la luz en el centro de las sociedades, estas se colocarán en círculo alrededor de ella á igual distancia de la armonia de sus reflejos. Sabemos mas que nuestros padres, somos mejores que ellos por la sencilla razon de que vamos cesando de ser esclusivamente del pais que nos ha visto nacer para declararnos ciudadanos del Mundo.

Los romanos que dominaron el Mundo conocido, intentaban esa gran fusion de intereses sueño dorado de la Humanidad. Sin tener conciencia de ello, ordenaban por medio de la esclavitud todos los elementos de la libertad

7

próxima de las almas y de la manumision futura de los cuerpos. Roma debia saber todo cuanto Grecia habia sabido, para esparcirlo en el mundo, y sucedió como siempre, que los vencedores absorvieron las ideas de los vencidos con esa sumision disfrazada por el triunfo y de que solo el pensador se dá cuenta. Antes de Ciceron estaban ya en boga en la república los estudios filosóficos: los dos grandes destructores, Lúculo y Sila, habian traido las bibliotecas de Grecia como trofeos, y esas bibliotecas que vinieron entre cadenas, encadenaron el espiritu de los Romanos. Pero á pesar de esto Ciceron fué el verdadero iniciador de la filosofía en Roma, tal como podia mostrarse entonces, y sus obras poco profundas, por no ser mas que un eco ó una reproduccion, hicieron conocer á los dueños del Mundo las virtudes de Zenon, las sensualidades de Epicuro y la sabiduria de Aristóteles.

Epicuro tuvo en seguida discipulos en el seno del futuro imperio: era útil que las inmensas riquezas de los vencedores de la Tierra sirviesen para buscar los medios mas espléndidos de gozar, á fin de que sus ensayos de investigacion llegasen á ser ejemplos donde consultaran los reguladores del Porvenir. Lucrecia escribió entonces su poema: Horació cantó sus odas sublimes, mientras que Catio, Amafanio, Cassio y Pomponio Atico predicaban por medio del ejemplo. El stoicismo debia tambien sacar partido de las riquezas romanas, para probar todo lo que podrá crear de grandioso la virtud cuando sea dueña del Mundo: Epíteto la practicaba en la esclavitud, y dominaba por ella á sus señores: Marco Aurelio la practicaba sobre el trono del Mundo, y el poder de que disponia demostraba claramente la posibilidad del reinado de la verdad relativa, y por consiguiente mas tarde el de la verdad absoluta. Los peripatéticos aplicaban á su vez á la ciencia los grandes medios de que disponia la ciudad eterna: Andrónico de Rodas preparaba el monumento filosófico de Aristóteles, en cuya bandera habian de alistarse millares de estudiantes, arquitectos futuros del pensamiento, y entre los cuales se distinguian Cratipo de Mitylen y Temístocles de Paphlania. El espiritu humano progresaba siempre. En aquella época juzgó oportuno el divino autor del plan general, desarrollar las ideas, gérmen de Pitágoras: Apolonio de Tyana aparecia como un semi-dios en el seno de las masas para iniciarlas en las nuevas leyes que iban á ser el código de la Humanidad al advenimiento de Jesucristo. No me ocuparé en mencionar los trabajos de los neoplatónicos en Roma ni de los discípulos de Anaxidemes que resucitaban la duda de Pirrhon para impedir á los romanos que traspasasen el punto en que debian detenerse. Por este tiempo se formaba la escuela de Alejandria, sucursal oriental del gran templo filosófico de Roma; la cábala enseñaba á los judios por la trasmision oral todo lo que sabia entonces el espiritu humano: se entregaban los gnósticos á la especulacion trascendental mientras que los sincretistas, amantes de la teocrácia, obligaban á dirigir todas las miradas al cielo. Pero ya se habia verificado un gran acontecimiento universal: la Humanidad habia dado colectivamente un paso inmenso: Jesucristo habia nacido en el místico establo de Belén, y su doctrina habia transformado el Mundo. Bien entendido que esta transformacion no habia salido fuera del círculo de las cosas preparadas y previstas por el plan providencial, sino que muy por el contrario habia sido el resultado de ellas. Jesucristo era la consecuencia de Sócrates, como Sócrates habia sido la de Pitágoras y este la de Zoroastro.

El Cristianismo puso en estudio todos los problemas nuevos del saber que antes habian sido la solucion de los problemas ya resueltos. Por un instante la filosofia volvió á marchar bajo los auspicios de la Religion como lo habian hecho todas las ciencias: siendo el Cristianismo una síntesis capital, se habia modelado por la nueva creencia y puesto á su servicio las investigaciones de sus autores. Estudiar la marcha única de la síntesis cristiana, seria empezar la historia conocida de los primeros tiempos de la Iglesia, hablar con estension de los Orígenes, Atanasios, Agustinos, Boeces y Casiodoros, cuyos trabajos constituyen aun hoy dia el catecismo de nuestros sacerdotes. Una sola cosa quiero hacer constar: el Cristianismo, esa religion esencialmente divina, separando de ella la parte que prohibe considerar á Jesucristo como hombre, no vaciló, impulsado por la Providencia, en propagar la filosofia conquistada sobre lo desconocido por los primeros padres de la sabiduria humana. ¡La mision de la Tierra no podia menos de cumplirse!

Entonces se verificó algo de estraordinario, y suplicamos á los enemigos del plan providencial que reflexionen sobre ello. Los apóstoles de la nueva religion, á pesar del aparente interés que tenian en proteger la destruccion de todo lo que habia servido á la sociedad romana vencida y á la sociedad griega olvidada; aquellos apóstoles, repito, se impusieron á sí mismos la soledad mas absoluta, consagrando su existencia entera á la copia de los libros que lograron escapar al furor de los bárbaros y que encerraban precisamente la síntesis de todo lo que las sociedades griega y romana habian creado, descubierto ó heredado de las sociedades india, egipcia, caldea ó judaica. Espliquen este milagro los partidarios de la duda. Nosotros nos inclinamos ante él y adoramos en esta conservacion de las revelaciones filosóficas, la mano misma que no podemos menos de adorar en la perpetuidad de las revelaciones religiosas. Innegable es que un gran intervalo de barbarie separa la civilizacion romana del renacimiento occidental, y aun de las aspiraciones investigadoras de la edad media; pero aquel tiempo no fué perdido para la Humanidad, antes al contrario, era indispensable al trabajo sintético emprendido por los monjes: de la misma manera que una muerte aparente separa al plateado gusano de la brillante mariposa, un aparente sueño separó tambien la filosofia algo rastrera de los antiguos, de la filosofia de doradas alas que ha elevado á nuestros padres aproximándolos al cielo: el claustro fué la cápsula, digámoslo asi, donde se elaboró la transformacion.

La hora del renacimiento ha llegado para la filosofia: despues de clasificar todas sus conquistas de la antigüedad en un corto número de volúmenes, esencia de su espiritu, tiende de nuevo á desarrollarlo en el ancho camino del análisis que conduce á la armonía: solo para alcanzarla corre de sintesis en sintesis hácia el conocimiento de la sabiduria absoluta. Nace el escolasticismo rodeado de confusas luces y es en sus principios el esclavo de la teología, de esa ciencia nueva encargada de enlazar la fé con la razon, á pesar de las calumnias de que ha sido objeto; pero Juan Scot, Gerbert, Berenguer de Tours, Lanfranc, Anselmo de Aoste y Hildeberto no tardan en anunciar que el escolasticismo será el origen de una luz filosófica que marchará conforme con las leyes de la unidad regeneradora: aquella diversidad de luces se dirige á un foco comun y la libertad empieza á brotar de él.

Y no son los trabajos verificados por los monjes las únicas armas de que pueden valerse los partidarios del plan providencial contra los incrédulos: mientras que los religiosos católicos copiaban y volvian á copiar cien y cien veces los manuscritos que habian escapado á la destruccion de los bárbaros, los árabes, cuya ley religiosa les autoriza para destruirlo todo y que son fanáticos observadores de ella, dejan de cumplirla, sin embargo, en todo lo que tiene relacion con el aniquilamiento de las conquistas de la razon y de la inteligencia humana. Bajo la dominacion de los Abasidas tradujeron á los escritores griegos, los estudiaron, y no tardaron en recrearse con el sistema de Aristóteles, que habia sido inventado por el maestro del conquistador del Asia para una época semejante á la de la edad media, que con la doble vista del genio habia adivinado en el porvenir. Basta citar los nombres de Alkendi, Baora, Afarabi, Balah *el segundo regenerador de la inteligencia;* Avicenas, Algazel, Abu Bekre de Córdova, Averroes, en fin, para indicar el gran número de hombres célebres nacidos entre los árabes, por otro impulso que por la casualidad, para recoger en España cuanto habia sembrado la antigüedad.

Mientras que los árabes se colocaban de esta manera á igual altura que los católicos, y cumplian filosóficamente la misma mision, estos últimos continuaban desarrollándose moralmente, y su sabiduría comenzaba á marchar independientemente de su fé. Los realistas y los nominales obligaban á la sutileza de la argumentacion á revestirse con formas menos obscuras; y aunque Juan Roscelin, presidiendo sus querellas, solo aumentase á los ojos de muchos el número de los nombres y de las palabras, el espiritu de adelantos filosóficos no dejaba de hacer rápidos progresos. Apareció Abelardo en el siglo XI, y de su lucha con San Bernardo nació resplandeciente y fué esplicada por la primera vez despues de Sócrates, la libertad de la inteligencia, útil contrapeso de la fé ciega. Guillermo de Conches, Gilberto de la Porcé, Hugo de Scint Victor, Roberto de Melun, Pedro de Lombard y Hugo de Amiens imitaron al amante de Eloisa; la dialéctica, estudiada hasta entonces con el único objeto de cimentar la fé, sirvió en adelante para construir la base de la razon investigadora; así lo prueban los escritos y los actos de Simon de Tournay, de Juan de Salisbury, de David de Dinant y de tantos otros que son los verdaderos precursores de la moderna revolucion.

Los árabes iban á ser lanzados de nuevo al mar de donde habian salido; la España iba á ser de nuevo católica. Todo hace creer que la invasion de su territorio por los sectarios de Mahoma fué tan solo permitida por la Providencia, con el objeto de que estos depositasen en Europa la esencia de su momentánea civilizacion, cuyas conquistas están lejos de ser despreciables. Si la España no ofreciera al estudio del genio su Alhambra, su alcázar de Sevilla y su mezquita de Córdoba, el arte moderno seria menos rico y las poesías del Último Abencerraje ó de las Orientales no esparcirian en nuestra imaginacion los gratos perfumes que debian embalsamar el aire que Moraima respiraba. La forma árabe no debia conservarse sola; el espíritu que la habia animado debia pasar á ser la propiedad del renacimiento previsto; con este objeto la Fatalidad divina utilizó á los judíos, arrojados acaso providencialmente á la península ibérica, cuando la dispersion de su raza promovida á su vez y en su conjunto por algun gran designio supremo. Maimonides sirvió de intermediario entre Averroes, su maestro, y los sucesores ó mas bien los imitadores de Abelardo. Al propio tiempo que el método de Aristóteles penetraba con la esencia árabe en las inteligencias de los filósofos de la edad media, hallaba defensores en el Oriente de la Alemania, tales como Alberto el Grande, y se apoderaba rápidamente de las escuelas impulsado por Alejandro de Hales (doctor irrefragabilis), Juan de Fidanza el Inspirado (doctor seraficus), Tomas de Aquino, de quien recibió Leibnitz las primeras inspiraciones, Juan Duns Scot (doctor subtilis) y tantos otros, entre los cuales brillaron tambien Enrique Goethals de Muda (doctor solemnis) y Ricardo Midleton (doctor solidus).

En aquella época denominada la época de las tinieblas por los ignorantes y por los incrédulos, fué precisamente cuando empezaron las luces á abrirse camino en medio de la obscuridad, y cuando desde la cuna en que se creia ver sonreir á la filosofia naciente, se lanzaron con la lozania de la juventud, todas las ciencias y todas las artes, introduciéndose con vigor en el seno fecundo de la Humanidad para hacerla comprender que crecerian y se desarrollarian con el tiempo. En aquella época aparece la alquimia dominando las grandes inteligencias, analiza las escavaciones del filósofo investigador y abre á la Humanidad, que solo le pedia oro, las grandes y diversas vias, en cuyo seno ha encontrado mas tarde los secretos del vapor, de la electricidad, del magnetismo y del calórico, ese misterio imponderable tantas veces interrogado por el alquimista entusiasta.

La filosofia ha avanzado bastante ya en su moderno desarrollo, para poder entrever las reformas que el código sintético de Jesucristo debe sufrir, para trasformarse y presidir de nuevo una de esas inmensas revoluciones que marcan el espacio recorrido por la Humanidad en el camino de la armonía. Roger Bacon y Raimundo Lulle, animados de un mismo pensamiento, nacen en dos puntos opuestos del mundo civilizado, en dos islas; las islas son otros tantos lechos esparcidos sobre las olas, de donde se han levantado y donde han ido á morir las grandes ideas, como si hubieran tenido necesidad de una cuna ó de una tumba esclusivamente suya. La palabra «reforma» encontrará siempre eco: el hombre lleva en sí el instinto de la perfeccion, y ese instinto le empuja y le hace marchar adelante. Guillermo de Occam combate á los Papas en nombre del rey de Francia y del emperador; apenas Walter Burleig y Tomas Bradwardine pueden oponerle con sus esfuerzos reunidos un contrapeso en la balanza de la fatalidad: el nominalismo triunfa en manos de Juan Baridan, de Pedro de Ailles, de Roberto Holcot, de Gregorio de Rimini y de Gabriel Biel; la filosofia rompe sus ligaduras; el ancho camino de la critica queda abierto, y el análisis tiene lugar desde entonces en grande escala, con el objeto de preparar los materiales de la nueva sintesis que debe inevitablemente hallarse formulada antes del año 2000.

Si la filosofia critica hubiese dominado desde entonces y sin obstáculos en las escuelas, su triunfo completo hubiera sido perjudicial, porque la fé religiosa hubiera desaparecido completamente, y al dejar de ser la idea de Dios el eje ideal de todas las cosas, el mundo moral hubiera desaparecido, cosa tan imposible como la dispersion en el espacio de los átomos que componen el mundo material. La Providencia se opuso á esta completa victoria, y Juan Charlier de Gerson y Tomas Akempis vinieron á dar impulso á la fé, resucitando el misticismo. ¿Cuál de los dos escribió la Imitacion? A mi modo de ver, ni el uno ni el otro; el plan providencial tenia necesidad de este libro; ¡el libro apareció!

Hemos llegado al siglo xv. Todas las ideas filosóficas de la antigüedad se han trasmitido á él, como acabo de hacerlo entrever, y el análisis critico y la investigacion de lo conocido en favor de lo desconocido tiene lugar entonces. Verdadera admiracion me causa el contemplar ante mis ojos esa multitud de caminos abiertos en todas direcciones: ignoro si los estrechos limites de este rápido resúmen me permitirán seguir á la filosofia en sus infinitas subdivisiones adoptadas para mayor progreso de la inteligencia humana. Lo que puedo asegurar es, qué veo claramente de donde parten todas y á donde se dirigen; creo que el plan providencial, de que forman parte, está tan manifiesto, como el plan de un camino de hierro sometido por un ingeniero al exámen del mas instruido de los gobiernos. Todas parten de la sintesis cristiana; todas van á la próxima sintesis social que no ha recibido aun un nombre definitivo.

El método de Aristóteles pierde su imperio. Afirmativo en todas sus partes, no podia servir á la investigacion atrevida. Dividense los filósofos en tantas fracciones como los filósofos paganos; peripatéticos como Scaliger, platonianos como los Médicis, stoicos como Claudio Saumaise. En breve las investigaciones atrevidas traspasan los limites trazados por la antigüedad; no serian de otro modo atrevidas. Verificanse descubrimientos que borran ó, por mejor decir, trasforman y completan las creencias de la antigua razon: la sabiduría humana ha dado un paso, paso esperado y preparado por quince siglos de recapitulacion paciente. Pedro Ramus da la primera señal; Maquiavelo presta igual servicio á la inteligencia; Bernardino Telesio, Giordano Bruno, Miguel Montaigne, Justo Lipse, Esteban la Beotie, Pedro Charvon, les siguen y cada uno de ellos avanza un poco mas que sus predecesores de los cuales es la inevitable consecuencia. Por lo demás, ha sonado la hora critica para la Religion y para la filosofia; el protestantismo recorre la Europa analizando la fé alentado por el libre exámen. Esta simultaneidad producida por los mismos acontecimientos y por iguales causas, ¿no les dice nada á los partidarios de la casualidad? Preciso es que esos hombres se hallen privados de la percepcion moral.

Francisco Bacon y Renato Descartes son un descanso momentáneo; cada uno de ellos reasume en si una mitad del análisis múltiplo verificado por los que he nombrado anteriormente; son con respecto á ellos como esos anchos caminos que atraviesan los bosques, donde vienen á desembocar los infinitos senderos trazados por los cazadores entre los árboles. Aborrezco á Descartes. Algun dia esplicaré los motivos de este rencor. Descartes fué un Lutero para la ciencia. Pero solo una cosa debo reconocer aquí: la necesidad, la utilidad de su existencia. Sus trabajos y los de Bacon facilitaron inmensos progresos á la razon; creo, sin embargo, que los de

Bacon fueron mas sinceros y mas generosos. Habia en Bacon algo de Campanella. Descartes es un término medio entre Lutero y Voltaire; parte del primero; el segundo, parte de él. Pero no debo, lo repito, espresar aquí mis sentimientos con respecto á tal ó cual hombre; mi mision es buscar y probar la indispensable necesidad de sus errores si erró, de sus conquistas sobre la verdad si cumplió con ella; mi mision es demostrar la imposibilidad en que se hallaba el mundo moral, de prescindir de su doctrina para llegar al punto á que ha llegado hoy. Bajo este punto de vista, Descartes era necesario para el reconocimiento de la individualidad por las sociedades: si no hubiese existido, la emancipacion del individuo no se hubiese realizado jamás. Jesucristo no pudo ni se atrevió á ir mas allá de la emancipacion del alma. Es preciso seguir con atencion todos los caminos que parten de los dos puntos filosóficos conocidos por la doctrina de Descartes y la doctrina de Bacon, para formar una verdadera idea del equilibrio sobrenatural establecido en el órden moral por un poder superior á todos los poderes definidos por los hombres. Es preciso ver á Hobbes, Gassendi, Locke formando un contrapeso á las tendencias de Spinosa, Malebranche, Helmont, para admirar la inmensa fuerza de la divinidad que arrastra y atrae hácia el centro de la idea suprema á los átomos morales, como la fuerza centrífuga arrastra y atrae los átomos materiales hácia el centro de la Tierra.

Auméntanse en breve las subdivisiones, y las ideas en contraposicion se multiplican hasta un punto tal, que sería indispensable una inteligencia privilegiada para abarcar sin confundirse los innumerables eslabones de aquella complicada cadena, que la mas leve falta de equilibrio pudiera trocar en un caos, y que se organiza, progresa, trabaja, se desarrolla ó se doblega bajo la poderosa mirada de la Providencia. Despues de Descartes, despues de Bacon, la multiplicidad de las subdivisiones analíticas es tal, que serian necesarios volúmenes enteros solo para mencionarlas. Desde la duda á la fé ciega, millares de creencias se hallan escalonadas, guardando entre sí relaciones mas ó menos íntimas, y cumpliendo una mision en armonía con las misiones que están llamadas á cumplir sus rivales ó sus hermanas. Comparad al hazar las obras de Newton, de Pascal, de Bossuet, de Leibnitz, y hallareis que todas se dirigen al mismo fin por diferentes caminos. Recorred los senderos subalternos por donde marchan las obras de La Mothe, de Ashley Cooper, de Vollaston, de Samuel Clarke, de La Rocheoucauld, de Pusendors, de Wolf, de Andrés Radiger, de Vico, de Montesquieu, y hallaréis la clave moral del encadenamiento filosófico, y adquiriréis la prueba evidente de que si los medios son infinitos, el fin es uno solo, como es sola y única la Providencia. Cuando escriba la Biblia de la

Humanidad no dejaré de consignar en ella ningun pensámiento, ningun libro, ningun acto, y me comprometo desde ahora á demostrar victoriosamente la mútua dependencia que los liga y los coloca frente á frente unos de otros.

Dos nuevos focos morales se presentan á sintetizar los descubrimientos de los numerosos esploradores que les han precedido; el uno sostenido por la incredulidad, el otro impulsado por la fé: ambos cumplen una mision semejante á la de Descartes y Bacon. Estos dos focos morales son conocidos con los nombres de Voltaire y Rousseau. Cuanto se ha analizado en nombre de la razon antes de ellos, refleja en ellos. Nosotros abrigamos tan pocas simpatias por Voltaire como por Descartes y Lutero. ¿Cómo podeis conciliar, se nos dirá, esas aversiones, con la conviccion de que la existencia de los séres que os las inspiran, es una necesidad para el plan providencial? Haciendo abstraccion de la individualidad en presencia de ese mismo plan, las enemistades de la Tierra son átomos imperceptibles que no deben tomarse en cuenta. Sin los profundos abismos abiertos por Voltaire bajo los pies de la sabiduria humana, permanecerian ocultos los inmensos recursos con que cuenta esa misma sabiduría para cegarlos: la poderosa negacion crea la afirmacion sublime. Si no hubieran existido los cercos con sus espectáculos terribles, el Cristianismo no hubiera llegado á ser grande.

Despues de Voltaire y de Rousseau solo faltaba al análisis ser conocido por las masas en todos sus detalles, para que se hiciese posible la reconstitucion de una unidad. Cuanto ha hecho despues la filosofía en el camino del análisis, no merece la pena de ser mencionado; ha subdividido hasta el infinito sus investigaciones; los alemanes han llevado el estudio de los detalles hasta su última posibilidad; y la suma de los descubrimientos es tan considerable hoy, que no es posible á la filosofia ir mas allá sin sintetizarse en una sola manifestacion intimamente unida á las manifestaciones sintéticas de la Religion, de las artes y de la poesia que van á producirse en nuestros dias. En vano quisiera continuar el análisis; su hora ha sonado; la gran época de la critica está terminada. Vano fuera querer intentar nuevos trabajos analiticos; cuanto se hiciera seria tan solo una repeticion de lo hecho ya anteriormente, porque al punto á que ha llegado la Humanidad, impulsada por el plan providencial, una época de afirmacion debe empezar para ella; acaso la época de la armonia definitiva.

Solo los precursores de una síntesis pueden avanzar hoy en filosofía. Tournier, Saint-Simon, Pedro Lerroux, Eufantin, Terson llegaron á entrever; Cousin y todos los que en Occidente pueden compararse á él, no ven ya. Acaso no tardará en nacer el hombre que, apoderándose con mano firme de todos los materiales de la preparacion analítica que se hallan esparcidos por el Mundo, construirá con ellos el templo de la razon moderna. ¿Quién sabe si ha nacido ya? Ocupándome en mi obra principalmente de Cataluña, seria injusto si no citase á Balmes, como uno de los preparadores de la ley moderna; tampoco dejaré en el olvido á Chateaubriand, Hugo, Lamartine, Goethe, Byron; esos grandes poetas que se han ocupado lo bastante de filosofía para profetizar su trasformacion, de la misma manera que Juan Bautista se ocupaba de Religion hablando con los ecos del desierto. Los hombres pensadores tienen que reconocerlo; ¡el elegido del Evangelio moderno aparecerá muy pronto!

Perdon debo pedir á mis lectores por haberme dejado arrastrar por el entusiasmo mas allá de los límites de la razon relativa actual. Trazando con grandes rasgos el cuadro que representa el encadenamiento de la mayor parte de las doctrinas filosóficas, me he propuesto probar que, de la misma manera que las religiones y los idiomas, las doctrinas filosóficas no se han desarrollado, sino en virtud de leyes preparadas anticipadamente por la Providencia. Creo haberlo demostrado suficientemente. Quédame aun el recurso para combatir á mis adversarios, de interrogar la colectividad espiritual de cada una de las menos favorecidas por el progreso, de cada una de las naciones que se hallan mas alejadas de la civilizacion occidental. Verdaderamente ninguna de ellas se halla en estado de nombrar las subdivisiones filosóficas, cuyos principales autores acabo de enumerar; pero merced á sucesivas y providenciales revelaciones, están en disposicion de adquirir instantáneamente el conocimiento de estas subdivisiones y de los trabajos terminados por ellas en el órden social. Nuestros misioneros encuentran á los salvajes á quienes nadie ha preparado antes de su llegada, dispuestos á comprenderlos moralmente hablando: esto se esplica por la intervencion de una luz alimentada en el corazon del hombre, por el Supremo Autor del plan que encadena á la Humanidad con el progreso.

Nada hay mas fácil para mí que recorrer la historia, la literatura, las artes, la industria, las ciencias y el comercio desde su origen, y someterlos á un trabajo semejante al que he verificado con los idiomas, las religiones y las filosofias. Nada mas fácil para mí que someter á las miradas del hombre pensador, los numerosos hilos que, partiendo de los orígenes mas opuestos, vienen á reunirse en un solo punto: pero ¿hay acaso necesidad de emprender esta difícil tarea, para convencer á los que niegan el plan providencial? Las ciencias, las artes y la literatura han seguido naturalmente los desarrollos morales de las religiones y de las filosofias, cuya espresion fiel representan en nuestra inteligencia. La industria, el comercio y la autoridad politica han hecho lo mismo, fisicamente hablando, siendo la espresion material de las religiones y de las filosofias ante la individualidad.

De la misma manera que el lenguaje, partiendo de raices sintéticas, se subdividia para llegar por mil caminos distintos á la unidad armónica del porvenir, á medida que la Humanidad avanzaba en edad y que las religiones y las filosofias.aumentaban la suma de los conocimientos de la inspiracion y del raciocinio; el arte, la ciencia, la literatura, la industria, el comercio y la autoridad politica se desarrollaban sin perder de vista su punto de partida, y se subdividian para poner á todas las individualidades en disposicion de conocer, de concebir lo bello y lo bueno, de celebrarlo, de servirse de cuanto existe para realizarlo, de trasportar los elementos de un estremo de la Tierra á otro, y de concurrir igualmente á la organizacion de las individualidades, sus hermanas, cuya suerte está intimamente ligada con su suerte. Lo repetimos; admiracion nos causa que haya quien ponga en duda ese encadenamiento providencial de todos los elementos de la armonia humana, que forma parte de la armonia universal, y que es tan fácil estudiar en todo lo que la naturaleza ha sometido al análisis de los sabios.

Un rápido resúmen del nacimiento, desarrollo y subdivisiones de la ciencia, de las artes, de la literatura, de la industria, del comercio y de la autoridad politica, completará por ahora este trabajo y bastará para indicar la mision actual de la Historia: entretanto que la grande introduccion de mi obra futura enseña á los hombres los medios de seguir, como á los dados sobre un tablero de ajedréz, los magestuosos elementos de la armonia sobre el panorama de los siglos pasados.

La ciencia debe definirse del modo siguiente, segun .el autor de esta Historia: por una parte, es la reunion de todas las pruebas relativamente absolutas, adquiridas á la Religion y á la filosofia por el raciocinio ó por las revelaciones de la Naturaleza: por otra parte, es el estudio regularizado por medio de axiomas de todas las demas pruebas relativamente absolutas de que carecen la Religion y la filosofia para penetrar en los arcanos del Cielo y de la Tierra. Siendo necesario, ante todo, para regularizar las investigaciones cientificas, el conocimiento de verdades tales, que pudiesen contrabalancear los esfuerzos de la negacion, el primer sabio debió descubrir un axioma que le procurase la cantidad de apreciacion necesaria para inspirarle la primera fórmula matemática. Esta fórmula debió enlazarse desde luego con la idea que él tenia formada entonces de la divinidad y con la idea que entonces formaba de la sabiduría. No debemos hoy estendernos mas sobre el particular, ni es nuestra mision el consignar aquí cuál fué el primer axioma, ni cuál la primera fórmula descubierta por el hombre. A medida que la revelacion y la sabiduría se desarrollaron, la definicion, el número, la forma, tomaron mayores proporciones y hallaron nuevas aplicaciones; calculóse la marcha de los astros; fijóse la variacion de estaciones; la suma, la resta, la multiplicacion y la division de las cantidades, organizadas ya por numeraciones metódicas, entraron en lo posible; y la Humanidad pudo desde entonces edificar, ayudada por el conocimiento de las principales leyes de la Creacion y por las fuerzas inherentes á estas leyes. Cuando el autor de estas lineas escriba la Biblia de la Humanidad, comparará cada paso de la ciencia con los correspondientes pasos de la Religion que la ilumina, y de la sabiduría que la organiza; entonces se promete pulverizar las objeciones de los incrédulos, mostrándoles, por ejemplo, la conquista de la ciencia astrológica, coincidiendo, en virtud del plan providencial, con la conquista religiosa de la inmortalidad del alma que ensancha el espacio para el universo moral. Tan seguro está el autor de triunfar en su doctrina, que esperimenta un verdadero pesar por no poder desarrollarla enteramente en este momento.

¡Cuántas páginas tendrá que llenar entonces para presentar á la ciencia subdividida como todos los grandes principios que han seguido á la Humanidad desde su cuna hasta nuestros dias, y que la seguirán hasta su apoteosis; para mostrar á la ciencia bajo sus múltiples formas; matemática, astrológica, física, médica, musical, caligráfica, geroglífica; avanzando bajo los inmensos follajes de la India, entre las estupendas columnatas de Palmira, en el interior de los misticos templos de la China, en los observatorios Caldeos, y viniendo á sintetizarse, despues de haber removido inmensos materiales, en algunas fórmulas, en manos de los Euclides, de los Arquimedes, de los Hipócrates, de los Orfeos; desde donde vuelve á esparcirse por las naciones, para preparar á Ambrosio Pere, á Galileo, á Newton, á Pascal, á Humbolt y Aragò! Nada diré de sus detalles que tienen con ella una relacion tan intima, como sus relaciones con la Religion y la filosofia. No trataré de buscar la razon providencial de un descubrimiento cientifico cualquiera; la rueda, por ejemplo, y de la influencia de este descubrimiento sobre el porvenir de la Humanidad. ¡Ah! al recordar la voluntad que ha aumentado hasta el infinito las relaciones entre todo lo que se descubre y todo lo que se ha descubierto ó se descubrirá, no es posible soureirse; especialmente cuando se han pasado centenares de noches inclinado sobre los libros, á la luz del trabajo y de la conciencia.

Pasemos sobre los siglos, no siguiendo á la ciencia sino con la mirada, y apresurémonos á llegar á la era cristiana, para seguirla rápidamente en el terreno de los hechos hasta nuestros dias, y demostrar al menos en este corto periodo, sus relaciones con la Religion, con la filosofia y con todo lo que concurre á aproximar la Humanidad á la armonia.

En el siglo iv, la considerable suma de conocimientos adquiridos, impone la necesidad de la simplificacion y de la rapidez en los cálculos: Diotanto publica el primer tratado de álgebra, que hace posible el binomio de Newton, mas de trece siglos antes de su nacimiento. Las campanas del Cristianismo lanzan al aire sonidos que quinientos años mas tarde recoje Gui de Arezzo para encontrar en ellos la escala musical, cuyas notas sirven hoy para definir la mayor ó menor precision de las escalas mecánicas. De suerte que Jesucristo, al predicar su doctrina que agrupa los pueblos alrededor de un campanario, en su prevision providencial anunció á Palestrina. La química, aunque se halla en sus primeros rudimentos, lanza el *fuego gregeois* sobre las aguas y el proyectil de Calínico profetiza en el siglo vii la pólvora y el cañon; este descubrimiento que el partidario de la negacion maldecirá es un arranque de hipócrita caridad, y en el que el afirmador profundo hallará uno de los elementos mas poderosos de la sintesis venidera.

El siglo ix ve á la brújula iniciando á los navegantes en el secreto de lejanos descubrimientos: la ciencia por esta vez se halla mas bien bajo el dominio de la revelacion que bajo el del raciocinio ; Colon, viene mas bien de Dios que de la Humanidad. El trabajo intelectual se generaliza; y como si desde entonces debiera ser la luz el objeto preferente de las investigaciones del hombre, la primera operacion de las cataratas se verifica con gran éxito; los anteojos vuelven la vista fatigada al hombre estudioso, y las velas de sebo que el pobre puede en breve proporcionarse por un precio ínfimo, alargan el dia para que avance la instruccion. Los ingredientes necesarios para la pintura al ólio, se descubren y se preparan para que mas tarde millares de obras maestras nos inspiren la pasion por lo bello.

¡Siglo xv! ¡Colon y Guttemberg! La talla del diamante y el grabado! La alquimia encendiendo sus hornillos en las cavernas y en los sótanos, en busca de un objeto que no hallará al fin; mas en su lugar, se aproximará al objeto de Dios! Entretanto los primeros coches giran sobre sus ejes y avanzan hácia la locomotora ardiente, impulsada por el vapor, hijo de la alquimia.

Nombrar á Colon, es señalar una de aquellas épocas en las que se vé claramente marcado el inmenso plan de la Providencia; jamás, acaso, acontecimiento mas importante que el realizado por él, haya venido á servir de consecuencia á mayor número de hechos cumplidos y á preparar mayores resultados necesarios en un tiempo dado para el completo desarrollo de la Religion y la filosofía. Y todo á la vez se preparaba para la revelacion del nuevo mundo: la imprenta prestaba un servicio inmenso al órden moral, poniéndolo á la altura del órden fisico, merced al descubrimiento del *loco genovés*. El cobre y la madera en forma de planchas, animadas por el buril, inmortalizaban al enviado de la Naturaleza; y merced al grabador, la

imágen de la poesía, derramando flores sobre las ideas „podia multiplicarse
á la vista del hombre.

Pero el grabado no alcanza á copiar fielmente la Naturaleza. La Providencia quiere permitir que la Humanidad encadene á sus miradas, hasta la
mas pequeña intencion física de la forma, para que pueda interpretar mejor
sus intenciones morales. Invéntase la cámara oscura; sueño entonces muy
lejano, profecía de la fotografía. Y para alcanzar los efectos de aquel descubrimiento de Porta, aparece el microscopio completando la vista de los
sabios. Invéntase en Pistoie la pistola, que mas tarde debia ser el instrumento destinado á privar á Carrel de la vida, y aunque á primera vista
parece multiplicar los resultados del duelo, destruye su aparente nobleza,
y por consiguiente, disminuye sus causas.

El tiempo apremia á la ciencia; fuerza es que se halle en disposicion de
presentarse en la cita sintética del siglo XIX, y que por consiguiente, haya
cumplido todo cuanto puede y debe cumplir antes del momento de esa cita.
El termómetro enriquece con una realidad mas los conocimientos físicos;
Neper enseña los logaritmos á los matemáticos; Harvey la circulacion de la
sangre á los que quieren interrogar los secretos de la existencia humana. Mer-
senne dirige á los astros el telescopio; Toricelle, Huyghens y Leibnitz aumen-

tan la suma de las certezas adquiridas; en fin, realizase un fenómeno superior á todos los demás; Papin inventa la máquina de vapor. ¡Cuántas
conquistas en un siglo! Y mientras que se obtienen en una parte de la Tierra
encargada entonces de representar la colectividad humana, el resto de ella
avanza relativamente al mismo paso que la Europa occidental, aproximándose por medio de la ciencia, al fin que deberá alcanzar al mismo tiempo
que su hermana. Todo eso ¿no revela acaso una intervencion superior? ¡Ah!
No es el acaso el que permitió á Papin descubrir el elemento por escelencia
de comunion mas pronta y mas universal que todas las comuniones conocidas, puesto que el descubrimiento de la imprenta y el de la América, han
profetizado los resultados de este motor gigante, creando sus causas. Ningun hombre pensador abordará de frente el estudio de estos misterios de la
ciencia, sin murmurar: ¡ *Credo in Deum!*

El siglo xviii, el siglo precursor siente sonar sus primeras horas en el
cuadrante de las edades. Tratar de enumerar sus beneficios reales, sus males necesarios, y de dar cuenta de los grandes trabajos que dió á luz, es
obra imposible de realizar en una página ni en un volúmen. Basta nombrar
el siglo xviii para saber inmediatamente las inmensas pruebas que el filósofo puede encontrar en él, en favor de las relaciones que trata de establecer entre la ciencia y todas las demás posibilidades de la perfeccion. Es
el siglo de Franklin, de Arkwright, de Newton, de Jenner, de Sausure,
de los Chappe, de Volta, de Condorcet, de Laplace y de Monge. Ve-
nacer á Arago, Thenard, Orfila, Broussais, Humbolt y á otros mil, cuyos
nombres se confunden en mi memoria; y cuando termina para hacer lugar
al nuestro, la ciencia en todas sus subdivisiones se halla en estado de ponerse en contacto con la Religion, la filosofia, la literatura y las artes,
porque ha logrado elevarse hasta el Criador, ensanchando el horizonte de
la sabiduría; espresándose en un estilo poético ó severo, pero siempre á la
altura del asunto que lo ha dictado; y haciéndose familiar á los artistas,
que no pintan un cuadro sin haber estudiado la fisiologia, que no trasforman el mármol en estátuas sin haber pasado largas velados en el estudio de
la anatomía.

Por fin, oimos el reloj del tiempo, único cuadrante donde las horas del
progreso humano no pueden retroceder; le oimos, repito, sonando diez y
nueve veces en los ecos del universo: ¡nuestro siglo aparece! Aquellos de
nuestros lectores, cuya instruccion les pone á la altura de juzgar el verdadero estado de la ciencia, comprenderán si se halla en disposicion de
presentarse al concurso sintético de que hemos hablado. Aquellos que tan
solo se hallen preparados por las aspiraciones de la muchedumbre y por
sus propios deseos, podrán decirme si no se sienten en estado de compren-

der todas las conquistas de la investigacion, y si no se hallan preparados para alcanzar cuanto pueda serles revelado. Y es, que al propio tiempo que el Autor del plan providencial suscitaba á los reveladores, aumentaba la suma de las facultades humanas y las multiplicaba al choque de las ideas nuevas, lanzadas desde las alturas sobre la frente de la muchedumbre. No podemos dudarlo; ha llegado el momento de la fusion de la ciencia en el espíritu colectivo, del que se separó para el análisis; una armonia superior á la armonia cristiana está próxima á reorganizar el Mundo.

El autor de esta historia siente no poder encerrar muchos hechos en pocas palabras. Ha querido dar una idea del desarrollo científico y apenas le ha sido posible, en un gran número de frases, bosquejarlo á grandes rasgos. Y sin embargo, por el inmenso número de hechos esplicativos sumergidos en el pasado, por la diversidad misma de las descripciones de estos hechos consignados en millares de volúmenes, es indispensable un libro que lo encierre todo en un reducido número de páginas, so pena de verlo sumergir en el caos á la menor circunstancia capaz de conmover á la Humanidad.

Es preciso que la ciencia tenga su código y su historia divididos en tantos capitulos como medios tiene de interrogar los misterios de la existencia universal. Es preciso que el hombre, preparado á esperar estos misterios por la intuicion divina, pero alejado hasta entonces de su esplicacion por las dificultades que de ellos le separaban, pueda en un momento abrazar todo lo útil, sin perder, no obstante, detalles preciosos en su precipitacion al darse cuenta del conjunto.

Por esta razon, cuando yo escriba la obra que anteriormente he anunciado, avanzaré lentamente por cada una de las vias de la ciencia, teniendo el mayor esmero en constatar igualmente todas las conquistas verificadas desde el orígen del Mundo, en matemáticas, medicina, quimica, física, astronomía, geografía, geologia, música, caligrafia, etc. Mostrar los principales descubrimientos, es señalar la mano de Dios en el conjunto; pero es señalarla en los detalles probar al Mundo que Aulu-Gele es lógicamente la consecuencia de Hipócrates; Galien la de Aulu-Gele; la escuela de Salerno la continuacion de todos ellos; y que ni Broussais ni nadie hubiera hecho brillar la medicina en nuestro siglo, sin los precedentes establecidos por sus antecesores y acomodados á mis ideas por la escuela, laboratorio de las inteligencias. En quimica, por ejemplo, niego que Dumas pudiera existir hoy; sin la anterior existencia de Paracelse y Priestley, y estoy intimamente convencido de que Rhazes y Alberto de Bollstadt son providencialmente los precursores de Lavoisier. Lo probaré en mi futura obra.

El idioma formula el pensamiento; la literatura reproduce hasta sus mas insignificantes detalles, sirviéndose para ello del idioma, como se sirve el fundidor del hierro. El plan providencial la conduce de consecuencia en consecuencia hácia el fin armónico, de la misma manera que ha conducido á la filosofía, á la Religion y á la ciencia, cubriéndolas de flores á los ojos de la inteligencia humana. Imposible nos es por desgracia remontarnos suficientemente en su historia para alcanzar sus primeros trabajos; no es difícil todavía estudiar los primeros vagidos de la lengua en su representacion escrita por medio de nudos de cuerda ó de montones mineralógicos; pero es casi imposible hacerse cargo del nacimiento y de los primeros descubrimientos de la literatura, solo con la disposicion de estos nudos y de estos montones. Una sola cosa se obtiene de su estudio; la certeza que encierra la espresion del deseo que la Religion deja subir hácia Dios, que la filosofía deja subir hácia la sabiduría, y que la ciencia envia en alas del estudio en busca de la verdad palpable.

La literatura no tiene otro objeto que el objeto universal : en eso prueba la Providencia que la libertad humana tiene por limites las necesidades de su ley eterna, que tambien es la de la unidad por escelencia. Haré con la literatura lo que hice con la ciencia; trazaré rápidamente su marcha á traves de los siglos, sin detenerme en el estudio de sus esfuerzos analíticos; pues estoy impaciente de entrar luego en el fondo de mi tarea, y de establecer una estrecha relacion entre mis convicciones y los hechos que sucedieron en una parte del mundo, bajo el nivel providencial.

Abrimos los primeros libros conocidos; los seis *Sastras* de la India : *los Wedas, los Oupavedas, los Angas ó Vedangas, los Puzanas, los Dherma Sastra* y *el Dhersana*. Es indudable que lo primero que ha inspirado á la literatura, ha sido la creencia en Dios, la revelacion prestada á Dios mismo. En la época en que nació, acababa de aparecer á la Humanidad en su síntesis informe, en su conjunto aun no salido del caos, la idea del Creador. Así es que los libros, cuyo título acabamos de escribir, son un prolongado grito del hombre hácia esa idea inmensa que la imaginacion procura definir, lo que solo consigue amontonahdo fenómenos sobre fenómenos y creando mónstruos que, á fuerza de fealdad, alcanzan la terrible belleza, de la cual la ignorancia, el temor y el respeto forman la imágen de la Divinidad.

La literatura tiene un objeto distinto de la traduccion del grito de la multitud hácia todo lo que esta adora, hácia todo lo que esta ama y hácia todo lo que esta desea. La literatura toma acta del progreso de la forma del lenguaje y del pensamiento. *Duapayana* estrae de los libros de la India todo lo que forma un misterio impenetrable, y bien pronto el brahma incógnito que los encierra en los límites de la *Oupanichada* da á esos mónstruos literarios de la India un aspecto que los hace accesibles á los primeros estudios de Anquetil Duperron.

Por lo demás, no tenemos la pretension de creer se halle en este particular haciendo su primer esfuerzo. Hace mucho tiempo que se agita en la cuna intelectual de la Humanidad; pero el autor de esta historia no necesita mostrarla aqui empleando sus primeros movimientos en ordenar en los campos esos libros primitivos de guijarro y roca, que, bajo el nombre de *Peulvans*, de *Lichavens*, de *Cromlechs*, de *Dolmens* y de *Tumulus*, manifiestan á la sociedad escéptica del occidente europeo, que los abuelos, y los abuelos de los abuelos de sus hijos pensaban dejar al porvenir algo mas que un suelo yermo ó cubierto de ruinas. El ilustre autor de *Nuestra Señora de Paris*, en uno de los capítulos de su obra admirable, indica rápidamente de qué manera se ha servido de la Providencia el espiritu como de una letra móvil, para dar al pensamiento humano una forma, cada vez mas perfecta. Los templos subterráneos de Bombai, los inmensos monumentos del Indostan labrados por los imitadores de *Viswakarma*, el arquitecto del cielo, en la falda de las mas elevadas montañas, son las prodigiosas raices del árbol literario, cuyos primeros gérmenes pueden seguirse hoy en las murallas fecundadas por el contacto del hierro, ese metal destinado á ser el arado del terreno intelectual, como lo es del terreno fisico. Saber que esos hacinamientos existen, que esos templos no son la creacion de nuestros sueños, y no confesar inmediatamente que la Humanidad tiene un objeto, al cual se dirige desde que existe, bajo la mano de la fatalidad providencial, es indudablemente una estupidez mayor que la del mas fanático de los adoradores de Jagrenat, yendo aun á suicidarse bajo las ruedas de su carro, para que su sangre sea propicia á la union de la colectividad humana, cuyo objeto se propone. Pero repetimos, que, el autor de esta historia no puede entrar aqui en estas consideraciones.

El manucrito es de dos especies desde el momento en que la piedra dejó de ser absolutamente útil á la consignacion del pensamiento, á su embellecimiento, al adorno de sus caprichos. Es de pergamino ó de papiro, de corteza de árbol ó de tela primitiva; pero continúa siendo de piedra para ser bastante grande y abierto á la Humanidad, hacerla esperar con paciencia el descubrimiento de la imprenta. Mas tarde, gracias á esta última, aparecerá el libro que no matará al manuscrito de piedra, ni al manuscrito de papiro; pero que los multiplicará como multiplica el vapor la vida fisica.

La literatura debe ser quien conserve é inspire lo sagrado, lo bello, lo grande, lo justo, lo generoso y lo bueno. La literatura tendrá sus síntesis y sus análisis del mismo modo que la Religion y la filosofia las han tenido.

Estas síntesis y estas análisis estarán en estrecha relacion con las de la Religion, de la filosofía y de la ciencia, cuyos intérpretes escritos y hablados vendrán á ser. Partiendo en cierta época de los *Sastras*, llegará á la Biblia, de la Biblia á la Iliada, de la Iliada al Evangelio, del Evangelio al Paraiso perdido y del Paraiso perdido al Genio del Cristianismo y á Jocelyn, á medida que la Religion, la filosofía y la ciencia, partiendo asímismo de la Grecia, llegarán á Moisés, Homero, Jesus, Milton, Chateaubriand y Lamartine. Del mismo modo que la síntesis y la análisis de estos últimos, las suyas tendrán negaciones, contrapesos y absorciones; pero nadie conseguirá jamás separarla del conjunto del plan providencial, y ni aun se atreverá á intentarlo, á menos que no quiera desempeñar el papel del gusano que se adhiere á un trozo de granito deseoso de devorar una parte de él.

Seguramente sería imposible á nadie demostrar que no ha sucedido así, y dejar de convenir en que la literatura jamás ha tenido otra intencion que la de asimilar el lenguaje del hombre con el supuesto lenguaje de Dios, que la de purificar su forma, elevar sus proporciones, dirigir los esfuerzos á la realizacion de la justicia, perfumar de generosidad los acentos y someter las masas populares á las reglas del bien.

Todo lo que precede á la Biblia llena esta mision, ya sea literatura de piedra ó ya literatura escrita y trasportable. Los que trabajan á fin de crearla para cada pueblo y para cada creencia, se apresuran desde luego á recomendarla y unirla á Dios: procuran adornarla esteriormente, limando y simplificando sus períodos; la remontan hasta las regiones del lirismo; la encuentran perfecta solo en relacion á la manera con que traduce la justicia y sus generosos arranques, y nadie se atreve á confesarse capaz de hacerla servir al mal; Koungfou-Tsée se sirve de ella, como Pitágoras, para dar á los hombres una idea del Ser Supremo: traza el *Chsu-King* con su mano religiosa, como el otro canta los dorados versos con su voz agradable. Tsema-Thsian y Herodoto la simplifican para hacerla espresiva, en tanto que Orfeo la pule para que cautive mas los sentidos. Los lectores de este libro saben que Píndaro la arrebata al cielo, que se apresura á confiarle las primeras leyes para formar los códigos, que se encarga de enseñar á los hombres la generosidad, esa hermana del bien que la literatura predica antes de todo.

Escríbese la Biblia. Obra de hombres y de generaciones, adquiere cada siglo dos ó tres páginas, y cuando está terminada, resulta que su última página es consecuencia de la primera, que todas las trasformaciones que su forma ha esperimentado se encadenan y tienen su razon de ser como los hechos confirmados que cuenta. Algunas veces consigna y aprueba actos que la moral moderna rechaza, pensamientos que la justicia actual condena, descripciones que el buen gusto de nuestros dias no podria aceptar; pero el hombre pensador se ve obligado á reconocer que la moral moderna, la justicia actual y el buen gusto de nuestros dias no existirian, si al nacer no se hubiesen revestido de la forma de esos actos, de esos pensamientos y de esas descripciones bíblicas, como la mariposa que se ve precisada á proveerse de alas dentro del capullo que primitivamente la cubre.

Sucede así respecto de la Iliada, libro sublime que el autor de esta historia se complace en creer escrito por una sola mano, por no ver desvanecerse en el pasado la bella imágen del ciego Homero; pero que de todos modos es el libro en que se reunen los resultados de los esfuerzos que la lengua griega hizo sobre sí misma durante siglos enteros. El hombre pensador que estudia la construccion de los versos del bardo inmortal, que se da cuenta cuando los lee en alta voz de los sonidos agradables que producen, de los efectos de armonia silenciosa que operan sobre su espíritu cuando en silencio los lee, conoce que esos sonidos agradables son el resultado de un trabajo prolongado y llevado á cabo en obsequio á lo bello, á lo bueno, á lo justo y á lo sagrado. El pueblo, que busca en las frases giros capaces de pintar la grandeza de los dioses, se eleva y camina hácia el porvenir, perfecciona la naturaleza, buscando estrofas imitativas de sus obras maestras; purifica el alma creando imágenes dignas de hacer amar el sentimiento del bien, y la justicia es su fin cuando en la misma armonia de su espresion da una idea de la armonía que debe reinar entre todo lo existente. ¿Los partidarios de la libertad humana ilimitada pueden buscar mejores armas contra la intervencion providencial que las que les ofrece la individualidad del escritór, del poeta, del rapsodista? Hé aquí un anciano ciego que atraviesa à pie las floridas campiñas de Grecia. Solo ha recibido la instruccion por el órgano del oido y por la memoria, pues jamás ha gozado de la vista; su imaginacion no se ha visto nunca encadenada por los iniciadores; puede estender su vuelo intelectual fuera de todo lo que se ha pensado y se pensará, y crear un órden de ideas sin relacion alguna con las ideas del pasado. ¿Qué va, pues, á hacer? ¿Acaso va á fijar, con arreglo á su capricho, la mision de la literatura? ¡Error! Abre los labios é invoca á los dioses; canta, y la belleza se exhala de sus labios coronada de rosas; llora, y nace el bien de sus lágrimas; habla, y la justicia, siguiendo las huellas de su palabra, enseña á los hombres las primeras leyes necesarias á la felicidad social. La literatura conserva su mision. El rapsodista, privado de instruccion, ha sido la consecuencia de los que cantaron antes que él, porque su genio, favorecido por la voluntad providencial, ha venido de esta á habitar la Tierra provisto de la ciencia imitativa necesaria á su mision.

Entre la Biblia y el Evangelio, entre la Iliada y el Apocalipsis, la litera-

tura se ha desarrollado en la espectativa y el exámen de la obra del Nazareno y sus Evangelistas. Pero nuestros adversarios van á apresurarse á
decirnos, que nos reimos del Mundo al sostener esta tésis, que no hablamos
mas que del libro judio y del libro griego, que olvidamos los del norte del
Asia, y sobre todo, esa literatura latina, que seguramente no hace nada
en la espectativa de Cristo y de Juan. No: la literatura del norte del Asia,
como la de los Romanos, tiene el mismo orígen que la literatura á que
debemos la Iliada y la Biblia: han obrado cada una en su centro de accion,
de manera que caminasen aquellos cuya inteligencia gobernaban hácia la
época que conocieron esos dos libros y se hallasen en estado de comprenderlos. De modo, que cuando la Iliada se conoció en Roma, la literatura
latina produjo la Eneida, y Mahoma reveló el Koran cuando se conoció la
Biblia en el Asia. Como hemos hecho notar en el trascurso de este trabajo
preparatorio, únicamente como que la hora de la marcha colectiva de la
Humanidad no ha sonado aun, el globo luminoso de la verdad pasa de mano
en mano en direccion del centro definitivo, y se detiene entre los dedos de
Jesus en la época de la predicacion del Nazareno.

El autor de esta Historia profesa una admiracion y un respeto profundos
al Evangelio y al Apocalipsis, escrito el uno para todos y el otro para los
que adivinan el porvenir. Como forma, estos dos libros le parecen la mas
magnífica de las sintesis posibles en la época de su aparicion. En el Evangelio aparecen armoniosamente dispuestas todas las espresiones empleadas
para traducir al lenguaje vulgar las ideas relativas de lo sagrado, de lo
justo, de lo bueno y de lo bello. En el Apocalipsis se encuentran asimismo
en el sitio que les correspondian en el órden futuro de entonces, todas las
espresiones empleadas para entusiasmar á las altas inteligencias y hacerles
gustar anticipadamente la ciencia infinita. ¡Qué sencillez en el uno! ¡Qué elevacion en el otro! Y para que no exista contradiccion entre la obra del maestro y la del discipulo, noten nuestros lectores con que habilidad se oculta
toda la elevacion del Apocalipsis bajo la sencillez del Evangelio á la vista
de los pobres de espiritu, y se revela á los hombres dotados de alta inteligencia; noten nuestros lectores la habilidad con que la sencillez del Evangelio domina á la elevacion del Apocalipsis, para demostrar á los hombres de gran imaginacion que la forma mas inmediata á la realidad divina
es esa misma sencillez que no necesita mas que presentarse para ser reina
en todas partes. Pero tambien, ¡qué cosas tan admirables hay en esos dos
libros que un niño puede recorrer en algunas horas! Nada falta á su perfeccion de cuanto la forma ha conquistado, trabajando por si misma para
perfeccionarse; esos libros dicen á la vez lo que han dicho los *Sastras*, lo
que ha dicho Orfeo, lo que ha dicho la Biblia y lo que ha dicho Homero.

Algunas personas, despues de haberme oido esponer el plan de esta obra, me han acusado de que no dejaba ninguna superioridad á los elementos del Catolicismo y de que cometia un sacrilegio, poniendo en parangon, por ejemplo, la Biblia y la Iliada. Me esplicaré en pocas palabras.

El hombre pensador, si se eleva sobre todo á una gran altura en las regiones del pensamiento, si se siente con alas bastante fuertes para cernerse sobre el conjunto del universo acompañado del espíritu de Dios, inseparable de su genio, no por eso está menos obligado, para ser útil á sus semejantes y colocarse á la altura de su siglo, á mantener algunas veces su vuelo al nivel de la Tierra y á razonar bajo el punto de vista de su tiempo. En el primer caso, tiene una opinion absoluta emanada de un conocimiento mas perfecto de Dios que el de los demás hombres, y de una sabiduría tanto mas grande cuanto mas se ha elevado para adquirirla. En el segundo caso tiene una opinion relativa que pone á disposicion de aquel á quien cree mas adelantado en la Tierra. El autor de esta Historia ha nacido en una época en que mas que nunca necesita el hombre pensador tener estas dos opiniones. Sin opinion relativa le seria imposible seguir en esta Babel moderna las mil subdivisiones humanas que se lanzan por tantas vias al punto de cita de la síntesis próxima de que tiene la pretension de ser profeta.

A sus ojos, el Catolicismo es lo mas avanzado como centro espiritual, como foco de luz, como cuerpo de doctrina, y por esta razon le ha prestado constantemente su opinion relativa cuando pudo cortar las alas á su opinion absoluta. Así, sin ningun temor puede dar á la Biblia esa superioridad que la atribuye el Catolicismo, y que en realidad merece sobre los demás libros, considerada bajo el punto de vista que revelan los párrafos siguientes.

«Entre todas las religiones existentes no hay una que encierre á la vez todos los descubrimientos del pasado y todos los progresos del presente de una manera tan ámplia como el Catolicismo. Su Génesis sublime nada niega de las primeras trasformaciones del globo, y por medio de grandes imágenes presenta á los ojos aun débiles de la Humanidad el relato de esas trasformaciones. La elasticidad sublime de su relacion le permite observar todo cuanto se descubre en los tiempos desconocidos y aun en los históricos; y hácia esa síntesis admirable, que se llama el Evangelio, corren de todas partes, como grandes rios que se precipitan á la mar, esas mil creencias que proceden de una síntesis, cuyo recuerdo hemos perdido para analizar las aspiraciones íntimas de la Humanidad. Cierto que el Catolicismo acepta con dificultad los descubrimientos hechos en los primeros tiempos del universo; los combate con la duda, los esperimenta con la repulsion, los analiza con la piedra de toque de sus concilios, pero una vez reconocida la verdad, esos

descubrimientos por él acogidos se alojan sin desórden en su seno, y al abrigo
de una constitucion progresiva dan inmediatos resultados, de que se valen
los Bossuet y los Lacordaire, para iluminar al mundo.

»Lo que hace en este momento el Catolicismo lo harán mas estensamente
un dia su consecuencia y su previsto desarrollo, pero niego que lo hagan el
Protestantismo y el Cisma, sobre todo en sentido del porvenir. No necesito
rehusar este mérito á las demás religiones. Todas tienen un círculo, y este
círculo es mas reducido que el suyo y ahoga á los que quieren ensancharle.
El Catolicismo tiene otra ventaja y es la de que encierra á la vez todos los
elementos de que se han constituido las demás creencias y es mas completo,
mas avanzado que ellas en todos los sentidos en que esas creencias han procurado desarrollarse, lo que no hubieran conseguido sin apoyarse en él.
Mahoma ha escrito su ley con fragmentos del Catolicismo; de él procede el
Cisma, que no ha avanzado desde el momento en que se separó de él; el Protestantismo, ese gran elemento de progreso, segun algunos, no ha añadido
nada á lo que tomó de la iglesia al separarse de ella, á no ser la teoria
de la sumision animal de los pueblos á los principes, No, en este punto no
puedo encontrar serias contradicciones; el todo es mayor que la parte, especialmente que la parte sustraida, y lo que es verdad en geometria lo es
igualmente en moral; el espíritu tiene tambien sus matemáticas.

»Hombres de inteligencia, hombres de fé grave, hombres de interroga-
cion lógica, echemos una mirada sobre todo lo que ha precedido al Catolicismo, estudiemos la antigüedad, y entre todas las ruinas que ha dejado fijé-
mosnos en el monumento mas bello y menos incompleto, cuyo exámen pueda
servir de punto de partida para recorrer las sombras del pasado. La Biblia
se presentará inmediatamente á nuestros ojos. Ella encierra la esencia de
los Wedas. Ella ha resumido la teogonia de los libros Egipcios. Ella ha es-
traido anticipadamente la moral, la poesia, el vigor de los manuscritos ho-
méricos en que se encuentra la cuna de los dioses, Y, cosa que los demás
libros solo en parte tenian, la Biblia ha tenido la mision sintética mas grande
de todas las misiones literarias del pasado; y cualesquiera que hayan sido
sus autores, uno ó ciento, ciento ó mil, han escrito de tal suerte bajo la
voluntad suprema de Dios, que han formado una obra que constituye un
todo.

»¡Ah! no nos engañemos acerca de la importancia de la Biblia como base
del Catolicismo, acerca de la importancia de esa reducida coleccion de imágenes á donde vienen á fundirse las edades de la Humanidad. Un libro mas
importante se prepara quizá para apoyar la nueva trasformacion de la creencia inspirada y divina, pero antes que ese libro exista, ¿quién se atreverá
á rechazar la obra colosal en que Job llora, en que Macabeo combate, en que

Moisés ordena, y á no alumbrarse con ella para caminar al descubrimiento de las primeras leyes humanas á traves de las tinieblas de la remota antigüedad? Pero este libro de que son el caos, de que son el reflejo las obras maestras griegas, de que los libros egipcios son el molde, de que las predicaciones de Zoroastro son quizá los rayos inspiradores, este libro se seca en manos de los que le leen sin poetizarle, y que retirándose de repente de la comunion progresiva, obstruyen con él la senda del porvenir de la Humanidad. La Biblia se esteriliza á la vista de los que no siguen las gloriosas consecuencias que tuvo la aparicion de Jesus, y que no le hacen descender á la aplicacion diaria, al menos por medio de sus sacerdotes.

»¿No es justo convenir en que todos los pueblos, cuyas religiones primitivas solo traducen las primeras revelaciones de la Biblia, deben ser inmediatamente conducidos al Catolicismo, en vez de que este último se vea quebrantado por ellos para que sus hijos estén condenados á esperar la hora de los rezagados? ¿No es una insensatez, por ejemplo, el declarar que el culto mahometano se puede tolerar en Europa bajo la misma mirada de Jesus cuando este culto es solo en su moral la copia de los sucesos consignados en el libro santo como un signo de las épocas de vacilacion y cuando Jesus inundó el Gólgota de sudor y sangre para trasformar la ley que le toleraba? ¿No es una estupidez el que siga la Biblia el cisma, cuando este, vendiendo su fórmula al poder, se ha cerrado por sí mismo el porvenir y ha neutralizado en sus manos el código-síntesis de la antigüedad? ¿No es un verdadero culpable el que sigue el gran libro revelador en el santuario del protestantismo donde se han puesto sus versículos al servicio de los poderes de la Tierra, cuando existe un templo, donde los versículos de ese libro se emplean cuando menos en defensa de la colectividad popular contra la ambicion de los Príncipes? Y puesto que ninguna de las creencias constituidas se ha apoyado, ni tampoco ha podido apoyarse en un Génesis mas ámplio que el del Catolicismo; puesto que aquellas mismas que se han apoyado en él, lo han hecho únicamente para detenerse enseguida y para cortar el vuelo á ese sublime volúmen ¿á dónde podremos llamar, cualquiera que sea nuestra enemistad á Roma, como no sea á las puertas de Roma para encontrar ese libro sublime en toda su virginidad y sobre todo en su voluntad de ser esplicado y completado? En hora buena que querramos echar mano de ese depósito en nombre del porvenir, pero que podamos confiarle á uno de los tabernáculos que se le disputan fuera de la iglesia, imposible!»

Pues bien: ese magnífico libro, esa Biblia que en los tiempos modernos ha producido los Chateaubriand, los Lamartine y los Hugo, y en los bellos tiempos de la pintura los Rafael y los Miguel-Angel, le veríamos deshojado si viniesen los bárbaros; veríamos aplicar sin poesía los versículos que tienen mas necesidad de comentarios, si el cisma de Oriente nos alcanzáse; veriamos helarse todo ardor, si la hija de Lutero y de Enrique VIII nos cubriese con su velo de niebla; tendriamos que andar de nuevo todo el camino que ha recorrido la Iglesia, para esplicarnos los admirables episodios de ese relato sin límites morales que cabe en la mano de un niño. Al defender al Catolicismo de los enemigos que le amenazan; al llamarle á su mision cuando se preparan los grandes castigos para la inmovilidad prevista de sus defensores; al invitar á los hombres del progreso á que reconozcan que la salvacion del porvenir, por medio de una trasformacion pacífica, solo se encuentra en él, pensamos en la Biblia, en el canto del pasado que vive en él para nuestra instruccion poética, religiosa y moral. Aunque no tuviésemos otro objeto que el de su conservacion, deberíamos combatir. ¡Cuántos ancianos desean morir con la cabeza apoyada sobre la almohada que fué testigo de los sueños de su juventud! La Biblia fué la almohada espiritual de la nuestra. La Biblia es el libro que nuestra madre nos hojeaba cuando éramos niños, para animarnos á aprender en todas esas bellas imágenes que han hecho poeta á Lamartine. La Biblia, en fin, es para todo francés el libro que inspiró á Bayardo, que, niño tambien, aprendió á leerla sobre las rodillas de su madre.»

Seguramente el autor de esta Historia hubiera podido omitir aquí los párrafos que anteceden, estractados de una obra, aun inédita, por medio de la cual se propone indicar la solucion probable de la guerra de Oriente. Los ha trasladado para que sus lectores comprendan bien el respeto y la admiracion que profesa, no solo al Catolicismo, sino tambien á sus orígenes revelados, cuya gran síntesis es la Biblia. Los ha trasladado para que sus lectores se persuadan bien de que es relativamente católico, y de que si alguna vez se separa de esta creencia, es para preparar la trasformacion inevitable que debe sufrir, segun su opinion absoluta, obedeciendo los designios de la Providencia. Volvamos ahora á la literatura.

El Evangelio, el Apocalipsis, los Actos de los Apóstoles, todo lo que brota de la fuente descubierta por el Crucificado, indica una trasformacion en la forma tan completa como aquella cuya realizacion próxima no cesa de profetizar el autor de esta Historia. Otros sentimientos, otras ideas acaban de recibir la mision de guiar durante una nueva jornada el alma, el corazon y el espiritu de la Humanidad. Necesitábanse otras espresiones, otro ritmo, una nueva organizacion de la frase, un carácter dado al manuscrito como al enviado de la síntesis realizada : el sabio se hace humilde; el templo se convierte en catedral, y á medida que el hombre esfuerza su orgullo para engrandecer la idea de Dios, la Humanidad se hace mas poderosa y da un paso mas grande hácia el infinito. Este paso solo era permitido con la condicion de que llevase tras si hácia un desarrollo mas completo, lo bello, lo bueno, lo justo, inspiradores y modelos de la forma así en literatura como en arte. En efecto, nada hay en la antigüedad tan bello como el Evangelio, tan bueno como los actos de los Apóstoles, tan justo como las obras de los Santos Padres, tan sublimemente sagrado como el Apocalipsis.

La literatura no ha cesado de ser cristiana desde el Evangelio hasta nosotros, ni ha cesado de prestar á nuestros pensamientos la forma adoptada por Cristo, por Juan, por Crisóstomo, por San Agustin; y una de las pruebas mas grandes que podemos dar de que no existe una nueva síntesis superior, es que hasta el presente la literatura no ha sufrido ninguna trasformacion total en su manera de espresar lo bello, lo bueno, lo justo y lo sagrado. Unicamente se manifiestan algunos sintomas precursores de una nueva síntesis; pero la palabra virtud, por ejemplo, significa aun lo que significaba en la aurora del Cristianismo y la poesía, aun cuando se eleve á la entonacion de la oda, no ha dejado de ser un cántico. Hay una cosa digna de tomarse en cuenta, y es, que la forma se ha desarrollado como el pensamiento en el sentido cristiano, y ha colmado, conseguido y adivinado en este sentido todo lo que necesitaba colmar, conseguir y adivinar para preparar el nuevo Evangelio, del mismo modo que en el sentido pagano la forma y el pensamiento habian colmado, conseguido y adivinado todo lo que era preciso colmar conseguir y adivinar para pasar de Homero á Juan. Este trabajo se ha operado por medio de un admirable consorcio; ayudando la negacion á la afirmacion, secundando la fé á la duda, sirviendo la resistencia de contrapeso al impulso.

El desarrollo literario de la forma cristiana se debe estudiar muy especialmente despues del renacimiento. Así como en la primavera se ven brotar y desarrollarse mil flores en una sola rama, así se ve que en el Cristianismo brotan y se desarrollan mil flores literarias que difunden por Europa los tercetos del Dante, los sonetos de Petrarca, el drama de Sheakspeare, las poesias de Ronsard, el caballeresco romancero, las profundas meditaciones de la Mesiada y los admirables y graciosos cantos de los trovadores. Luego cada una de estas flores entreabiertas abriga en su seno perfumado el grano que arrebata el viento, á medida que en el reloj de los años suena la hora de su dispersion. Inglaterra poseerá á Milton, Byron y Walter-Scott; Italia poseerá á Tasso, Alfieri, Cantú, y España tendrá á Lope de Vega, Cervantes, y Lafuente. Alemania y Francia contarán por millares los escritores en las tres grandes vias de la fé ciega, de la duda y del análisis, dominados por la inspiracion de esa sintesis cristiana, de las que no les será dado separarse y de la que serán á su pesar instrumentos predestinados. Voltaire hará posible á Chateaubriand, y quizás nunca hubiéramos oido los cantos de Hugo, de Lamartine, de Goethe y de Schiller sin la gran oposicion del siglo XVIII, que solo sirvió para impulsar á la literatura cristiana á los límites de su belleza. Por lo demás, la forma es la misma para los que dudan, creen y analizan; el nivel cristiano iguala todas las espresiones elevadas, y ningun término, ningun giro nuevo, ningun género particular anuncia que haya sonado la hora de una trasformacion gigantesca.

En todas las naciones del universo se ha verificado el movimiento de la forma bajo la inspiracion del pensamiento cristiano; por mas que este pensamiento no se haya mostrado bajo su verdadero nombre, todos los pueblos se han acostumbrado á calificar tal sentimiento de tal manera, de tal otra; tal sensacion, tal objeto de tal modo y el descubrimiento de medios mas rápidos de locomocion ha facilitado esta grande inteligencia literaria que permite á todas las naciones emplear á la vez la misma figura retórica para espresar un pensamiento. Ahora que esta gran unidad de forma ha preparado al mundo á la trasformacion inevitable que en todo debe verificarse muy pronto bajo la influencia de un nuevo Evangelio, así como en la ciencia, en la Religion y en la filosofía se comienza á descubrir la sintesis del porvenir, así en la forma vemos poco á poco introducirse los elementos de una nueva literatura que Saint Simon y Fourier, mas poderosos que Voltaire, han entrevisto y aun empleado alguna vez. Existe la necesidad suprema de que aparezcan en la humanidad virtudes y sentimientos desconocidos hasta el presente, nuevas espresiones, un nuevo lenguaje, una retórica que esté en relacion con las aspiraciones hácia el porvenir.

El autor de esta Historia solo tiene que consignar la presencia de una voluntad superior que preside el desarrollo literario, del mismo modo que el desarrollo religioso, filosófico y científico; y cree que esta consignacion no es una quimera, puesto que resulta del rápido estudio el prodigioso encadenamiento que existe entre todas las literaturas, ya se trate de su sucesion, ya de sus relaciones en una misma época. No es, pues, la casualidad quien hace al Evangelio consecuencia de la Biblia, bajo el punto de vista de la espresion, y que se opone á que alcance la victoria el estilo de Lamennais y de Lamartine sobre el estilo de Voltaire que es debido á la necesidad en que la Humanidad se hallaba de comprender claramente á Lutero, á Descartes y á Newton. El que armoniza la alfombra de flores que cubren los fértiles campos, armoniza tambien las convenciones humanas, y trabaja sin descanso á fin de que se comprenda que Babel no es obra de su cólera.

Despues de haber estudiado la marcha conveniente de la fe, de la sabiduría, de la ciencia y de la forma literaria hácia el porvenir, nada mas fácil que probar que el arte se ha dirigido tambien hácia el mismo punto desarrollándose bajo la influencia providencial. El arte es una segunda literatura: como esta, tiene su origen en la reproduccion necesaria del pensamiento humano, sin mas diferencia que la de estar destinado á hablar mas directamente á la imaginacion. En su orígen es inseparable de su hermana; el arte y la literatura son artistas que construyen los templos de la India; son artistas que hablan el idioma de la hermosura, esos hombres que amontonan el Dolmen y tratan de poner el pensamiento religioso en armonía con la severidad de las grandes florestas vírgenes, aun la víspera de su nacimiento. Cuando el alfabeto natural y el alfabeto geroglifico aparecen, cuando la literatura cesa de mandar á la piedra y deja al arte engrandecerse en su independencia, este último es dueño de negar todo lo que afirman los demás instrumentos puestos á disposicion del hombre para prepararse á su comunion con el infinito; puede negarse á adorar al Eterno, puede despreciar la sabiduría, puede emanciparse de la fraternidad dominadora de la ciencia y lanzar su forma por una via contraria á la que la conveniencia literaria adopté para marchar en busca de la belleza. Solo hace uso de esta libertad para ponerse en estrecha relacion con la Religion, cuyos templos edifica, y cuyos símbolos embellece; con la filosofía, cuyas conquistas hace palpables; con la ciencia, por la cual se deja algunas veces dominar, y finalmente con la literatura, que le presta inspiracion á la que inspira segun los tiempos y circunstancias.

El arte puede ser considerado como la práctica de las teorías de la fé, de la virtud, del saber, de la espresion armoniósa. El Júpiter Olímpico es la religion pagana presentada á los sentidos. La Vénus, el Apolo, la Minerva; con las admirables esculturas que circundan el partenon, fijan las conquistas de la sabiduria antigua; el Zodiaco de Denderah nos trasmite la ciencia! de los primeros hombres en una página de granito, y todas las estátuas, todos los bajos relieves, todos los monumentos de Atenas y de Roma ofrecen á nuestros ojos la realizacion material de ideas y narraciones presentadas por Homero ó por Virgilio à la imaginacion de la Humanidad.

En todos los pueblos se desarrolla á la vez el arte con condiciones iguales sometidas sin embargo á circunstancias que el Criador suscita, no para impedirle que remonte su vuelo, sino para impulsarle por la senda que debe recórrer para éncontrarse en las grandes citas sintéticas de todos los agentes humanos con la suma de conquistas que debe presentar al nuevo Evangelio por cada periodo futuro. Sabido es que, quizás en la misma época en que los arquitectos de la India cavaban, decoraban y poetizaban las cavernas de *Elefanta*, de *Elora* y de *Salcete*, monolitos prodigiosos llenos de troncos de árboles tallados en el granito; los pueblos de América se preparaban como los pueblos de la India á la sintesis á que tocamos, echando los cimientos de *Sutenquee*, y cincelando esos capiteles estraños que se acaba de encontrár en las ruinas de Copan. Durante este tiempo, los antiguos servidores de Odin y de Teutates, ya que no sus abuelos y sus precursores, hacinaban á la sombra de las grandes encinas esos altares monumentales que en el dia han venido á ser, por una sucesion de consecuencias obligadas, el tabernáculo de mármol pulimentado en que la Religion encierra el cuerpo y la sangre de la última victima humana sacrificada á la divinidad del consentimiento de la fé, de la inteligencia, de la sabiduria y de la literatura.

Y el autor de esta Historia se limita aqui á examinar el arte en su mision puramente material. Solo se detiene en la escultura, en la arquitectura y en la pintura que Apeles elevó el primero á la altura de una potencia activa. El arte musical, el arte coreográfico, todo lo que no pertenece al dominio del sentido de la vista lo deja á un lado, temeroso de separarse nuevamente de su objeto, y porque, en último resultado, la música y el baile, que contempla bajo un punto de vista grave, se han sometido de tal manera, como todas las cosas, á la regla absoluta de los desarrollos sucesivos, que es inútil la demostracion. Palestrina preparó á Rossini, y este último, poco afecto á Meyerbeer, no echa de ver que, á su pesar, es su hermano, quizá su causa, indudablemente su sosten. Taglioni, Carlota, la Cerito, y Petra Cámara, son hijas del arte coreográfico, en otro tiempo sacerdote de Vénus ó de Jehová, ahora sacerdote de la belleza, hecha mas modesta por el pensamiento cristiano, pero dotada de una inteligencia de que se veia privada entonces. La mision de estas hijas de Eva de ojos centellantes, de labios de coral, de cuello de alabastro y de justillo de raso, no es indiferente á la fé, ni á la sabiduría, ni á la ciencia, ni á la literatura grave. El hombre pensador, abismado en una butaca delante de la escena animada por una de esas mariposas, se esplica, aplaudiendo con una sonrisa, el enorme trabajo llevado á cabo por la Humanidad, segun los salvajes regocijos que los pueblos africanos nos ofrecen aun, para darnos una idea de lo que los regocijos eran en las primeras edades del Mundo. Por su parte, el autor de esta Historia no ha oido nunca á la Gazzaniga cantar la balada de *Roberto*, ni ha visto á la Petra Cámara girar en la escena, sin pensar en Dios.

Ciertamente es deplorable que, al escribir estas líneas, temamos escitar la ironía de una época crítica, entregada, por desgracia, á la duda y á la indiferencia. Del mismo modo que la creencia, la filosofía, la ciencia y la literatura, el arte que ha producido Elefanta, los Dolmes, los templos de Palmira, el Partenon, el Capitolio, el Coliseo, todas sus columnas, todas sus estátuas, todos sus bajos relieves, todos sus frontones, todos sus capiteles y todos sus frisos; el arte, repito, ha hecho todo esto esperando el Cristianismo, y en las iglesias fraternales que este último le pide, hasta en el seno de la oscuridad de las catacumbas, amontona ó dispone con un desórden sublime, ó con una eleccion perfecta, todo lo grande y lo bello que ha conquistado, realizando con el mármol ó el granito los pensamientos religiosos de los siglos que pasaron, su sueño fiilosófico, su gracia ó su sublimidad literaria. Las pagodas piramidales de Mabalipouram han anunciado al Cielo nuestros campanarios. El cincel de los creyentes de Bombay ha profetizado nuestras capillas subterráneas, tierno y severo recuerdo del culto cristiano en las épocas de persecucion. Lo mismo puede decirse de las escavaciones de Mubalik en el Afganistan, donde todo un mundo de incitadores ha derramado tal vez en las tinieblas el fértil rocio de las lágrimas de la fé. En Cabul se presenta á los ojos de Elphinston la infancia de la cúpula; de suerte que, al pasar Alejandro con su ejército por la via Indo-Bactriana, ha podido ver la manera artística con que Miguel-Angel habia de componer ese gran tesoro arquitectónico que se llama San Pedro de Roma. Los Dagobas dan una idea de lo que será un dia las terrazas de nuestros presbiterios de campo, y el cura moderno lanzado por las circunstancias al Nordeste de Arenadjapura, se admiraria al encontrar alli la imágen de la colina cubierta de árboles, en medio de la cual ha vivido en nuestras provincias. A pesar de las salvajes demoliciones de Tsin-Chi-Hoang-Ti, los que han pedido á la China el secreto de su primitiva arquitectura han descubierto en las ruinas de esta última los embriones de la que inauguró el atrevido escultor de Moisés, embriones que llegaron hasta él pasando de la sencilla pagoda á la cúpula de Santa Sofía, de esta cúpula á las ogivas de nuestras catedrales, y de nuestras catedrales á su gran síntesis de piedra y de mármol. Madjapalut, la antigua capital javanesa, anunciaba al mundo la existencia de Babilonia y Tebas, del mismo modo que Suse y Persépolis que habian de ser conquistadas por los griegos, debian necesariamente haber existido, para que la concepcion de ciudades, como Atenas, fuese posible y para que su acrópolo pudiese ostentarse sobre su libertad, como una imágen de la autoridad providencial, destinada á presidir el desarrollo humano. Las escavaciones de Bisoutoun, dándonos una idea del Ecbatano, nos manifiestan que los Medas, al contruir sus muros y sus fortalezas, preparaban en la edad media los medios de regenerar por la fuerza propia que han producido, completándose los unos á los otros, la unidad moderna, provisional y precaria aun á nuestros ojos. Los altares de Mithra en el Bagistan, con su radiante gloria, fueron los precursores de esos altares del Catolicismo, encima de los cuales brilla el triángulo divino, símbolo entrevisto por Zoroastro. ¿Los bajos relieves de Ninive no han tenido influencia alguna sobre los del Partenon, y estos últimos, adornando los capiteles del inmortal edificio, nada han anunciado? Este fenómeno hay que pedirle al arte moderno. La Giganteja fenicia nos conserva la belleza fuera de la regla absoluta, tal como la querrá el porvenir; en tanto que la Palestina, construyendo con regularidad sus templos, enseña á los constructores futuros la armonía de las lineas y de las proporciones. Pero esta enumeracion se prolonga demasiado, en concepto de mis lectores: iniciados ya en mi método, su esclarecida inteligencia abarca de un solo golpe todos los grandes monumentos del pasado, y esa misma inteligencia les basta para comprender los trabajos, las trasformaciones de este embrion de la armonía material que se llama arte.

Examinadas la escultura y la pintura, nos dan idénticos resultados: ambos han balbuceado, han llamado, han hablado, en fin, aspirando siempre á un objeto único, y este objeto no era otro que una de las fases de ese gran monumento, por cuya aparicion suspira hoy la Humanidad, dispuesta á dar principio á su construccion. La divinidad informe de la India se ha modificado, á medida que la inteligencia humana se ha amplificado; pero sin ella, que era un progreso sobre el pasado y sus artistas, las formas de la Vénus y del Apolo no hubieran presentado su cuerpo perfecto á la idea cristiana, para que esta crease á Eva, á María, á Jesus y á Juan; hoy los tipos mas perfectos, y á cuyo lado palidecen los de la antigüedad, como al lado de estos palidecen los del Egipto y la India. Réstame ahora consignar que tambien el arte, en todo su conjunto, espera una nueva síntesis, que necesitará otros monumentos, otras estátuas, otros cuadros, otros bailes y otros conciertos. A la Humanidad no basta la catedral para su Dios, la casa

para su familia y la fortaleza para concentrar su fuerza: cuando la industria inspira la idea de un palacio de cristal, la fé religiosa tiene poca holgura en San Pedro de Roma, en la catedral de Toledo, en Wesminster y
en Nuestra Señora de Paris. La Humanidad no tiene bastante con la Virgen
y el Jesus de Rafael, para dar una idea de la perfeccion moral; ni con la
Vénus y el Apolo, para dar una idea de la perfeccion física: cuando Ingres
presta á Stratonice encantos desconocidos para el pintor de Urbino, cuando el
hermano Felipe entrevé nuevos horizontes bajo el pincel de Horacio Vernet,
cuando Federico Madrazo da la duquesa de Medinaceli por rival á la madre
de Dios, el arte tiene poca holgura en todas las escuelas de pintura, y nos
es tambien fácil probar que igualmente la tiene la escultura moderna,
puesto que Pradier, el Juan Bautista de la escultura, de la sintesis universal, da al niño, que esprime el racimo, una alma que no se encuentra tan
completa en el Moisés de Miguel-Angel. A la Humanidad no bastan Palestrina, Weber, Mozart, para divertir sus ocios: cuando Rossini hace salir con
la rapidez del pájaro que se escapa, la triple y aun la cuádruple corchea de la
garganta de Rosina; cuando Meyerbeer nos hace verter, con la romanza de
Alice, lágrimas cuyo manantial habiamos ignorado hasta entonces; cuando
Verdi, en fin, escribe el Miserere del *Trovador*, la música tiene poca holgura en las reglas que se la han impuesto, pues todas las obras maestras que
acabamos de citar, solo son el resultado de la desobediencia á su voluntad. El
autor de esta Historia no aplica su teoria al baile: los hombres de este siglo
no son bastante serios para sonreir solo ante las frivolidades verdaderamente dignas de este nombre. Pero consigna que el arte espera una síntesis; que está completamente dispuesto á trasformarse: sabe que todo su
pasado le impele hácia el porvenir, conoce que el vapor y la electricidad
modifican las condiciones de su existencia, como han modificado las de la
misma existencia humana.

El desarrollo comercial é industrial, á través de las edades, exigiria un
estudio demasiado largo para ocupar un lugar en estas páginas. Felizmente
para mí, la fatalidad que preside á ese mismo desarrollo está escrita en sus
mas insignificantes obras, y quien haya visto nácer como por encanto, del
descubrimiento del vapor por ejemplo, esa multitud de beneficios que sin
ese descubrimiento no hubiera gozado la Humanidad, y á los cuales esta se
hallaba preparada por la fe, por la virtud, por la ciencia, por el arte y por
la literatura, no puede menos de preguntarse si todos los descubrimientos
que han precedido, traido y hecho posible el del vapor, podian haber sido
ó no á su vez el resultado de descubrimientos cuyo origen se pierde en la
noche de los tiempos. Cuando en lo que tiene relacion con las medidas comerciales, con sus causas, con sus resultados, lo que pasa á nuestros ojos

en el limitado espacio de un año, basta para demostrar de una manera concluyente que nada se hace para ensanchar el horizonte de las relaciones útiles que no se haya preparado formalmente con este objeto, y que á su vez no prepare alguna cosa por mas avanzada que sea. Hay en la industria y en el comercio quizá mayores oposiciones que en Religion, en ciencia, en filosofia, en literatura y en artes; pero estas oposiciones, que parecen dispuestas á quebrantarlo todo, si llegan á triunfar, aceptan la revelacion y hasta se convierten en ella: la Providencia tiene reglas supremas que se pueden interpretar, pero cuya interpretacion no puede trasformarlas.

Me contentaré, por ejemplo, con indicar á mis lectores una de las grandes necesidades comerciales é industriales, cuya satisfaccion ha colocado la Providencia no lejos de nosotros, y que viene preparándose desde que tuvieron principio las sociedades continentales. Aludo á la canalizacion del istmo de Suez. No cabe duda que esa canalizacion duplicará los medios de potencia material, reservados á la Humanidad, mas numerosos á medida que sus esfuerzos se completan y modifican. Esa canalizacion tiene, pues, un objeto señalado en la Humanidad. Esta puede alejarse de él, puede renunciar á alcanzarle, puede declarar absurda esa obra y oponer á ella los inmensos obstáculos de la ignorancia y la preocupacion. Este es su derecho, y la negacion desde el principio de las sociedades no cesa de aconsejarle ese acto de rebelion contra la voluntad providencial, cuya consumacion se opone á su bienestar. ¡Inútiles esfuerzos! La Humanidad, aunque mal aconsejada, se encamina, á su pesar, hácia su objeto, y cuando cree que se aleja de él, suele ser cuando se aproxima.

Hanon toma el camino de las columnas de Hércules y las traspasa, en tanto que otros audaces esploradores se lanzan desde el mar Rojo hácia las Indias. Reconocidos los puntos estremos, es necesario ponerlos en relacion; y desde entonces la canalizacion del istmo de Suez es el sueño del pensamiento comercial é industrial de la Humanidad. En el punto en que los primeros hombres inteligentes han comenzado á irradiar desde el Este al Oeste, es donde por necesidad se encuentra la refraccion de la luz, llevada por esos mismos hombres á los apartados confines; la chispa eléctrica se produce allí donde los dos hilos de una pila se encuentran cargados con toda la fuerza, de que esa pila es susceptible. La Providencia toma á su cargo el atraer sobre ese punto las miradas de todos los hombres que habitan los demás puntos de la Tierra; á algunos pasos de allí, es donde mece en la Biblia el feto del Cristianismo redentor; allí es adonde conduce constantemente la inteligencia, la fuerza, las necesidades de las naciones; allí planta Alejandro su nombre en el suelo, como una señal para los hombres del porvenir; hácia allí se precipitan los cruzados buscando la cuna de la civilizacion, cuyos peones son, y cuando esa civilizacion ha producido todos los elementos de una nueva síntesis, Napoleon, el Alejandro de los tiempos modernos, corre á su vez á colocar allí su nombre, como para indicar que ha comprendido la señal de su predecesor el sublime Macedonio. Pero para dar cima á tal obra es preciso recurrir á medios cuyo poder, bajo el punto de vista físico, es muy diferente de los empleados para llevar á cabo las maravillas que formaron la admiracion de los pasados siglos; es preciso que elementos de rápida locomocion, á través de las ondas, hayan reducido al solo obstáculo del istmo de Suez la lentitud de las relaciones industriales y comerciales entre el Este y el Oeste del continente; es necesario que la asociacion del capital, de la inteligencia y del brazo se hayan realizado. El comercio y la industria hacen inmensos esfuerzos; la fortuna del primero se pone á disposicion de la segunda; él inventa la banca, ella descubre el vapor, y cuando ambos han preparado todas las posibilidades materiales para la ejecucion de la obra necesaria, improvisan de consuno la asociacion de todas las fuerzas activas de las naciones civilizadas; crean compañias inmensas que sirven de modelo matriz á la asociacion definitiva, que se encargará de canalizar el istmo de Suez en nombre de la civilizacion. Ha llegado la hora de la realizacion del sueño providencial que se ha presentado desde el principio de las sociedades á los ojos de la Humanidad; el Oriente viene á ser el nuevo teatro á donde es convocada la civilizacion, y desde San Petersburgo llega á Constantinopla un hombre enviado por un soberano, á quien empuja hácia adelante un testamento imperial, y desde San Petersburgo llega á Constantinopla un hombre que se llama Menchikoff, y cuyos labios se abren para decir á la civilizacion: ¡ha sonado la hora en el reloj de los siglos!

El autor de esta Historia se limita á este ejemplo. Sostiene que la casualidad no ha podido acumular la inmensidad de esas tendencias hácia un mismo objeto, tendencias que darán por resultado antes que termine el presente siglo ó al comenzar el inmediato, la canalizacion del istmo de Suez; sostiene que la casualidad no ha producido el descubrimiento de la letra de cambio, de la locomotora y de la asociacion, cosas todas ellas que existian en estado de embrion en el seno de la Humanidad desde que Dios colocó á esta en la Tierra; sostiene que el comercio y la industria se han desarrollado libremente dentro de límites que no podian traspasar, á pesar de esta libertad; y cuando ve una sociedad, por ejemplo, como la del crédito movilario, remover, á fuerza de capitales reunidos, montes de obstáculos acumulados, descubre en el seno de esta sociedad todo el trabajo á que han debido entregarse los hombres desde la creacion, para llegar á preparar todas las ruedas de una máquina tan complicada; de una mécanica intelectual y física á la vez, tan en relacion en cuanto á la exactitud de sus movimientos, y á la precision de sus resultados con la mecánica celeste.

El autor de esta Historia no necesita decir si el comercio y la industria se han desarrollado á la par que la Religion, la filosofia, la ciencia, la literatura y las artes, y si se han encontrado con estas en todas las citas sintéticas que ha hecho. El comercio y la industria, para no indicar mas que una de estas citas, estaban dispuestos á la trasformacion cristiana cuando Jesus espiró en la Cruz. Ellos han bañado sus labios en su preciosa sangre; y despues de esa comunion con la creencia, la virtud, el saber, la poesia y el arte, se han entregado, bajo la inspiracion de la síntesis consignada, al análisis de sus descubrimientos y sus conquistas para estar dispuestos aun á trasformarse cuando llegue para ellos la hora, como para todos los demás elementos del progreso humano.

En cuanto á presentar en el dia su parte de signos precursores de la próxima trasformacion, está fuera de toda duda que el comercio y la industria lo hacen quizá de una manera mas ámplia que ningun otro de los elementos de que acabamos de hablar. El vapor, la electricidad, la asociacion, no son, pues, las tres mayores exigencias colocadas ante el porvenir para intimarle el desarrollo de las leyes divinas y humanas, de modo que estén en relacion con la edad adulta que han alcanzado las sociedades. El comercio y la industria son á su vez precursores, y tal vez saldrá de su seno el autor de la síntesis evangélica, cuya aparicion no debe tardar.

He llegado casi al fin de mi tarea, demasiado lentamente para los límites fijados á este libro, demasiado pronto para la perfecta comprension de mi doctrina; pero creo, sin embargo, que esta rápida ojeada bastará para dar una idea, y para preparar á los hombres, no solo á la lectura de esta Historia, sino tambien á la estensa obra de que, por decirlo así, solo es esposicion. Réstame examinar si la autoridad política se ejerce fuera del plan providencial, si ha contrariado las miras de la divinidad, si se ha sustraido á las trasformaciones sucesivas de la Humanidad, si se ha negado á seguir los pasos de las sociedades en pos del progreso: en una palabra, si ha sido el único elemento humano que haya permanecido fuera del concurso universal prestado por todos á la obra colectiva, ó si por el contrario se ha ejercido con arreglo á las intenciones de la Providencia, obrando segun las miras de la divinidad, trasformándose con la Humanidad al sufrir esta sus trasformaciones, siguiendo á las sociedades por la via de la perfeccion, y completando el magnífico concierto de los elementos humanos en la obra colectiva que se han encargado de llevar á cabo. El autor de esta Historia no necesita decir que esta última opinion es la suya.

Cada página de esta obra suministrará una nueva prueba de la participacion de la autoridad política, en cuanto se ha cumplido en la Tierra conforme á la Providencia, á los sucesos que nos han ayudado á estas miras, y á todo lo que debe llenarlas en el porvenir que divisa ya la Humanidad. Su mismo origen indica esta participacion: la autoridad política ha nacido de la necesidad de la armonía, y por consecuencia, de la necesidad que sintieron los hombres asi que se hallaron en el caso de razonar, de agruparse bajo una voluntad que representase su voluntad colectiva, y que se trasformase ó medida que esta última se trasformara. Es un error muy grande el creer que la autoridad política se ha ejercido fuera de la voluntad de la colectividad humana y de la Providencia. Su resistencia á ciertos adelantos, era necesaria á la seguridad de estos últimos y la mejor garantia que puede darse á la Humanidad de su tiempo, cuando por ella sean consentidos. La autoridad política no ha impedido nunca las revoluciones; ha retardado sus resultados para hacerlos mas seguros, y desde el momento en que se han obtenido, ha dado un paso adelante para cubrirlos con su égida y protejerlos de imprudencias y temeridades. La autoridad política se ha desarrollado en el mismo sentido que la creencia y la filosofia, y si alguna vez ha perseguido á los apóstoles, era porque en la regla fatal que la falta de armonía definitiva imponia á la Humanidad, esta persecucion era un beneficio para el progreso.

Ora ha sido afirmativa y ora negativa, tan presto ha procedido por la síntesis, como por la análisis, pero el conjunto de estos trabajos ha contribuido al progreso. Los instrumentos de que se ha servido han estado siempre á merced de la Providencia al paso que conservaban su libre albedrío, y al decir Atila que no naceria yerba donde pisara su caballo, proclamaba su obediencia á las órdenes del ser superior y de la voluntad incógnita que se servia de él para destruir un pasado que debia desaparecer por completo. Los mas famosos conspiradores no han sido nunca mas que unos buhoneros de la idea. En su orgullo personal se figuraban con frecuencia que obraban por cuenta propia ó por la de su dinastia, pero no echaban de ver que á su paso esparcian la semilla del progreso, y que esa semilla germinaba en el seno de la tierra resultando cosecha de bien estar y libertad cuando ellos eran ya polvo, cuando su dinastia se habia estinguido como la luz de una lámpara cuya humeante mecha no hay ya que alimentar.

Sesostris ensanchó el cerebro de la Humanidad; lo mismo hizo Alejandro; César, al crear el imperio romano, solidificó las partes blandas de ese mismo cerebro; Carlomagno, y despues Napoleon, hicieron de él lo que hace el Criador con el del adulto, cuando este sale del risueño capullo de su veloz juventud. La autoridad política ha asistido á todas las citas; se ha trasformado con arreglo á las decisiones de las nuevas síntesis; y si ha resistido al pronto á los principios en que debia apoyarse, su resistencia era un contrapeso necesario á la rapidez de su desarrollo.

Los hombres que tienen en su mano la autoridad política, que por decirlo así han sido á la vez sus depositarios y sus propagadores, podian mejor que un apóstol, que un filósofo, que un sábio, que un literato ó un artista trasformar, con un acto de su voluntad, ese plan providencial que han seguido religiosamente en su desarrollo. Y sin embargo, hombres ha habido que han llevado el nombre de Calígula y Eliogábalo; hombres ha habido que deseaban que el género humano no tuviese mas que una cabeza para cortarla de un solo golpe, ó que han ideado medios de llevar la perturbacion á las leyes mas sagradas de la naturaleza. Su predestinacion intuitiva fue mayor que su locura, pero todos esos escesos produjeron en el mar humano lo que en el arroyo el contacto del guijarro que se lanza á él: un círculo momentáneo se formó en la superficie de ese mar y se ensanchó durante un segundo, pero á medida que lo hacia, su huella se hacia invisible y el cristal providencial recobraba su limpidez. En tiempo de Calígula y de Eliogábalo el desarrollo humano no se detuvo, y las locuras de uno y otro solo sirvieron para preparar la acojida que el pueblo romano debia hacer á esos bárbaros cuyas hordas se organizaban para la conquista en las regiones de lo ignorado. ¿Se hubiera esparcido con tanta rapidez la doctrina del Crucificado sino hubiesen existido Calígula y Eliogábalo? Para que una doctrina ceda el puesto á otra, es preciso que haya cesado, dejado de pretender la supremacia, y seguramente la doctrina pagana no tenia ya entonces otro objeto que el de permanecer en un *statu quo* que es la señal infalible de la caducidad de todas las creencias cuya decadencia va á dar principio.

Sin remontarnos á los tiempos primitivos y únicamente para consignar el trabajo de la autoridad política sobre sí misma conforme á la ley providencial durante cierto periodo al cual se pueden comparar todos los demás, basta seguir desde Clovis la marcha de la autoridad política occidental. Pasa de mano de los primeros soberanos á la de los jefes de palacio, se hace imperio en tiempo de Carlomagno, torna en seguida á ser reino, se multiplica con el feudalismo para recobrar la unidad del absolutismo que es la profecia mas clara de la unidad en la armonia. Y el observador, el filósofo, el profundo pensador, reconoce que en las diversas manos que se la trasmiten asi de siglo en siglo, es lo que debe ser para corresponder al desarrollo de la Religion, de la filosofía, de la ciencia, de la literatura, del arte, de la industria y el comercio. Por consecuencia, son unos insensatos los que dan á las personalidades una importancia que no tienen, y sobre todo la mentida facultad de poder impedir á los acontecimientos el que sigan su carrera: todo hombre existe bajo el punto de vista relativo, y bajo el absoluto; en lo que solo á él compete, obra con toda libertad, en lo que compete al conjunto de las cosas, obra á su pesar, de modo que nada contraría este conjunto. Por lo demás, el autor de esta Historia lo repite, ni una sola línea de su obra se escribirá faltando á su método y por consecuencia todas demostrarán ese admirable encadenamiento de todos los actos y de todos los proyectos de la autoridad política.

Nadie duda que la autoridad política se halla en este momento dispuesta á una trasformacion tan importante como la que sufrió en la época del triunfo del cristianismo. Napoleon ha hecho imposible la existencia de los tronos sobre sus antiguas bases; estas solo son provisionales allí donde aun se conservan, y es evidente que detrás de ellas se verifica la obra de la reconstruccion. En todas las comarcas del universo están preparados los poderes á recibir una nueva organizacion. Las sociedades han dejado de ser pirámides, en cuya cima se ostenta la voluntad soberana: en lo sucesivo serán círculos en cuyo centro estará el hogar de las voluntades colectivas, y en cuya circunferencia se colocarán todas las individualidades á igual distancia unas y otras del hogar luminoso al cual podrán todas, á medida de su deseo, llevar su carbon ardiente.

El autor de esta Historia lo ha demostrado suficientemente : la Religion, el saber ó la filosofía, la ciencia, la literatura, el arte, el comercio y la industria y la autoridad política, han sido las grandes vias analíticas por las cuales el espíritu humano se ha precipitado para llegar al infinito, en cuyo seno debe fundirse un dia. Dioses caidos y remontados á los cielos, los apóstoles, los filósofos, los sabios, los literatos, los artistas, los comerciantes, los industriales y los soberanos, ministros ó tribunos, han sido los instrumentos voluntarios ó involuntarios del plan providencial. Que esta idea no subleve á los hombres. Cuando los mundos, los elementos, los océanos y los animales mas poderosos se mueven en virtud del plan cuya existencia proclamamos, ¿podia el Ser Supremo hacer consistir nuestra superioridad en nuestro aislamiento de sus intenciones, confirmándose asi lo que ha dicho Lamartine al asegurar que el Criador apartó su faz del hombre al precipitar á este sobre la tierra? Creerlo seria insultar á Dios. El autor de esta Historia está persuadido muy al contrario, de que la Humanidad, obra privilegiada del artífice Supremo, se distingue de los mundos, de los elementos y de todo lo que ha sido creado como ella, solo por medio de una relacion mas íntima entre ella y su Criador. Parte inherente de la inteligencia de este último, participa de sus fines sin saberlo, mientras permanece en el estado de subdivision múltiple, pero obedece sus órdenes y como ha participado de su preparacion, resulta que al obedecerlas sigue su propia voluntad. Tal llegó á entreverlo Bossuet.

Pero la Humanidad, del mismo modo que el niño, solo ha podido obrar sucesivamente dando cada dia mas libre vuelo á sus deseos, y como he dicho al empezar este trabajo, la revelacion ha dado la ley al mundo. La Humanidad murmuraba su plegaria inspirada por el mismo Espíritu Santo. Desde el momento en que le ha sido dado comprender, ha investigado, y la ciencia le ha servido entonces de guia. Al presente ha pasado de la juventud á la edad adulta; así como ha añadido la ciencia á la revelacion, necesita añadir la reflexion á la ciencia y de esta trinidad nacerá el código que debe regirla hasta su edad madura. La reflexion es el fruto de la esperiencia; la esperiencia el fruto de la sabia comparacion; para reflexionar bien es preciso conocer y comparar. Por esta razon la Historia viene á ser en el dia el Evangelio de la Humanidad y por lo mismo debe presidir á la trasformacion mistica que se aproxima y cuyo profeta pretende ser el autor de esta Historia.

La Providencia dando á la Humanidad desde el orígen de su exitencia la memoria y el recuerdo, la permitió llegar á la perfeccion por medio de la esperiencia; así que esta esperiencia fué bastante fuerte para trazarle por sí misma sus deberes y señalarle sus derechos, el primer cuidado de las sociedades nacientes, por no decir de la primera familia, fué consignar su trabajo del dia anterior ya en la memoria de los niños, ya en una palabra añadida á la lengua escrita, ya en las orillas del mar, en medio de las llanuras ó á la sombra de los espesos bosques. La Historia es tan antigua como la Humanidad. Empero el historiador no fue apóstol hasta despues que la Humanidad se hallase en el caso de comparar todos los hechos consignados por ella en el pasado: Bossuet ha indicado esta nueva era de la Historia cerniéndose por encima de todo lo que reposaba en la memoria de los hombres y disponiéndolo todo de modo que llegase á ser incontrovertible la evidencia de un plan providencial.

La revelacion no ha malgastado tiempo: ha cumplido su mision. La Providencia ha suscitado inteligencias superiores para iluminar en su nombre el espíritu de la Humanidad que aun se hallaba en la cuna. La investigacion independiente y escéptica ha desempeñado tambien su mision. La Providencia ha suscitado sublimes incrédulos que sondeasen el abismo de la duda y le indicasen el porvenir cuando los hombres fuesen bastante fuertes para elegir entre la creencia y el escepticismo sin mas intervencion que la de la esperiencia. La Humanidad pertenece ya por completo á la Historia; ha reemplazado al revelador, ha reemplazado al matemático incrédulo; armada con los recuerdos de las sociedades, debe hallar las consecuencias cuya esplicacion constituye el nuevo código.

Antiguamente aparecia un hombre á quien inquietaba poco el recuerdo de un pueblo y que decia á este pueblo mismo: hé ahí la verdad; obedece y no raciocines. Era un profeta. Mas tarde se presentó un hombre esclamando: la verdad absoluta no existe en ninguna parte; ¡dudad y raciocinad sin cesar!— Este era el sabio investigador. Del alfabeto impuesto á la Humanidad habia pasado á la ecuacion, pero era escolar aun. En el dia se presenta un hombre, como Cantú, por ejemplo, y mis lectores no echarán de ver qué creo á este historiador á la vez demasiado sometido al yugo de la fé ciega y de la duda, segun las horas en que escribe sus páginas. Este hombre no dice, obedezco sin raciocinar ó raciocino sin obececer. Abraza de una ojeada todos los hechos' consumados; los compara entre sí; examina lo que han producido y lo que han llamado á producir: desarrolla á los ojos de la Humanidad el cuadro de sus ceguedades ó de sus vacilaciones, y deja á la individualidad la libertad de obrar á su antojo despues de haberle demostrado claramente cuales son los resultados de su accion. La Historia en nuestros dias no es mas que la conciencia de la Humanidad llegada ya á la edad de la esperiencia; el historiador no es actualmente mas que la espresion de la conciencia humana, á la que aconseja la memoria y fortifica la comparacion.

Cuando el revelador desempeñaba sobre la tierra el papel de la Providencia, imponia á los hombres el idioma, la Religion, la filosofia, la ciencia, la literatura, el arte, el comercio, la industria y la autoridad política, y como cada sociedad tenia el suyo, resultaba para cada sociedad una religion, un idioma, una filosofía, una ciencia, una literatura, un arte, un comercio, una industria, y una autoridad política diferente en su forma de los de las demás sociedades, pero que los completaban, los preparaban ó los secundaban providencialmente, como he procurado demostrarlo rápidanente en estas páginas.

Cuando el investigador divinizó la investigacion y quiso interrogar al lenguaje, á la divinidad, á la sabiduria, al absoluto, á la inteligencia, á lo bello, al cambio, al trabajo y al poder, para someterlos á pruebas que solo dejasen en pie la verdad adecuada al porvenir, la fatalidad providencial que velaba por la conservacion de los elementos del progreso, impidió al investigador que llegase impunemente al ateismo del mismo modo que encadenando en torno de una sintesis todas las revelaciones habia impedido siempre el triunfo perpétuo y aun prolongado de un fanatismo cualquiera.

La Historia debe conciliar en el dia todos los resultados de la revelacion y la investigacion; debe poner término á la lucha en que viven y convertirlos en doble equilibrio del progreso humano. La revelacion es la mano de Dios tendida al hombre; la investigacion es la mano del hombre que busca la de Dios que se dirije á él. El historiador en nuestros dias, no es mas que la espresion de esa conciencia humana que tiene la mision de colocar la mano del hombre en la de Dios; debe iluminar el espacio y hallar el secreto de las relaciones que existen desde el principio del mundo entre todos los hechos consumados.

Encargado de esta mision, el historiador debe necesariamente ocupar hoy el primer puesto en la Humanidad, y poseer á la vez todos los conocimientos adquiridos por el pasado, ó al menos el arte de penetrar sus relaciones y sus secretos. El historiador necesita estudiar todos los idiomas para remontarse á su punto de partida, y encontrar el orígen de la unidad, y demostrar á los hombres que al alejarse esos idiomas de su cuna, no han perdido de vista un solo instante la armonía en que van á recobrar muy pronto la unidad que abandonaron. Debe conocer todas las religiones, todas las filosofías, arrebatar sus voces á todas las ciencias, su genio á todas las literaturas y todas las artes, echar mano del comercio, de la industria, de la autoridad política de todos los pueblos, á fin de reunir todas las creencias, de tornar la sabiduría á la unidad, de sintetizar todos los problemas en una misma solucion, de juntar en un mismo hogar todas las inteligencias, el genio de todas las artes, á fin de someter á unas mismas leyes, voluntariamente aceptadas, el comercio y la industria del mundo, á fin, en una palabra, de obligar á todos los gobiernos á fundirse en un mismo pensamiento fundador de los Estados-Unidos del Universo.

Hé aqui cual debe ser muy pronto y quizá hoy mismo, el papel del historiador. La familia intelectual solo espera un padre para constituirse en todas partes: un historiador será su padre. Bossuet es el primero que ha intentado fijar y desempeñar este papel; su huella es la que se debe seguir en la via por donde camina la Historia, y en la cual esta encontrará sin duda el cetro con que queremos ahora ser gobernados.

Seguramente el autor de estas líneas no pretende ser el historiador universal cuya obra vendrá á ser el nuevo Evangelio. Solo aspira á ser el Bautista, y á profetizar el reinado. Ante todas las cosas grandes, y ante todos los grandes hombres, aparece un precursor, que prepara los espíritus á su llegada: este papel de precursor es el mio. Voy á tomar con mano audaz la tierra de que ha de salir la estátua del porvenir, y cuando la haya amasado enérgicamente, vendrá otro á modelarla. En todo caso, tengo la íntima conviccion de que la antorcha de la inteligencia brillará en lo sucesivo en manos de quien señale do quiera la voluntad providencial, é indique á los hombres los medios de egecutar los planes que ella ha trazado para toda una eternidad, sin que la muerte necesite blandir su guadaña en los campos de batalla, y sin que el hombre diezme á los que trabajan y están llamados á encontrar la felicidad en la armonia.

El historiador es quien debe enseñar á la Humanidad el medio de llegar al infinito sin sangrientas revoluciones, y de utilizar hasta el mal para agran-

dar sus destinos. Acepto en parte esta tarea, dejando solo á aquel cuya venida anunció el cuidado de buscar la clave de la bóveda á que irán á parar
todas mis consideraciones sobre el desarrollo continuo y simultáneo de la colectividad humana. No me detengo mas: termino aqui este trabajo preliminar,
y con la confianza que dá la fé, doy principio á la Historia que he prometido
á mi segunda patria, sintiendo no poner á su disposicion un talento menos limitado que el mio.

INTRODUCCION

DEDICADA Á LA REAL ACADEMIA DE LA HISTORIA DE MADRID.

MPULSADO á la vez por un sentimiento de gratitud y por una feliz inspiracion, voy á escribir la Historia de las cuatro provincias, reunidas un tiempo bajo el cetro de los soberanos aragoneses. El reconocimiento me ha suministrado la idea de escribir este libro; de estudiar y celebrar á mi patria adoptiva, y mi espiritu ha medido desde luego las grandes proporciones de esta empresa, el trabajo y perseverancia que he menester para llevarla á cabo. Empero en su importancia misma tan solo he hallado un motivo de estímulo; porque yo soy de ésos hombres que anhelan luchar con los grandes obstáculos, y que no se sienten á ser algo en el mundo, sino despues de haberlos vencido.

Penetrado de la verdadera mision de la Historia; de esa mision que Bóssuet comprendió tambien para el siglo en que escribió, y que se ha rebajado tanto despues de aquel varon ilustre, mi intencion es desembarazarme súbitamente de todas las influencias que me rodean, y elevándome sobre la tierra en alas de la idea providencial, demostrar que desde el principio del mundo, los pueblos han marchado por la via de su independencia relativa, hácia el cumplimiento de los designios de esa verdad absoluta que se llama Dios. La Fé es la única antorcha que me alumbra.—Nuestra época, por desgracia, está demasiado apartada del punto de vista en que voy á colocarme, para temer que ejerza influencia alguna en mis juicios. Distante de los que hoy dominan en el mundo, desnudo de amistad sistemática hácia los hombres, bajo cuya bandera he militado en mi juventud, ningun respeto me obliga á modificar mis opiniones para acomodarlas á la voluntad agena: no reconozco otros límites que los de la legislacion del pais en que escribo.

Conservando siempre por razon sintética ese perenne y divino motor, en derredor del cual hizo Bossuet que gravitase todo, con miras quizá pequeñas para nuestro siglo, pero que yo procuraré ensanchar convenientemente, trataré de abrir en mi obra tres grandes vias destinadas á dar á conocer mi pensamiento, y haciendo marchar por esos tres caminos hácia un mismo fin y al impulso de una misma voluntad á los hombres, á quienes voy á evocar del sepulcro, lograré enaltecer mas y mas el plan providencial que reverencio, con el anhelo de que la verdadera creencia alce la frente en el seno de nuestra desolada é ignorante incredulidad.

Yo me represento del modo siguiente las tres vias luminosas que debo trazar en medio de cada época: una enteramente de absorcion, por la cual ha concurrido, concurre y concurrirá á las cuatro provincias todo lo grande, todo lo bello, todo lo justo, todo lo nuevo especialmente que produjo, produce y producirá la Humanidad.—Otra destinada á un uso contrario, es decir, á esparcir fuera de si todos los elementos de vida, con que aquellas provincias debieron, deben y deberán contribuir á la obra colectiva del género humano.—Estas dos vias me conducen naturalmente á la demostracion inmediata de la comunion incesante de todas las partes del universo entre si, bajo la voluntad del Creador.—La tercera via es el punto hasta donde la primera avanza, y de donde arranca la segunda: es la via interior y permanente, en la cual se formó, se desarrolló y gobernó la sociedad propia de las cuatro provincias, modificándose ora por su propia voluntad, ora por las influencias que recibía del interior, ó que ella á su vez hacia sentir á las demás sociedades.

Forzoso me es remontarme para dominar á un tiempo esos tres grandes caminos, sin perder de vista, que los hechos en apariencia contrarios que se realizan en ellos, son sin embargo constantemente su consecuencia mútua, ó su origen recíproco; y me es igualmente forzoso juntarlos todos en las manos de la Providencia, al trazar los hechos generales de la Historia universal, para llegar á escribir la Historia de la civilizacion y del progreso de todos los siglos, escribiendo la Historia de las cuatro provincias. Verdad es que no hay pueblos cuyos fastos puedan facilitar mas esta inmensa tarea que los de mi patria adoptiva; porque ningun hecho estraordinario se ha verificado en el mundo, sin que la Providencia le haya permitido permanecer estraña á su desenvolvimiento: cuando la Humanidad no venia á buscarla, ella era la que se adelantaba; ella la que hacia aquellos prodigios de que todavía quedan huellas en el seno mismo del Oriente.

He dicho que esta tarea era inmensa, y en efecto, cualquiera que sea la vía que abra mi espíritu en el seno de ese pasado, cuyos secretos quiero evocar, descubro en ella objetos de estudios para mas siglos que años me concederá el cielo. Si el historiador, marchando á paso lento por medio de las ruinas y remontándose bácia el origen del mundo, debiera tocar, siquiera ligeramente con la mano, cada fragmento que encuentra en el desierto de las edades, seguramente no llegaría jamás al fin de su carrera, y las obras sintéticas serían de todo punto imposibles. Pero felizmente Dios ha dado al genio la facultad de alzar su vuelo sobre los siglos, de abarcarlos con una mirada, sin que sea menester que toque sus obras con la mano, y de encerrar en algunos libros toda la esencia de lo pasado, sepultado en miles de volúmenes, sin que el pasado pierda por ello nada de su magestuosa grandeza; antes por el contrario, revistiéndose de un cuerpo, de una forma, de una personalidad gigantesca, capaz de hacer perceptible á la mirada de todos sus hijos. De este modo la síntesis es respecto de la Historia, lo que la creacion fué respecto del caos.

Sin embargo, lo repetiré otra vez: ¡qué tarea tan grande, sobre todo para el génio que se presenta vírgen en su presencia, sin haber emprendido obra alguna semejante, é ignorando si Dios le ha dado esa facultad de cernerse, por decirlo así, sobre los mundos que han desaparecido, sin la cual no hay síntesis posible!

Despues de haber estudiado geológica y geográficamente ese pais á que debió alumbrar durante largas horas el prodigioso incendio de los Pirineos: ese pais en donde el Monserrat se lanza amenazador al cielo, y cuyos misterios mas profundos duermen á la sombra de los prodigiosos olivos de las

Baleares; ese pais que el mar bate con sus azules ondas, y á cuyas riberas se asían como á una tabla de salvacion los primeros esplotadores de la columna de Hércules: ese pais rasgado acá y allá por montañas acumuladas unas sobre otras y en cuyos valles debieron realizarse de una manera tan pura los primeros himeneos de la Humanidad: despues, decia, de haber hecho este estudio, cuyas proporciones espantan, cuando tiendo una sola mirada á la via de absorcion, por la cual se lanzan de todas partes las grandes obras humanas hácia mi patria adoptiva, no menor asombro se apodera de mi alma al enumerar esas obras cuya razon de ser, cuya existencia y cuyos resultados estoy en la obligacion de estudiar.

Hé aqui desde luego las primeras invasiones, aquellas cuyo recuerdo se conserva apenas, cuya existencia ni siquiera podria sospecharse, si el cráneo humano, gran conservador de cosas remotas no nos suministrase las pruebas. ¿ De dónde vienen esos pueblos? ¿ qué quieren ¿ cómo hablan? ¿ cuál es su grado de inteligencia, y de qué suerte salvan las crestas cubiertas de nieve que dividen la Iberia de las Galias?—Cómo he de responder á todas estas preguntas? La investigacion descansa aqui tan solo sobre presunciones ó adivinaciones filosóficas, mas dudosas aun para ciertos espíritus que las probabilidades mismas.

Sigue el Egipto envuelto en sus antiguos misterios. Los primeros navegantes se aventuran timidamente á surcar el lago azul que llaman el mar Grande, creido entonces el único piélago.—La aparicion de sus barquichuelos produce un influjo cualquiera, aunque no sea sino el deseo de una imitacion, y hé aqui la Humanidad que ya no tiene bastante con la tierra!

Mas ya que Egipto se ha presentado á nuestros ojos, y que la aparicion de sus embarcaciones ha producido cierto efecto en nuestras riberas, preciso es que sepamos lo que es el Egipto; que penetremos sus profundos misterios con nuestra mirada, y quedaremos por cierto deslumbrados. ¿ De qué utilidad ha sido la obra del Egipto á la obra de las cuatro provincias? Aquí vuelvo yo á ver la mano de la Providencia.

¡ Quién sabe si me veré obligado á despertar los siglos adormidos de la India! Lo cierto es que hecho el estudio de la sociedad egipcia vendrá el de la sociedad griega y fenicia, y que despues de haber presentado á los atrevidos navegantes de Tiro cubriendo el Mediterráneo con sus velas, menester será que muestre á Cartago desplegándose repentinamente en las arenas africanas, primer paso marcado de la civilizacion hácia nosotros.

Mi obra faltaria á su fin si no abrazara todos estos varios horizontes, si no pusiese en relacion todas esas aspiraciones hácia lo bueno, aquellos alientos de mejora que á la sazon se manifestaban y se sucedian rápidamente en el seno de la Humanidad.—Cuando Roma aparece, cuando reemplaza á la ciudad africana, cuando dilata su dominacion á la Iberia como al resto del mundo, ¡qué de investigaciones profundas tengo que hacer para llegar á comprender el verdadero papel que ha desempeñado la reina de la antigua civilizacion, su verdadera influencia, no bajo el mezquino punto de vista en que ha sido observada hasta ahora por la mayor parte de los historiadores, sino desde la altura en que la contemplamos los que creemos en la Providencia!

¿Dónde quedan las invasiones modernas de los bárbaros que devoran el imperio y se prosternan ante la cruz de tosco leño, á la cual durante tantos' siglos se han inmolado millares de enérgicos campeones? No puedo prescindir de comprenderlas todas en mi plan.—En ninguna parte mejor que en el suelo de mi patria adoptiva encontraré á la sociedad gótica sucediendo al caduco gigante del poder romano, porque en este suelo que holló Santiago el Mayor, poético jardinero, poético peregrino, se ve mejor que en otro alguno germinar la semilla cristiana y aparecer al lado del patíbulo santificado, la imágen virginal de María, á la cual somos deudores de la resureccion del arte. Habré de estudiar principalmente todas esas grandes absorciones de mi patria adoptiva, con tanta mas razon cuanto que la mejor época del mundo para el historiador poeta, es la que se descubre desde el primer martirio hasta el dia en que el cristianismo se levantó triunfante sobre la gran inundacion bárbara.

Un hombre aparece en el Oriente : quiere ser legislador como Jesucristo; pero en vez de buscar la fuerza en el sacrificio, empuña la cimitarra y dice: «'mueran los que no crean lo que yo creo.» Y la Providencia, por una razon cuyo estudio debe entrar en el dominio de mi historia, permitió á este hombre conquistar inmensas comarcas, y á sus descendientes avanzar hasta el estremo occidental del Africa, salvar el estrecho que les separaba entonces de la Iberia, é inundar la Península conquistada por la cruz, como un torrente devastador que inunda un valle sembrado el dia precedente.—El cristianismo y el islamismo se miran frente á frente : el hijo de la mujer legítima y el hijo de la concubina van á luchar.—El historiador debe buscar en medio de esta lucha los verdaderos designios del cielo.

Mientras el torrente devastador retrocede ante la cruz triunfante, los usos, las costumbres de la edad media pasan delante de nosotros : podemos ya gozar de un instante de reposo en la via de la absorcion : nuestras cuatro provincias se agrupan, forman un todo harto témible y van á imponer al mundo su voluntad, no á resignarse humildemente á la agena. Pero por mas grande que sea el poderío de una nacion, rara vez deja de estar espuesta á las influencias esteriores: la tarea del historiador llega á ser tanto mas dificil cuanto mas ocultas son esas influencias. Mis investigaciones serán mas árduas á medida que me alejen de la claridad de la filosofía para hacerme sepultar en las tinieblas de la política de aquellos tiempos.

Respiremos: nuestra tarea es ya fácil y agradable: entramos en el estudio de las otras dos vias: las cuatro provincias se constituyen interiormente y se esparcen por otras regiones. Mas apenas han terminado su obra sintética aparece Isabel de Castilla, la grande Isabel, cuyo esposo va á salir de nuestro suelo.—La España á su vez logra constituirse, y se forman las grandes nacionalidades europeas. No habrá página que escriba con tanto gusto como aquella en que pinte semejantes acontecimientos. Confieso ante todo que no soy federalista, y que, como Napoleon, niego la posibilidad moral de la existencia de una nacionalidad lusitana. Los estados pequeños están fatalmente destinados á formar las grandes nacionalidades, y si el orgullo ó su amor propio se oponen, faltan, á mi entender, á los deberes que Dios les ha prescrito.—¡ La estabilidad mezquina es el egoismo! ¡ La unidad conquistadora el progreso! Bien es verdad que falta definir por qué medios deben conseguir la unidad los enviados por la Providencia.—No bien Isabel contempla realizadas sus mas dulces esperanzas, cuando Colon se le presenta poniendo á sus pies un nuevo mundo.—La ciudad en que le coronan es Barcelona; y hé aquí cómo la historia de mi patria adoptiva se liga íntimamente al descubrimiento de las Américas.—¡Cuántas páginas no merece un asunto tan colosal! ¿ Y Colon ? ¿ Estamos seguros de que se ha dado á su retrato la última pincelada? ¿ Estamos seguros de que se han comprendido las causas y la trascendencia de su obra? ¿ Se han indicado, por ventura, todos sus resultados?

El catolicismo sufre una protesta.—Lutero alza la frente.—Voy á hacer aquí una confesion que parecerá estraña á los que conocen los principales acontecimientos de mi vida: aborrezco á Lutero.—Creo que ningun historiador ha pintado claramente las tentativas que la reforma hizo para introducirse en España, ni estudiado la lucha sorda que emprendió contra los soberanos de este pais, punto que será objeto de mis mas concienzudas investigaciones. Afortunadamente hay una gran figura que oponer á la de Lutero; la de San Ignacio de Loyola. No se conoce á este ilustre campeon del catolicismo sino por el retrato que de él nos han dejado escritores llenos de pasion, amigos ó adversarios. Yo, que no soy ni lo uno ni lo otro, me creo en posicion de retocar el cuadro, indicando la verdadera influencia que San Ignacio ha ejercido sobre su siglo. ¡Cuántos hombres no han sido desfigurados por la pasion! ¡ Cuántos acontecimientos no han sido desnaturalizados por ella!

Con Cárlos V y Felipe II comienza una nueva era.—Este último principalmente, llena con su nombre la Historia de mi nueva patria.—El es quien envia un ejércitoá Aragon, y se atreve á declarar el primero quesu voluntad soberana es superior á los antiguos y democráticos fueros;que nadie, hasta entonces, habia osado violar sin humillarse al punto como Pedro *el Puñalet.*—Escurioso por estremo todo cuanto se refiere á los sucesos de Antonio Perez: en ellos no le corresponde por cierto el mas brillante papel. La figura imponente del *Justicia* de Aragon, resalta como una de esas fisonomías antiguas, cuya severa belleza no puede menos de admirarse en el fronton de la Historia. Sobre este punto existen preciosos documentos inéditos, y no ha mucho que un miembro de la Real Academia de la Historia de Madrid los indicó á los historiadores, haciendo un gran servicio á la literatura nacional: la lucha sostenida en nombre del derecho contra la monarquía culpable en favor de un consejero de crímenes casi santificado por la desgracia, ofrece las mas interesantes peripecias al propio tiempo que reserva al Aragon el papel mas digno, el que representa la justicia y la conciencia apoyadas en la ley!

Los Borbones suben al trono de España, primer esfuerzo de la civilizacion, para borrar del mapa los Pirineos. Los sucesos que fueron consecuencia de aquel conato, bastarian á inspirar una obra importantisima, mucho mas cuando nos facilitan los medios de estudiar á Luis XIV. Y no deja de ser digno de notarse, que sin salir de nuestro cuadro, todos los personajes históricos, desde el principio del mundo acá, van pasando á nuestra vista.

Annibal cuasi puede reputarse natural de Mallorca: César y Pompeyo batallaron con los hijos de mi patria adoptiva: Carlomagno atravesó los Pirineos: Cárlos V fué rey de España: la célebre guerra de sucesion ha producido grandes y trascendentales resultados, que serán tambien objeto de mis vigilias.

Estalla por fin la revolucion francesa allende los montes que impiden á las cuatro provincias ponerse en contacto con ella; pero habiendo llegado para la Europa la hora solemne de una nueva trasformacion, la Providencia quiso que la semilla revolucionaria fuese esparcida por todas partes; porque era necesario que el pensamiento de la Francia viniese á ser el pensamiento de todas las naciones.—Un hombre entonces, grande como Annibal, como César y Carlo Magno, brota del seno de las falanjes revolucionarias, las arrastra súbitamente á cien victorias, siembra la tierra de milagros y se proclama emperador, sin que murmuren aquellas falanjes entusiastas! Instrumento de la Providencia despues, recorre el mundo, y bajo el pálio de la tirania esparce la semilla de la libertad y propaga el pensamiento revolucionario. Atraviesa los Pirineos.... ¿Qué cadena de montañas no han hollado sus pies? Ah! su lucha con España es uno de los cantos mas gloriosos y mas tristes de su epopeya.—Mi patria adoptiva lucha con él cuerpo á cuerpo, lo aguijonea, le hace vacilar, lo derriba!—Zaragoza lo tiene detenido largo tiempo; Tarragona le obliga á acometer atrocidades: retrocede al fin y queda vencido.—Pero como la voluntad providencial no puede ser vencida, deja impregnado el espíritu de los vencedores del pensamiento de los vencidos, que es el de la revolucion francesa.

Hay que hacer todavía muchas y muy curiosas investigaciones, acerca de la influencia de la invasion francesa en el desarrollo del liberalismo en España : yo lo intentaré estudiando escrupulosamente todos los acontecimientos esteriores que de alguna manera contribuyeron á la lenta transformacion del espíritu público en las cuatro provincias, y señalaré, en fin, de donde trae su orígen esa sed de bienes materiales que despues de las sangrientas luchas civiles que han debido postrar sus fuerzas, las han puesto, sino al nivel de las comarcas mas florecientes y productoras de Europa, muy cerca al menos de su prosperidad y grandeza.

Obsérvese que apenas he hecho mas que tender una mirada hácia una de las vías que voy á recorrer, cuando brotan como por encanto de mi pluma grandes principios, grandes acontecimientos. Si me volviese ahora hácia las otras dos vías que me restan, tendria acaso que retroceder asustado ante la inmensa tarea que me he impuesto. Conviene, sin embargo, fijarse de pronto en los cuadros que voy á copiar sin aguardar á los últimos momentos para bosquejarlos. Si tarde ó temprano he de tener que confesar la temeridad de mi resolucion, vale mas hacerlo ahora, que no en medio de la carrera á que me he lanzado.

Los habitantes de estas provincias no se limitaron, desde los primitivos tiempos al cultivo de sus fértiles campos y á la constitucion de su sociedad: vémosles por el contrario abandonar su cuna para lanzarse lejos de los sitios en que se deslizó su infancia, y aquellos á quienes las grandes invasiones obligaron á refugiarse en suelo estraño, nos mostrarán que han bebido en el seno de sus madres el instinto de la independencia, el gérmen de las virtudes y el sentimiento de la gloria.

Sin detenerme á enumerar las proezas que los hijos de mi patria adoptiva han consumado lejos de sus playas; omitiendo hacer mérito de la parte que tomaron en las grandes guerras de la antigüedad, cuando los honderos de las Baleares pasaban universalmente por los primeros soldados del mundo, no puedo menos de recordar la espedicion á Oriente que parece una creacion de Homero; esa espedicion á Nápoles, que mas bien debe ser cantada por los poetas, que narrada por el historiador.

He dicho que la espedicion á Oriente parece una creacion de Homero, y en efecto, al leer sus pormenores, desgraciadamente apenas conocidos en el resto de Europa, dirianse que son páginas arrancadas á la Iliada. Ningun pueblo del mundo puede ofrecer á los ojos deslumbrados del lector una crónica tan portentosa que baste por sí sola para el lustre y gloria de mi patria adoptiva que ha dado á sus hijos la reputacion de hombres los mas belicosos del orbe. Cuando acontecimientos semejantes se nos presentan revestidos de todas las apariencias de la verdad, y apoyados en testimonios auténticos, no deben parecernos ya tan inverosímiles esos combates titánicos contra el Señor de los cielos, ese amontonamiento de montañas con que los gigantes intentaban escalar el Olimpo y arrojar de él á la Divinidad.

La conquista de Nápoles está llena de poesía, de valor, de generosidad, de grandeza, de pensamientos. El magnífico teatro de esta guerra, caballeresca como la edad media, á la par que política como el renacimiento, ofrece al pintor histórico bellezas que tienen por límite bellezas nuevas. Al escribir las páginas de esta gloriosa espedicion, creeré estar aspirando una atmósfera embalsamada con todos los perfumes de una época, cúyo recuerdo hemos perdido demasiado pronto, cuya grandeza especialmente hemos olvidado.

No es este el momento oportuno de hablar de otras mil hazañas que en tropel acuden á mi imaginacion. ¿Pero no me será permitido seguir á Jaime el Conquistador, al Ricardo de Aragon, en todas sus caballerescas escursiones? Con dificultad se hallará en la vida de los monarcas hechos mas brillantes como los que rodean su existencia; porque es uno de los pocos que han tenido el don de encadenar la victoria á todas sus empresas, y de marchar de prodigio en prodigio hácia un renombre tan merecido como glorioso. Todavía jóven, cuando se lanzó por primera vez á la arena; apuesto, con esa apostura que antes que la diadema nos revela un rey; valiente, como un héroe de los libros de caballería, y generoso tanto como valiente, dijérase que únicamente le habia faltado la proteccion de Dios para llegar á ser uno de los mayores héroes, si el hecho estraordinario que precedió á su nacimiento no nos suministrase la convicción de que aquella proteccion no le fué escatimada. Cuántas veces he contemplado con admiracion su noble semblante y leido su famosa crónica! Feliz yo que voy á hablar de este hombre y á buscar en su corazon de leon las causas de su grandeza siempre creciente!

Si fuera á decir todo lo que se presenta á mis ojos cuando tiendo una mirada sobre esa senda por la cual se arrojaron los hijos de mi patria adoptiva, para tomar una parte en los trabajos colectivos de la Humanidad, esta introduccion tendria entonces desmesuradas proporciones. Debo limitarme, pues, á indicar lo que en la actualidad está acaeciendo y hablar de la influencia que los hijos de Aragon y Cataluña ejercen hoy sobre las artes, el comercio y la industria de las demás naciones. Dentro de poco, esta influencia no será un misterio para nadie.

Pero no he penetrado aun en la parte mas difícil de la tarea que voy á emprender. Cuántas dificultades, cuántos obstáculos no tendré que vencer cuando, internándome en la noche de los tiempos con incierta y escasa luz, inquiera las formas políticas de la sociedad de las cuatro provincias, su desarrollo, sus vicisitudes hasta nuestros dias, sus íntimas modificaciones, y sobre todo la marcha incesante de las clases inferiores hácia la civilizacion.

A cuántas influencias esteriores no tuvo que rendir homenaje aquella sociedad! Y sin embargo, en nada han cambiado las costumbres que les son propias: los tiranos han podido vencerla; pero doblegar, jamás! Y esto procede de que el suelo de mi patria adoptiva es la cuna de ese noble espíritu de independencia que no ha podido desarraigarse nunca, á pesar de todos los esfuerzos de sus opresores.

Describiré la Coronilla de Aragon bajo las antiguas y diversas dominaciones; bajo la inundacion de los bárbaros, y bajo esas oleadas orientales de la invasion mahometana, y cuando entrambos hayan desaparecido, entrarémos en el estudio del gobierno de los condes de Barcelona, y asistirémos á la formacion de ese Estado de Aragon, que descendió con sus formas puras de las montañas, donde los ricos hombres le habian dado el sér con su valor y patriotismo.

Conveniente será para el buen órden, tomar una por una estas Provincias en su vida propia, hasta el punto en que por el designio universal de la Providencia tuvo lugar su reunion; mas á pesar de ella, recordando la época de semejante suceso, el historiador debe persuadirse ante todo, que no se ha verificado una fusion total de costumbres, y que es necesario continuar estudiando parcialmente la marcha íntima de cada una de las cuatro provincias, desde el punto de vista de la unidad, sin dejar de atender á su marcha colectiva política.

Desde la constitucion definitiva del reino de Aragon hasta nuestros dias, una viva luz brilla sobre los acontecimientos. Desde entonces existen escelentes crónicas, archivos preciosos y monumentos importantes, que son otras tantas páginas que contribuyen poderosamente á la ilustracion del historiador. Desde entonces el estudio politico hácese mas fácil, especialmente el de la parte superior de la sociedad, y yo entiendo por tal la que rodea al poder. Pero no basta: deber es del historiador manifestar, cómo existian entonces las clases inferiores; cómo han tomado incremento; cómo han participado de la luz ó se han sumergido en la oscuridad. Nadie mejor que yo comprende los grandes obstáculos que se atraviesan en este camino, y cuán grande será el número de documentos que tal vez echaré en falta. Pero cuando en este caso me encuentre, la intuicion y la comparacion hallarán pruebas que los enemigos de semejantes investigaciones suponian no existir.

No está léjos el dia en que la máquina de Guthemberg, brote una historia filosófica de la Humanidad, y sabe Dios lo que los eternos enemigos del hombre han hecho de los documentos que deben servir para esa historia. Pero mas tarde ó mas temprano, la verdad sepultada en la tumba, rasga el sudario, quebranta el mármol que la oprime y resucita para llenar de vergüenza á todos aquellos que habian cavado su sepulcro.

Hállase en la historia, de las cuatro provincias, un episodio casi desconocido, y para cuya ilustracion, felizmente no faltan buenos documentos. Hablo de la lucha sostenida por espacio de muchos años, por un puñado de valientes mallorquines y valencianos, que tomaron el nombre de comuneros. Estudiarémos las aspiraciones de esos hombres, y las causas que pudieron producir su levantamiento, asi como las relaciones morales que pudieron existir entre ellos, y los campeones de la libertad que simultáneamente aparecieron y que sacrificaron su vida al porvenir de las naciones. Una feliz casualidad me ha hecho conocer datos preciosos que me servirán en gran manera para retratar con exactitud, el carácter de los que fueron momentáneamente dominadores de la Alcudia mallorquina.

Pruebas irrecusables me servirán de apoyo cuando entre en el periodo histórico que comienza con el siglo actual. Podré entonces hacer un estudio sobre el desarrollo de esa clase inferior de la sociedad con la que se han ocupado muy poco hasta ahora los historiadores, y que merecerá indudablemente su predileccion dentro de algun tiempo por la fuerza misma de los aconteci. mientos. Y cuando hayamos llegado á los quince últimos años, podré desenvolver un cuadro magnifico á los ojos de los que miran con satisfaccion el desarrollo de la sociedad en el seno del porvenir. La industria y el comercio, estos dos resultados y estas dos causas del trabajo, á pesar de las guerras civiles, echan entonces poderosos cimientos en el suelo de mi patria adoptiva. Y mientras que la clase poderosa lucha y se empobrece, simples obreros por medio de un arte, de un oficio, echan los cimientos de una fortuna colosal que contribuye hoy á propagar la civilizacion entre los desgraciados que en siglos anteriores no habian sabido nada, ni podido hacer nada.—Honrados industriales de Cataluña, celosos fabricantes que habeis abierto en vuestra patria un camino de prosperidad, vosotros que habeis comenzado vuestras fortunas siendo obreros, yo consagraré muchos capítulos á vuestros esfuerzos y perseverancia, y probaré cuán importante es para la España la obra que habeis emprendido, y cuán fácilmente con vuestro poderoso ausilio puede eximirse de las pretensiones de la Inglaterra, cáncer de todas las naciones.

Es difícil formarse una idea del movimiento que se desplega en estos momentos en las cuatro provincias: cada dia es un nuevo paso.hácia el progreso. Cataluña y Aragon especialmente, apenas tienen que hacer mas que un ligero esfuerzo para ponerse á la altura de los pueblos mas adelantados del estranjero. Los elementos y la voluntad existen: lo que falta es un poco de osadia: lo que paraliza es un poco de temor. Una vez que haya desaparecido aquel temor y se haya adquirido aquella osadia, mi patria adoptiva alcanzará un porvenir brillante. Inmensos canales la surcarán en todas direcciones: sus entrañas vomitarán metales preciosos; fertilizado su suelo, se cubrirá de ricas cosechas, y el viajero, al acercarse á sus ciudades, viendo el humo de las fábricas de vapor que se elevará por los aires partiendo de mil puntos, saludará al Génio de la industria en los infinitos templos que la misma industria le haya levantado.

Compararé el progreso de mi patria adoptiva con el de Inglaterra, Francia, Alemania, y Estados-Uunidos, y buscaré las causas que han podido impedir é impiden todavia su mejora: probaré que antes de diez años la España y la Francia unidas, como deben vivir siempre, pueden haber reemplazado á Inglaterra en todos los mercados del Mediterráneo: idea que debe halagar á aquellos que no han borrado de su pensamiento el dia de Trafalgar, y les justificará la esperanza de que la embocadura del Mediterráneo debe únicamente ser guardada por aquellos á quienes la naturaleza misma ha confiado su custodia.

Se unen demasiado los intereses de las cuatro provincias con los de las restantes de la Península, para que con esta ocasion no me permita echar una rápida ojeada al porvenir industrial y mercantil de España. Diez años de paz interior pueden influir en favor suyo mas que el descubrimiento de Colon. Las riquezas que de él recibió y cuyo lejano orígen le fué arrebatado mas tarde, las posee hoy en su propio seno. Falta tan solo que hábiles ingenieros se ocupen en canalizar sus campos todavia virgenes, y pronto la fertilidad de su suelo hará olvidar á las potencias occidentales los trigos de Odessa. Que respetables capitalistas se dediquen con ahinco á la esplotacion de las minas que abrigan las entrañas de sus montes, y entonces España no tendrá que hacer pedidos á los estranjeros de los metales indispensables para el progreso de la industria. Inteligentes jóvenes son menester para que estas aspiraciones se realicen cumplidamente; mas Dios jamás niega, cuando llega la hora, los instrumentos que han de servir para la realizacion de sus fines. El viaje que acabo de hacer me ha puesto en el caso de conocer y apreciar las necesidades, las riquezas y las esperanzas de España. Tampoco olvidaré que he sido agasajado por ella, desnudo, pobre, solo, como el mendigo del Evangelio, como todos los proscritos cuando les recoge tierra estranjera; no pudiendo ofrecer en cambio otra cosa que mis tareas intelectuales. Feliz yo si el mérito de la obra que voy á emprender para ella iguala á la generosa nobleza de su hospitalidad.

Cualquiera que sea la divisibilidad de mi trabajo no cesaré nunca de encadenar todos los acontecimientos que vaya analizando, á esa grande sintesis providencial de la que soy un instrumento. Si la conviccion mas íntima de su existencia y su poder no me alentara, creería inútil mi obra. ¿Para qué las sabias lecciones de la Historia, las consecuencias que la Fé saca de ella, si la casualidad y solo la casualidad fuese el Supremo director de todos los sucesos del mundo? La fé es la que me infunde el sentimiento de la esperanza y del amor: la esperanza es la que me impulsa á mostrar al proletarismo un risueño porvenir; y el amor me obliga á sacrificarlo todo á la investigacion de la verdad, por lo que esta verdad pueda influir en el bienestar de las cuatro provincias.

Muchos han estrañado que haya emprendido la tarea de escribir esta Historia, suponiendo que corresponde esclusivamente tamaña empresa á un hijo del pais. Creen otros que las Crónicas existentes la hacen de todo punto innecesaria y hasta se adelantan á afirmar que me será punto menos que imposible encerrar el cuadro de los hechos dentro del marco que queda designado. Han dicho mas: que á mi edad era una arrogancia el intento de un trabajo de esta naturaleza, delante del cual han retrocedido corporaciones eminentes é ilustres escritores, cuya reputacion forma la gloria de mi patria adoptiva.

Pero al principio de esta introduccion he dicho, que un sentimiento de gratitud y una feliz inspiracion, habian dado origen á la idea de escribir esta Historia. Al concebir esta idea crei que un monumento histórico de tal importancia levantado á la gloria del pueblo que me acogió con tanta generosidad, seria un testimonio digno de este sentimiento de gratitud y del pueblo que me lo ha inspirado: y cuando razones de tanto peso sirven de base á una obra de esta indole ¿quién duda que el corazon se siente animado por ese fuego vivificador que eleva el talento á la altura de las obras que concibe? Bajo el punto de vista personal y como simple historiador, he indicado ya que difícilmente se encuentra otro pais en Europa mas intimamente ligado con todas las grandes vicisitudes de la Humanidad. Y al emprender su Historia pretendo elevar un monumento á mi patria adoptiva, levantando otro al mismo tiempo á la civilizacion universal. De esta suerte la inspiracion ha venido en ausilio de la gratitud y mi resolucion es inalterable. De todos modos, el objeto es demasiado importante para dejar de hacer una obra útil, ya que el cielo me niegue la posibilidad de hacer una obra maestra.

Muy glorioso hubiera sido, en efecto, para un hijo de las cuatro provincias haber concebido el plan de semejante libro y llevarle á cabo con acierto : sus compatriotas le hubieran tributado merecido homenaje, y su nombre, grabado en todos los corazones, se colocaria al lado de los campeones de la independencia del pais. Pero ¿ será esto razon para negar á un hombre nacido en otro suelo el derecho de escribir la Historia de la Coronilla, sin aducir otro motivo de esta esclusion que la circunstancia de ser estranjero ? Pues qué ¿ fué una osadia en Guizot escribir esas brillantes páginas de la revolucion inglesa? Guizot no era inglés; ¿fué por consiguiente criminal en haber tocado ese punto tan admirablemente, bajo el punto de vista del estilo y la verdad histórica de su escuela ? ¿ Deberá hacerse el mismo cargo á Sismonde de Sismondi por haber publicado sus investigaciones sobre la Historia de Francia ? ¿Daru traspasó acaso los derechos de historiador, dando á luz su libro sobre Venecia, porque no habia nacido á dos pasos del Rialto ? Y el erudito inglés que nos ha legado en su Cárlos V páginas inimitables ¿ habia recibido autorizacion para publicarlas? Y tantos otros escritores cuya lista seria interminable ¿ hubieran emprendido inmortales obras históricas acerca de un pais que no les vió nacer, para que se les disputase luego el derecho de haberlas producido ?

Ridicula fuera semejante pretension. No.

Para escribir una Historia, no es condicion indispensable la nacionalidad del autor, y mucho menos tratándose de una Historia elevada y filosófica, que juzga mas bien que relata los hechos. Aquel en cuya frente ha marcado Dios el sello de historiador no tiene otra patria que la Humanidad : como hombre, sentirá siempre amor hácia su suelo natal; pero encargado de una mision divina, no tiene otro norte que la justicia y la verdad.—Cuando sea oportuno dirigirá los mas fuertes ataques á su misma nacion: llorará sus faltas; pero confesará abiertamente, que otra nacion la ha llevado ventaja en valor, en virtudes y en generosidad. Si no me creyera capaz de esta abnegacion, antes haria pedazos la pluma, que acometer tamaña empresa. Pero ¿ soy yo en realidad un estranjero para tí, tierra hospitalaria, para tí, que me has dado la compañera de mi vida? Ah! si no debiese vindicar los fueros de la razon humana, conservando al hombre, cualquiera que sea su pais, el derecho que tiene de escribir la Historia del pueblo que su inspiracion le designa, yo te probaría con el lenguaje del corazon, cuán lejos estoy de ser para tí un estranjero!—Séalo ó no, puedo referir tus pasadas glorias, lo que eres en el presente, y lo que espero de tu porvenir. Si nos fuera permitido generalizar la pretension contraria, tiempo llegaria en que cada aldea prohibiese á su vecino que contase sus hechos, y de este modo fuera imposible esa grande síntesis escrita, esas grandes lecciones para los pueblos, ese libro donde el genio encuentra, estudia y revela todos los medios de que Dios se vale para conducir las sociedades á su fin determinado.

Es imposible, se me dirá, que el asombroso número de acontecimientos narrados en tantas crónicas, tenga cabida en esos cuantos volúmenes que vas á escribir; única razon por la cual, ha podido congeturarse que mi obra va á ser inútil. Pero lo que yo he anunciado es una Historia, y no una recopilacion sin órden de todos los documentos que tendré á la vista. El principal mérito de un historiador, consiste en saber escoger é ilustrar los hechos, relatando tan solo aquellos que filosóficamente se adapten al espiritu de la época que se intenta retratar. Ni debiera contestar á semejante objecion. ¿ No seria ridículo echar en cara á Tácito que no nos haya dicho la hora en que fijamente se acostaban todos los dias esos Césares, cuyo trágico fin nos ha referido en un lenguaje tan conciso y sublime? Los críticos deliran muchas veces.

Apenas cuento veinticinco años, y no es esta por cierto la edad mas á propósito para escribir una Historia; pero cualquiera que sea la edad, cuando el hombre siente en su alma el llamamiento de ese mensajero del cielo, á que damos el nombre de inspiracion, debe marchar con resolucion adelante, venciendo cuantos obstáculos se opongan á su paso. Puede uno equivocarse alguna vez acerca de la indole del llamamiento que le arrastra; pero los espectadores de la lucha no tienen derecho á acusarle de presuncion, sino cuando haya fracasado.

Otros mas jóvenes que yo han emprendido trabajos mas árduos que el mio: verdad es que muchos han sucumbido; pero algunos han salido airosos de su empeño. ¿ Por qué se me ha de arrebatar la esperanza de la victoria que ha de servirme de aliento al emprender la lucha? Si tengo pocos años; tanto mas brillante será mi triunfo en el caso de que llegue á obtenerlo.

¿Qué importa que muchas corporaciones distinguidas hayan retrocedido ante semejante idea, que escritores eminentes no hayan podido llevarla á cabo? Las sociedades mas sabias y los filósofos de Tebas, habian buscado en vano una respuesta á las preguntas de la Esfinge; pero se presenta Edipo, cuyo nombre era desconocido, cuyo semblante no llevaba ninguna de las señales que caracterizan al genio, cuyo infortunio era semejante á su pobreza, y Edipo hizo lo que no supieron hacer los mas ilustres tebanos. —Fuera de que no hay ejemplar de una corporacion sabia, que haya escrito una buena Historia. Esta exige tal unidad de pensamiento, que solo es dado á un hombre sostenerla. Las corporaciones científicas pueden y deben preparar los documentos, facilitar su clasificacion, pero organizarlos sintética y esencialmente, nunca.

Por lo demás, yo hubiera visto á otros con el mayor placer en la senda en que voy á entrar, y aunque mi resolucion no hubiese servido mas que para estimularlos en su carrera, me holgara de haberla emprendido por mas que no fuese mia la victoria. Quiero ser útil nada mas á mi nueva patria, y en sus aras estoy dispuesto á sacrificar la gloria misma, única recompensa del escritor. Pertenezco completamente á la nacion que ha abierto sus brazos al proscrito.

Lo que estoy dispuesto á sostener, mientras lo contrario no se me pruebe, es que la Historia de la Coronilla de Aragon, no existe tal cual la he concebido, y que actualmente es indispensable para la enseñanza de esa juventud que inunda las universidades de las cuatro capitales, llena de fé en lo porvenir.

Un anciano distinguidísimo en estudios históricos, catedrático de griego en la universidad de Zaragoza, D. Braulio Foz, me alentó en mi empresa con entusiasmo y ternura, mostrándome manantiales de inapreciable valor: puso á mi disposicion sus trabajos de veinte años sobre este asunto, coronando su generosa dádiva con su bendicion literaria. ¡Qué desinterés! ¡Cuánta nobleza! Con él he pasado plácidas horas y no negaré que debo á sus escitaciones una gran parte de la audacia que respira esta introduccion. Creo que ha dado pruebas de mejor patriota que aquellos que han pretendido obstruirme el paso, llamándome estranjero,

Debo asimismo declarar que solo tengo motivos de lisonjearme por la acogida que he merecido de casi todas las personas mas notables que hoy están al frente de la sociedad de la Coronilla. En el momento de escribir

esta introduccion no me he dirigido todavía mas que á los habitantes de
Zaragoza y Barcelona; pero todos me han dispensado su apoyo, y no pocos
han adelantado el precio de la obra para facilitar de esta suerte su publicacion. Los capitanes generales de esas dos capitales figuran en esta lista; el
alto comercio y los fabricantes se han dado la mano con la nobleza. Debo,
pues, abrigar las mas dulces esperanzas de que no me faltarán ni apoyo ni
proteccion para llevar á cabo esta empresa. Si algunas personas, á la verdad de escasa importancia, no hubiesen soltado en esta ocasion la palabra
estranjero, yo tendría delante de mí un horizonte sin la menor nubecilla.
Aun cuando esto no hubiese sucedido, no temblaría menos al acometer esta
empresa, ni dejaría de dirijir esta ferviente invocacion al Genio de mi patria adoptiva.

¡Oh! Tú, que me apareciste por vez primera cuando senté mi planta en las
húmedas playas de la reina de las Baleares! Tú, que entonces me tendiste
una mano para ayudarme á pasar de mi esquife salvador al suelo de la hospitalidad, y dispensando los mismos generosos oficios á mis compañeros de
infortunio les permitiste como á mí descansar por fin un momento á la sombra de tus alas protectoras! Tú, que nos conduciste despues á Palma, la
hija querida de los mares, á través del Paraiso terrenal en cuyo seno tiene
su asiento!,... ¡ Escúchame, Genio de mi patria adoptiva!

Oh! Tú, que por segunda vez te presentaste á mis ojos al atravesar el piélago que separa á Palma de Barcelona! Tú, que colocaste en mi mano la
mano de una virgen, cuyos hechizos habian merecido tus mas suaves cari-
cias y confirmaste así tu adopcion generosa! Tú, que tornaste propicios á
los moradores de Cataluña, como propicios habias hecho que se mostrasen
los hijos de las Baleares, cuya constante proteccion llevó el pan á la boca
del que llegaba hambriento, y dió vestidos al que arribó desnudo, y brin-
dó con la amistad al peregrino errante y solo!.... ¡ Escúchame, Genio de
mi patria adoptiva!

¡Oh! Tú, que por tercera vez te mostraste á mi vista cuando partí de Barcelona para dar principio al viaje que estoy prosiguiendo! Tú, que me indi-
caste á lo lejos las torres cristianas de la heróica Zaragoza, como augurio
de que aquella ciudad daría al estranjero tan grata y hospitalaria acogida, como sus hermanas Palma y Barcelona; cual se la dará Valencia, la ciudad
que se adormece en medio de los mas bellos jardines del Universo! Tú, á
quien soy deudor de que los nobles aragoneses me hayan hospedado tan
amable como muníficamente!.... Genio de mi patria adoptiva, en nombre
de estas tres apariciones te conjuro á que me prestes atencion!

Bien lo sabes: voy á emprender una obra colosal: voy á reconstruir con
el pensamiento cuanto has edificado desde el oríigen del mundo: voy á dar

sér á edades que han pasado: á desenterrar las piedras de las ruinas: á buscar en la noche de lo que fué, esos grandes linderos que Dios clava en la tierra, despues que las generaciones han perecido, para que la Historia pueda encontrar su tumba y remover sus hosamentas: voy á intentar adivinar tus secretos, consultando á los recuerdos que me han dejado tu ancha frente ceñida de aureola! Mi admiracion y mi gratitud me obligan á emprender esta obra: tu voz me alienta para seguir adelante.

Si me juzgases digno de ella; si no rechazas las páginas que escribe el estranjero sobre el pais cuya gloria te ha encomendado el cielo; tienes en mí uno de esos hombres fatalmente predestinados á no tener mas patria que la patria colectiva del arte y de la belleza; vén á mí por última vez para nunca separarte de mi lado.

Asida tu mano izquierda á una de las mias; llevando en tu diestra la antorcha de la verdad, entremos juntos en el laberinto que quiero recorrer. Yendo en tu compañía visitaré sin temor los pasados siglos, y despues de haber presenciado el incendio de los Pirinéos, tornarémos deteniéndonos sobre cada ruina, resucitando cada época hasta llegar á nuestros tiempos, cuya vida estudiaremos tambien. Durante nuestra carrera investigadora habrémos abierto todas las tumbas: removido todos los hosarios; los esqueletos se habrán cubierto para nosotros de esa carne de que solamente debian revestirse al juicio final; y habrémos oido de su misma boca lo que fueron antes de caer en la huesa, y el grado de civilizacion que alcanzara la Humanidad cuando ellos desaparecieron de sus filas.

Si tan alto favor me otorgas me creería á cubierto de todo, hasta de la envidia: me creeria fuerte, porque tus fuerzas me sostendrían: mis pasos no serían vacilantes, porque la lumbre que despides me mostraría el camino con toda claridad: estaria orgulloso, porque mi estilo saldria impregnado de la dulzura de tus palabras, eco de un lenguaje divino. ¡ Conjúrote otra vez, Genio de mi patria adoptiva! Hazlo por ella, si no por mí. Multitud de jóvenes, de cuyos destinos eres protector, aguardan una obra como la que tengo en mi imaginacion, y solo Tú puedes hacer que sea digna de sus esperanzas. ¡ Desciende otra vez del Empíreo, condúceme por tu mano y marchemos! Lo pasado, es ya para nosotros luz: lo presente, realidad· lo porvenir, revelacion.

LIBRO PRIMERO.

I.

¡O H! tú, cuya naturaleza desconozco. pero cuya existencia proclamo y afirmo; inmensidad, cuya estension solo los insensatos y los impostores creen haber comprendido; inteligencia, de la que un destello ha descendido á mí, está dentro de mi. camina con mi pensamiento, para refundirse luego en tu seno luminoso y bajar despues á dar animacion y vida á otras criaturas; único movimiento perpétuo, única luz sin oscuridad; absorcion y espansion eternas, cuyos secretos son ignorados, pero cuyas leyes se van poco á poco descubriendo. Dueño, hacedor, guia. esperanza, objeto de este Universo sin

15

limites, que abraza y contiene tantos innumerables mundos, y, por consiguiente, dueño tambien, hacedor, guia, esperanza y objeto de esta partecilla, de la vida general, que se llama la tierra, y que, cerco pequeño, contenido en el cerco incomensurable, se mueve, se adiestra, se perfecciona, se adelanta hácia tí mas y mas, anhelando el momento en que el Universo será conocido, porque tú lo serás tambien!—A ti es á quien invoco antes de empezar mi libro: á tí es á quien saludo antes de emprender cosa alguna.

Yo te saludo, en la magestad, que trabajo y me esfuerzo en percibir y comprender; como el elefante te saluda en el sol, el pájaro en la aurora y la muchedumbre sencilla é ignorante en las imágenes sacadas de su propia naturaleza, que tiene la desgracia de creer igual á la tuya.

Despues que he logrado conocerte y, por lo mismo, tener conciencia de tí, he visto que la Humanidad marchaba como señala los pasos el indivíduo en su primera infancia : que existía un plan providencial trazado por tí, plan que la Humanidad realizaba en momentos señalados por ti, teniendo, sin embargo, la libertad de entrar en él un poco mas pronto ó un poco mas tarde, por una de dos sendas: la del sufrimiento ó la de la felicidad.

He observado, dedicándome al estudio del pasado, que la marcha de la Humanidad habia sido lógica, no obstante sus frecuentes estravíos, y he vislumbrado la antorcha, que uno de tus mas puros espíritus lleva delante de ella, en las nubes mas remotas de su existencia.—

Esta antorcha ha cambiado sucesivamente de nombre entre los hombres, á medida que estos se han ido acercando á ella ; pero nunca les ha negado sus resplandores: y cuando el genio del mal, que me guardaré de maldecir en esta invocacion, receloso de insultar una de tus posibilidades, cuando el genio del mal, repito, ha procurado estinguir su luz, entonces ha brillado con llamas mas vivas, cegando á los que querian matarla.—

Mas tarde dirigiré mis esfuerzos á esplicar mejor lo que tú eres y lo que tú quieres; escribiré la historia de esa Humanidad, que la verdad ha esclarecido, esclarece y salvará en tu nombre.—Hoy me circunscribo á esplicar el efecto causado por esta antorcha al recorrer una parte de la Humanidad, á la cual debo la hospitalidad mas generosa.—

Yo te invoco, para que me concedas é infundas en mi ánimo el valor necesario para dar cima á mi tarea, para que hagas bajar á mi frente uno de esos resplandores, que iluminaron las frentes predestinadas de los Pitágoras los Jesus y los Fourrier, estos socialistas *sinceros*, que murieron mártires de su propia gloria, y de los cuales debe unir un dia los altares el porvenir remunerador.—

Yo no tengo mas que un deseo : saber el plan de que tú solo conoces el objeto definitivo.—Quiero ser útil á esta Humanidad de quien me has hecho uno de los miembros, haciéndome tambien desear la fusion en tí.—

No ambiciono mas que una recompensa; la dicha de no morir sin haber visto á la nueva iglesia con la idea nueva, llave de su bóveda, abrir sus puertas á los hombres ilustrados.—

No seré yo quien cante tu gloria, porque soy indigno y conozco mi bajeza.—La voz de los mares, el sordo murmullo que se eleva de los bosques vírgenes, las armonias de que está llena la naturaleza terrestre, el ruido que forman los arroyos al caer de la roca en las verdes praderas...., hé ahí los cantores á quienes yo no podré ser igual, hé ahí los sublimes resultados de la gran revolucion á que tú presides, que no pueden compararse con los resultados de nuestras revoluciones humanas ; y no quiero unir mi voz á esas voces, porque temo abandonar la Tierra, en la que quiero vivir para que mis hermanos me entiendan mas fácilmente.—

¡Oh! tú cuya naturaleza desconozco, pero cuya existencia proclamo y afirmo, Dios, en fin, haz que descienda á mi frente ese rayo luminoso que con tanto fervor imploro, y, si te es aceptable una obra digna del plan que en la presente procuraré trazar, concédeme el genio necesario para su concepcion y desenvolvimiento.—

II.

Para los que se dedican, en nuestros dias, al estudio de las mas elevadas cuestiones de la creencia religiosa, de la filosofía y de la sabiduría, no es dudoso, en modo alguno, que el Universo no ha sido creado para la Tierra; la inmensidad no debe su origen á lo imperceptible; pero la Tierra, por el contrario, se desenvuelve en el sentido universal y la mision de lo imperceptible se complementa en beneficio de la inmensidad.—

Decir otra cosa, reconocer á la Tierra como centro moral y físico de esas estensiones materiales y espirituales, que la inundan y la rodean, formando globos sólidos ó imponderables, sería el colmo de la necedad orgullosa, y daría por consecuencia el aislar á la Humanidad del gran conjunto de las armonías, de agrandar el caos en que ésta infundada opinion la ha sepultado, de esperar que el Universo sea atraido por ella, mientras que es ella la que debe dirigirse á él.—

Cuál es, pues, este universo cuyos límites desconocemos, cuya palabra suprema no ha podido todavia formar parte de ninguna de las lenguas de nuestra Babel, cuyos espacios no hemos podido medir aun, prefiriendo antes enlazarlos con la individualidad humana, que investigarlos seriamente? —

Nos dirigimos á conocerle.—

Muchos hombres, inspirados por la voluntad suprema y prescindiendo de las ilusiones humanas, hijas de su orgullo, han ido mas allá de los límites morales, impuestos por las ciencias tiránicas; han columbrado las causas de la luz, han discutido sobre el verdadero calor, escudriñando la sombra que cubre el magnetismo y tomado una centella á la electricidad.—

Empero, no obstante estos gigantescos pasos de la ciencia hácia la averiguacion segura de los secretos, que presiden á la organizacion del Universo, no tenemos sobre este punto, mas que escasas noticias é inciertas conjeturas.—

Sabemos solamente una cosa; que una armonía suprema preside á esta organizacion; que los astros en sus revoluciones, el vacío en su nada relativa y la Tierra en su atmósfera, se esfuerzan de consuno con un objeto, para nosotros el de la perfeccion, y que cada porcion de estos astros, cada medida de este vacío y cada átomo de nuestro globo, obedecen á una armonía particular, reflejo, ó, por mejor decir, emanacion de la armonía general.—

Unicamente, por razon de que nuestro globo parece obedecer á las leyes generales que rigen tambien á los otros mundos, no debe deducirse que el Universo es hecho para el, antes bien, que nuestro globo trabaja, para llenar, en su armonía individual, la parte de progreso que de él reclama la armonía general. —

Cuando la luz providencial nos manifiesta una verdad relativa á la grande armonía, no debemos sujetarla inmediatamente á las necesidades de la nuestra; debemos, lejos de eso, elevarnos con esta verdad, y, comparando nuestra armonía con aquella en la que gravita, debemos acercar la Humanidad á Dios, que no es mas que la sabiduria por escelencia.—

El pasado ignorante, ó al menos las sociedades ya estinguidas, que han gobernado el Mundo en nombre de la especie humana, han querido ajustar la nmensidad á la medida de la Tierra.—Careciendo su vista de la elevada perspicacia indispensable para recorrer el espacio, han creido deber circunscribirle.—De aqui la oscuridad que reina todavia, en todo lo que concierne al régimen de la Humanidad, y que, como ciega , le impide que vea su mision.

Y no les ha faltado motivo para obrar asi: se ha obtenido un resultado, sea el que fuere.—

Solo unos pocos, algunos seres, colectivamente considerados, inspirados por una vocacion providencial, han logrado entrever esta ley de armonía general, á la que la armonía humana debe acercarse y completar los desarrollos; estas escepciones solamente han guiado el Mundo, atrayéndole á la senda del espíritu puro, que lleva la antorcha del progreso , haciéndolo posible, para acelerar el momento en que las masas obren por sí mismas y caminen segun su propia inspiracion.—

Forzadas, por lo tanto,.á colocarse entre el Universo, entre el infinito y la Humanidad, estas escepciones han hecho descender de sí mismas la fé, y la religion se ha convertido, desde entonces, en ley de lo alto, en vez de ser una aspiracion de lo ínfimo.

Hoy, que las masas pueden comprender el Universo, si se hace patente á ellas, la aspiracion va á ocupar su puesto nuevamente y á cumplir su verdadero deber: la religion nueva va á rasgar el velo que nos oculta el gran punto al rededor del cual todo se mueve; y la venida de la perfeccion, que debemos esperar, no será ya un secreto para la Humanidad.—

III.

Asentado que una armonía general preside á la organizacion progresiva del Universo, sin que sepamos aun cuáles son sus secretas leyes y sin que hayamos penetrado los misterios; asentado, despues, que una armonía particular, cuyos elementos todos existen en nuestro derredor, preside á la organizacion y á la perfeccion de la vida terrestre y debe servirnos de guia para conducirnos al conocimiento de su inmensa madre, como tambien para operar nuestra fusion en ella: réstanos solo conocer, con exactitud, el punto de partida de la armonía terrestre, esplicar las leyes, volver claras las intenciones y las voluntades, seguir los sucesivos desarrollos.—

Toda religion consiste en el estudio del Universo y en el conocimiento de su autor: toda ley social, todo código que rige las relaciones de los seres cuya muchedumbre nos rodea, consiste en el estudio de la armonía terrestre y en el de la aplicacion de sus decretos.—De ahi el conocimiento y la necesidad de aceptar dos creaciones como punto de partida y como objeto.—La creacion del Universo, á la que debe elevarse nuestra alma por el desarrollo de sus religiosos instintos; la creacion de la Tierra, cuyas causas conocemos ó podemos ligeramente conocer, como tambien los acontecimientos, y que nos servirá de punto de partida para seguir la marcha de la armonía terrestre, para ordenar los progresos de la Humanidad, para modificar la naturaleza de cuanto nos rodea y para que nuestra alma pueda marchar con firmeza y fijeza por el camino al fin del cual debemos caer en el infinito.

Era pues, una consecuencia de nuestro insensato orgullo, y una prueba de crasa y grosera ignorancia, señalar, como origen de todas las leyes terrestres, una ley de creacion universal de nadie reconocida.—Este raciocinio partia de lo desconocido para llegar á lo conocido, de lo incierto iba á lo cierto, era descender en línea recta del saber, un tanto claro, á la oscuridad completa.— El hombre no se penetró de su sentimiento religioso, y no adoraba á su Dios con la frente levantada, pero con la mirada dirigida al polvo de la Tierra.—

A este orgullo, á esta grosera ignorancia son debidas las luchas sangrientas; tan perjudiciales al desenvolvimiento humano y que tanto han entorpecido y retardado su marcha.—El hombre que, con fé ardiente, adora al Ser Supremo con los ojos fijos en el Cielo, no ordena los combates atroces, utilizándose de la libertad: el hombre que le acata humillando su frente hasta el polvo, legitima los horrores de la tirania, haciendo de Dios un opresor, un déspota.—

Y sin embargo, ha sido necesario que transcurrieran tantos siglos para llegar á conocer, que Dios no era la tirania, que era necesario tambien acercarse á él en la ciencia, en vez de alejarse en la ignorancia.

Parte diminuta del Universo, la Tierra en su estado primitivo, en su creacion primera, no debe ocupar nuestra atencion como punto de partida, debemos solo hacer constar, que la Tierra existió desde el momento que la armonía general tuvo necesidad de ella.—Si logramos conocer, perfectamente, el fin para que fué creada, tendrémos, por consiguiente, la única razon de la necesidad que el infinito tuvo de su existencia.—

La Tierra fué hecha, como fueron hechos los astros, como existe el vacío relativo en que se mecen; el secreto de su existencia, como el de la existencia del vacio relativo y de los mundos que en él se mueven, debe ser el objeto de las investigaciones religiosas del Universo, ilustradas por el estudio, esta lumbrera sincera del exámen.—

Antes era fuego ó gas incandescente, ó caos informe lanzado en el espacio, de forma redonda, debida, puede ser, á otra causa distinta de la rapidez del movimiento què la impulsó, pero que debia precisamente darle la forma actual.—

De allí comienza la certidumbre relativa.

De allí es de donde conviene partir.

Deteneos, ¡infame! Esclamarán los defensores de las religiones y de las filosofías, que yo respeto, por lo menos, tanto como ellos; arrancais de nuestro corazon y de nuestra inteligencia la certidumbre de la existencia de Dios, humillais nuestra grandeza, disputándonos la creacion espresa de la Humanidad por él; fábulas tan gloriosamente halagüeñas para el hombre; porque si difieren en la forma, convienen todas en que este ha sido hecho por la mano divina del Hacedor Supremo y que todo ha sido creado para él.—

No, yo no destruyo la certidumbre de la existencia de Dios, no disputo, de modo alguno, al hombre ese divino origen, que con tan justo motivo le enorgullece; pero me opongo á que el hombre continúe colocando la ignorancia entre su inteligencia y el horizonte abierto á su vista; no permito; absolutamente, que el hombre, creyendo que el resto de la creacion le pertenece, reduzca á Dios al miserable papel de director de una linterna mágica: no sufro, que el hombre crea, que el infierno está debajo de sus pies y el Cielo sobre su cabeza, dejándole, sin embargo, ilesa la fé en la vida futura : quiero si, que vea con sus mismos ojos, de repente abiertos á la luz, que el Universo debe su origen á un fin mas grande del que le atribuye la ignorancia; deseo que conozca su destino en la armonia terrestre, que tenga fé en su ascension espiritual hácia un Dios que habita, no en el Zenit, ni en el Nadir, sino en el espacio: y reemplazando á las fábulas la verdad, quiero que la Humanidad se instruya.

IV.

Todo induce á creer que el resfriamiento ó, por lo menos, una operacion
á que nuestra ciencia, harto reducida, designa con este nombre, ha variado
la naturaleza primitiva de la Tierra y dádole poco á poco la que hoy tiene. —
Trasformaciones sucesivas, de las que hablaré mas adelante, solidificaron
su superficie y limpiaron la atmósfera, hasta dejarla con las condiciones útiles
para la vida; fijando un centro al rededor del cual se sostiene en la forma que
recibió en la violencia de su precipitacion.—

Probablemente, como trataré de demostrar, no fueron seis dias ni seis
épocas lo que tardó la Tierra en ser habitable para la Humanidad ó que la
luz aclaró el horizonte.—La luz existió antes que la Tierra y la Humanidad no
habitó en ella hasta que, despues de numerosas y grandes trasformaciones,
se halló en estado de recibirla.—

El secreto de esas trasformaciones puede ser penetrado; seríalo fácilmente, si las sociedades, empeñadas en que su nacimiento es contemporáneo
del nacimiento del Mundo, no hubieran llegado hasta el estremo de borrar,
de destruir, de raer y aniquilar todas las pruebas de la antigüedad del Globo.—Por fortuna esta fatal mania no ha alcanzado á socavar los sepulcros
en que descansan aun los restos de los abuelos de sus abuelos, y las reliquias
de esos seres de primera formacion, que son tanbien antepasados nuestros.—

Reservábanse, para ser descubiertos por los que buscaban en ellos la verdad, no para los que en ellos trataban de esconderla.

La ignorancia queda sastisfecha, cuando la contenta la superficie que mira;
la ciencia ahonda mas, y no fija el origen de las cosas como posterior á ella
sino que busca en las entrañas de la Tierra los antecedentes ciertos, que le
deben servir de base para averiguarlo.—

Las pruebas de las trasformaciones físicas, que nuestro globo ha sufrido, con poco trabajo pueden hallarse. Descubriránse las leyes y las causas.— Qué digo? Hanse descubierto ya las pruebas mas importantes.—Mas dificultades presenta el averiguar las trasformaciones espirituales por que ha pasado la vida, transformaciones siempre en relacion directa con las de la materia, con las que han ido unidas, si no las han causado.—

Es preciso penetrarse bien de esta idea: en este cáos, fuego precipitado en el espacio, en el seno de esas masas incandescentes de que se formó la Tierra, un espíritu, un verbo fué igualmente arrojado, y por medio de trasformaciones sucesivas, de prolongados y minuciosos análisis y de poderosas síntesis, se llegó al estado actual, relativamente á la materia.—

El verbo y la materia tienen un desarrollo inseparable como lo es su orígen, ó se separan en su marcha comun, viviendo el espíritu aparte del cuerpo ó el cuerpo aparte del espíritu ó bien unidos estrechamente el uno con el otro.— ¿Tienen un fin único, una vida: modelo de la union del hombre y de la mujer; una existencia en que el uno sea masculino y el otro hembra?—

Me inclino á esta última opinion, y creo que es la única que se acerca á la verdad.—

La armonía es la verdad.—De ella parten la materia y el espíritu, distintos, pero no separados; pues la materia y el espíritu se subdividen, á su vez, en ramas analíticas, en las que viven las dos proporcionalmente á su existencia primera; y de estas ramas, de estas sendas, nacen otras subdivisiones, pasando asi del elevado monte al grano de arena, del elefante al arador, de la encina al rosal; y del mismo modo debia pasar de la sociedad al niño. —

Esta doble transicion debe ser nuestro modelo: nuestra Humanidad es la colectividad terrestre, que solo no se conforma con las leyes de la armonía.—

No obstante los destrozos, las revueltas de los elementos, los embates de los vientos contra la atmósfera, los quejidos de voces subterráneas y las erupciones inflamadas de la Tierra, todas las colectividades existentes en nuestro globo, observadas con detencion, presentan el aspecto de la dicha y de la magestad; no hay ni una, que no se perfeccione en el sentido de un porvenir mas feliz, mas magestuoso todavía: la Humanidad, lo vuelvo á decir, no sigue constantemente esta marcha; la resiste; cree en la muerte; duda de ella.—

Es preciso, pues, que, para que la Humanidad alcance y posea la felicidad á que tiene derecho, y con la que se le brinda; para que se corone de la magestuosa aureola del porvenir, aureola que le arrebata y de que le priva la creencia en la muerte, es preciso probar que, siendo espíritu y materia de idéntica procedencia que todo lo demás que existe, la Humanidad

16

nunca ha dejado de vivir; que si ha sido impotente es porque ha creido en la muerte; y que, desde el momento en que formará parte del gran todo, caminando de consuno con su madre la armonía, hallará la felicidad, conocerá la magestad y recuperará el tiempo perdido, pasado con la frente humillada.—

V.

Pero ¿por qué razon la Humanidad ha ido siempre, en mi concepto, contra las leyes de la armonía, debiendo presidir, mas ó menos tarde, á sus sucesivos desenvolvimientos; por qué razon sucede, que millares de individualidades pasen la vida contrariando, en sus desenvolvimientos propios, las creaciones de sus abuelos, ó procurando obstáculos al progreso de sus descendientes, y que, á pesar de esto, la reunion ó conjunto de los esfuerzos de la Humanidad forma, al fin, un todo en el presente conforme al que la Sabiduría Divina podia esperar en el pasado?—Es, porque la Sabiduría Divina ha visto con claridad en el cáos de las oposiciones humanas; es, porque la Sabiduría Divina ha trazado, desde la eternidad, un plan providencial para todas las cosas, en cuyo plan ha señalado las lineas en el Tiempo, espacio intelectual, y en el Universo, espacio físico.—

Cuál es el plan providencial?—Cuál es su forma, su estension, sus limites, su poder?—La Humanidad no podrá contestar satisfactoriamente á estas cuestiones, hasta que haya admitido, como base de su ciencia y de sus discursos, la existencia de este plan providencial, del cual desea conocer la naturaleza, la forma, la estension, los limites y el poder.—

Pero, lo he dicho ya y lo repito ahora, el hombre, y, por consiguiente, la Humanidad, antes de convenir en algo, debe apoyarse en algun hecho cierto.—Y, ¿dónde encontrar la prueba de la existencia de ese plan providencial, que debo admitir antes de conocer su naturaleza, de descubrir su forma, de medir su estension, de buscar sus limites y de averiguar su poder?—En el órden fisico, en todas partes y á primera vista: en todas partes, despues de un ligero exámen.—En el órden moral, es diferente: no basta una simple mirada sino es la mirada del genio, y solo, despues de un largo y razonado estudio de la historia, podrá hallarse la tan deseada prueba.—

Sin embargo, aunque me ruborizo al confesarlo, á escepcion de Bossuet, de Cantú y de un número cortísimo de otros historiadores, la Humanidad no cuenta todavía entre sus individuos sino muy pocos hombres de inteligencia sintética, que se hayan propuesto mostrarle la causa del plan providencial.—

Por mi parte, no concibo la historia escrita sin este objeto.—Si los sucesos cumplidos ya no son un forzoso resultado de la voluntad divina; si, en cada uno de ellos, no se indica la consecuencia del pasado y el orígen del porvenir, ¿por qué referirlos?—La Historia, que consigna los hechos sin esponer la parte que les ha cabido en la armonía general, ó, por mejor decir, en la accion universal, es infecunda en todos conceptos, y sus lectores andan desatentados por la senda de una fatalidad sin objeto, cuyos mas pequeños inconvenientes suelen ser la desesperacion y la indiferencia.—

Empero, tan dificil es escribir la Historia sujetando los sucesos á una sola causa y haciendo que todos tiendan á un solo fin?—Los mismos hechos se prestan á este objeto de la historia maravillosamente; y siempre que la historia se eleva, remontando su vuelo de la Tierra sobre las alas de la conviccion y ocupando el lugar único digno de ella, vé, desde esta especie de tribuna moral, como se cumplen los sucesos, producidos los unos por los otros, con mágica exactitud y precision.—

La sustitucion de la fatalidad por la creencia providencial, por la indagacion del plan general, del que me constituyo anunciador, ha producido el desórden moral, de que somos testigos, y el escándalo de la multiplicidad de cultos, cuyos inconvenientes son inmensos.—La inteligencia humana, gracias á esta fatalidad histórica, se ha desenvuelto en el cáos, en vez de progresar, con conocimiento de causa, en la clave ó principio á que está sujeta ella tambien, en virtud de ese mismo plan, que no ha querido apreciar debidamente y que, no obstante, la salvará.—

El plan providencial indica, desde luego, un motivo de perfectibilidad indefinida en la especie humana; caracteriza el progreso, es la gran necesidad del siglo, que, hasta el presente, ningun filósofo ha dicho en qué consiste, cómo se verifica, las instituciones que le producen y harán que continúe; ningun filósofo, en presencia de los numerosos hechos de la historia, ha sabido ni clasificarlos en hechos progresivos y en hechos retrógrados,

ni ordenarlos en séries homogéneas, cuyos términos todos fuesen debidamente colocados, segun una ley de crecimiento ó de decrecimiento.— Si se
prescinde de este plan ó no se tiene noticia de él, es imposible darse cuenta
de la marcha de las artes, de las ciencias y de la industria á través de los
siglos; como tambien de la manera de verificarse el desarrollo moral, intelectual y físico del género humano.—

Una vez admitido este plan, una vez persuadido el historiador de que
todo unido y encadenado, cada hecho es un motivo de estudio y un motivo
de fé; la luz aparece entonces sobre el cáos y reflejando y esclareciendo todas las oscuridades, la Humanidad puede ver los distintos caminos que ha
recorrido para llegar al punto en que hoy se encuentra, y persuadirse de
que su Criador jamás la ha abandonado.—

En ese Criador somos y vivimos; toda la libertad, que tenemos, no es
bastante poderosa para apartarnos de él ó para menoscabarle.—La vida no
ha sido bien definida hasta ahora.—Hánse considerado los elementos de que
consta su esplicacion, aparte de toda sintesis, y, por lo tanto, la definicion
no ha podido ser buena.—Al contrario, debe estudiarse bajo el punto de
vista de este plan, que lo abarca todo, y, entonces, sea el que fuere el reino
á que pertenece una existencia, presenta fenómenos sucesivos, cuya multiplicidad en las formas está sometida á la unidad absoluta de donde nace.—

Sin duda la Humanidad recela de la ciencia que profeso.—Por todas
partes, el espiritu humano trabaja para conocer las relaciones intimas de los
séres, y, en consecuencia, las de los sucesos; de tal manera que el estudio
del Ser Supremo se confunde, cada vez mas, con el estudio histórico y filosófico del *Cosmos*, ó, mas claramente, del Universo.

De la ley invariable, que gobierna la existencia colectiva con el nombre
genérico de Providencia, con los nombres de fuerza, de concentracion, de
espansion, de gravitacion, de solidaridad, de circulacion, de polaridad y de
afinidad, resulta que el espacio en que los séres deben desenvolverse y la
direccion de este acto y de los que le son consiguientes, son hechos necesarios.—A ese espacio y á esa direccion de los séres, aquel y esta impuestos
por la accion perpétua de la ley de organizacion y de vida, es á lo que yo
llamo plan providencial.—

Qué admirable mancomunidad en todas sus partes! La historia que contiene la ejecucion de este plan, está llena de deslumbradoras maravillas; sim-
plifica la teologia, transformándola en admiracion, y viene á ser la ciencia
general de todas las fases por que ha pasado cada sér.—La historia, estudiada de este modo, presenta un cuadro ó vista sucesiva de estados fisiológicos de la especie humana: constituye una ciencia, que tiene el carácter inflexible de las ciencias exactas.—

Ruego encarecidamente á mis lectores, que admitan, como yo, la existencia de un plan, que hace de la historia una cosa tan grande y tan fecunda.—

Sin el yugo de un fatalismo brutal, como el que la Humanidad reconocia hasta hace poco, el hombre, indiferente y pasivo á vista de tantos sucesos, se veia arrastrado, contra su voluntad, por la corriente de los hechos, sin antever el porvenir, sin comprender nada del pasado; compelido por una fuerza ciega, inapreciable, hácia un destino, que no despertaba en su alma mas sentimientos que el miedo y la repulsion; pedia sin esperanza dè alcanzar, sembraba con mano insegura, sin atreverse á creer que sus afanes serian coronados.—La ley que yo anuncio, la ley providencial, que descubro, cambia la condicion del hombre sobre la Tierra; por medio de ella, prevé simpáticamente su destino; y cuando, con el auxilio de la ciencia, ha podido verificar de antemano el conocimiento de sus simpatías; despues que está cierto de la legitimidad de sus deseos; se adelanta con calma y confianza hácia el porvenir, que le es conocido.—Verdaderamente, su prevision no alcanza á los pormenores, ni á fijar con exactitud los tiempos; pero siente y concibe que, por sus esfuerzos, puede acelerar la posesion del bien.—Seguro de su destino, dirige á él sus votos, su espontaneidad; sabe, antes, cual será el resultado general de su accion, y, con esta esperanza, reune todas sus facultades para lograrle.—Hé ahí como viene á ser el hombre un agente libre é inteligente de su destino, y que puede, si no hacerlo variar, al menos apresurar su llegada.—El fatalismo no puede inspirar mas virtud que una resignacion triste y melancólica; porque, en este caso, el hombre ignora y teme el destino que le aguarda; pero, bajo el puato de vista providencial, por el contrario, se despliega una actividad toda de confianza y de amor; porque cuanto mas conciencia de su destino tiene el hombre, tanto mas trabaja, en union con Dios, para que se cumpla.—

Lo que acabo de escribir, lo han escrito otros antes que yo, en los veinte y cinco últimos años, lo cual arroja una prueba clara de la presciencia de la armonía entre los hombres.—Empero nadie se ha atrevido á aplicar esta doctrina á un gran trabajo histórico, por no escitar la crítica inconsiderada y verbosa de los que, por lo comun, juzgan esta clase de obras.—Independiente, en todo el sentido de la palabra, me presento, como Bossuet, ante los sucesos, invocando el nombre de Dios, el nombre del Dios universal, cuyas manifestaciones se hallan esparcidas acá y allá, y les intimo que comparezcan para agruparlos segun su voluntad.—

¡Oh Plan providencial! ¡Oh Ley suprema! Si lo que yo hago es conforme á tu voluntad, la cumpliré, sobrepujando todos los obstáculos; si se opone á ella, y, sin embargo, persisto en luchar para vencer, tú me detendrás, como detuviste á Alejandro, desde el momento que dejó de ser el instrumento predilecto de tus designios.—

VI.

En la estension que nuestra vista no puede medir ni alcanzar sus límites, se mueven otros mundos, á mas de nuestro Mundo, otros universos á mas de nuestro Universo.—Nuestros padres nos enseñaron á dar, á aquella parte de dicha estension que puede abrazar nuestra mirada, el nombre de espacio ó de infinito; mas esta parte, no es ni el espacio ni el infinito, en toda la significacion que concede á estas palabras el estudio filosófico de la historia y de los descubrimientos, cuyos actos ha consignado.—

El telescopio de mas fuerza, dice un escritor moderno, cuya obra es un rayo de verdadera luz, nos hará ver una parte mas estensa del espacio, pero no será el espacio mismo, será una porcion de él tan pequeña como la que se percibe con la simple vista.— Nuestros sentidos, esencialmente finitos y limitados en su forma actual, no pueden comprender el infinito!—

Si en una noche serena de invierno, se contempla el estrellado Cielo, y, de repente, se supone uno trasportado á la mas alta y lejana de las estrellas, que aparecen como una chispa en el espacio, desde allí y mas allá de ella, se descubrirán nuevos astros en el horizonte en una lejanía no menos inmensa, de cuyos estremos se percibirían otros y otros universos!—

Decir ahora, y nosotros hemos manifestado ya francamente nuestra opinion sobre este punto, que todos estos horizontes sucesivos los ha poblado la Providencia solo para Tierra, es llevar el orgullo humano hasta la última meta del absurdo.—La Tierra ocupa su lugar en el concierto inmenso de armonías, que la armonía suprema mece en su seno; les es útil, como lo son unas á otras recíprocamente, conforme á la solidaridad providencial, nacida de lo desconocido, para obligar á lo infinito á cumplir su múltiple mision.—

De la misma manera, que el hecho mas pequeño terrestre, tiene sus consecuencias incalculables, y no se realiza sino por estas mismas consecuencias; de la misma manera, el mas insignificante suceso, que pasa mas allá de las esferas perceptibles para nosotros, tiene sus consecuencias incalculables y no se realiza sino por ellas; y siempre hay relacion entre el suceso que se verifica en un estremo del infinito y el que se verifica en el estremo opuesto: el sol fecundiza á la Tierra con sus besos ardientes, pero, segurísimamente, la Tierra pagará al sol con otros besos, que, por ser de diferente naturaleza, no dejan de tener en el astro luminoso una influencia prevista de toda eternidad.—

Lo que quiero dejar bien consignado es: que todo, no puede haber sido hecho para un ser solamente en el Universo, como en el señorio de un príncipe, que nada prueba, de modo alguno, que nuestro planeta no sea inferior á muchos de sus hermanos, y que no sea aun mas dependiente de su existencia, que estos lo son de la suya.—Lejos de humillar al hombre este apartamiento de todas las inmensidades apiñadas hasta ahora á su derredor, le es mas honorifico ser parte de un todo inmenso, que considerarse la piedra principal del arco que sostiene la bóveda de una cueva sin estension: así como es mas honroso ser el soldado de un vasto imperio, que ser el esclavo encargado de la administracion de un estado reducido.—

Cada porcion de la armonia universal, por imperceptible que sea, ha sido criada ó está en relacion con sus hermanas las demás partes, cualquiera que sea la importancia que tengan en el seno del infinito: ésta es la verdad.—La historia iluminada par el plan providencial, reconoce esta influencia recíproca de todas las partes de la existencia universal sobre sí mismas á cada paso que da por entre las ruinas del pasado.—Si levanta el paño mortuorio que cubre la India; si penetra por las ruinas egipcias, descubre que la influencia de mundos lejanos, de elementos sujetos todavía ó libres en el espacio de la libertad relativa, ha debido crear, mantener y destruir las sociedades misteriosas de las cuales toca los huesos y recoje los restos.—

Para escribir la historia, es preciso, por lo tanto, conocer perfectamente el objeto que en la creacion tiene cada uno de los mundos que gravitan en el horizonte nuestro?—He dicho, no ha mucho, que este conocimiento era inasequible *á priori*; y no puede ser mas que el resultado de descubrimientos sucesivos, ante los que el infinito no cesará de ensancharse.—He dicho con razon, que debe siempre procederse de lo cierto á lo incierto para llegar á la verdad; y nada es mas imposible que saber lo cierto con respecto á los mundos que tenemos sobre nuestras cabezas.—Dedúcese, pues, que el deber del historiador no es el de conocer, anticipadamente, el objeto que, en la creacion, tiene cada uno de esos mundos; mas si el de buscarle en cada una de sus relaciones con un suceso terrestre, cuando este suceso le indique la existencia de tales relaciones.—

Segun mi sistema, toda idea preconcebida, escepto la de la intervencion Divina, es atentatoria á la razon.—El hombre sabe que esta intervencion existe; la busca en la plenitud de un hecho, en la revolucion de un planeta sobre sí mismo, en el trastorno de un universo, y, cuando ha averiguado la manera en que se manifestó, la sigue en su manifestacion, y llega á conocer una de las posibilidades de la razon divina, y enriquece con ella la razon humana.—

Mi *credo* científico, con respecto á los mundos que pueblan el infinito, es, por consiguiente, de los mas sencillos; consiste en proclamar las leyes que me enseñan las diversas manifestaciones de la intervencion providencial, que he podido hallar estudiando ciertos fenómenos, que la razon me esplica. Mi *credo* es, pues, tan claro como sencillo.—

Para mí, nuestro sistema solar oscila en una situacion media, cuya naturaleza no puede variar sino en el transcurso de un número de siglos, que el espíritu humano no puede adivinar, y esta circunstancia le permite proponer grandes condiciones de estabilidad indefinida; lo que permite, consiguientemente, las existencias individuales de cada uno de los astros que le componen, desenvolverse con libertad, sin inquietud próxima acerca del porvenir.—

Nadie ha hecho la síntesis, sobre este punto, de las opiniones admisibles á que dan márgen las leyes científicas descubiertas hasta hoy, como el doctor Guépin de Nantes, cuando, en su *Filosofía del siglo XIX*, obra, que si fuese mas estensa y menos indecisa seria el Evangelio del Porvenir, dice:—

«La materia escesivamente dilatada, que llena todavia y en estado informe, espacios inmensos en el Cielo, es la substancia que ha servido para formar los sistemas solares y el nuestro en particular.—

»Nuestro sistema solar no ha sido creado, en el verdadero sentido de la palabra; se ha ido formando por el enfriamiento y por la gravitacion, en medio de una masa gaseosa, anterior á él: es, por consiguiente, una emanacion y una transformacion de esta.—

»Los planetas y los satélites, que componen este sistema, existiendo antes, bajo otra forma, en la atmósfera, en otro tiempo escesivamente dilatada, del sol, no son otra cosa mas que emanaciones de este cuerpo inmenso, que han llegado, por medio de transformaciones sucesivas, al estado que al presente tienen.—

«Los satélites de los planetas y los anillos de Saturno, son emanaciones de sus planetas respectivos, formados en los límites de sus atmósferas, como los planetas se formaron por el enfriamiento y la gravitacion, en los límites sucesivos de la atmósfera del sol.—

«Los periodos progresivos, que presenta la sustancia que compone nuestro sistema solar, forman una série de términos, que son emanaciones unos de otros y que todos han sido el producto de una evolucion, que solamente ha hecho la trasformacion sucesiva del primero en el segundo, del segundo en el tercero, y la de este en el cuarto.—

«Los cuerpos que gravitan al rededor del sol, forman tambien una série cuyos diversos términos han sido producidos por emanacion del sol; y no, en este único caso, por emanacion unos de otros.—Están, en lo demás, relacionadas entre sí por un orígen comun, por la simetria de las formas, por la solidaridad de las funciones y por las leyes de Kæpler, á que están sometidas.—

«La série de nuestros planetas se divide en dos grupos ó familias, cuyos miembros tienen entre sí las relaciones representadas por su orígen comun, sus volúmenes, su celeridad de rotacion y algunas otras propiedades respectivas, mas ó menos desarrolladas en cada uno de ambos grupos.—

«Cuanto sabemos sobre los cometas, los aereolitos, las estrellas, las nebulosas reducibles y las nebulosas irreducibles, todo viene á confirmar las proposiciones precedentes y la inmensa antigüedad del universo, en el que existen, hace ya millones de años, infinitas colecciones de astros.—

«Cada planeta, y esto es digno de la mayor atencion, ha reproducido en las primeras fases de la vida, es decir, de su vida fetal ó embriológica, los principales fenómenos del sistema entero. Saturno, en sus lunas y sus anillos, nos ofrece una prueba clara. Así, el embrion del hombre pasa en el seno materno por formas distintas, que son, por sus diferentes organismos, los estados regulares y definitivos de animales inferiores á él; de tal manera, que resume en su vida los progresos realizados por la sustancia animal en el seno de los séres que de ella se forman.

«Existen, pues, en este Génesis, mil presentimientos sobre la revolucion de nuestro globo, sobre la del hombre mismo y sobre la de la Humanidad.—

Hállanse tres verdades escritas en la bóveda de los cielos.—

«La primera, que la Providencia ha producido los cuerpos mas voluminosos de la Naturaleza; pero no por creacion, sino por emanacion.—

«La segunda, que la Providencia los ha modificado, por una série de trasformaciones siempre progresivas en los hechos que conocemos, todas producidas por la accion constante de las leyes inmutables de la naturaleza.

17

‹La tercera, que cada série comprende sus armonias, y que cada cuerpo de los estudiados hasta hoy, ha visto determinar y ajustar su destino por sus atracciones.—

El hombre ha llegado al conocimiento de estas verdades, descubriendo, una despues de otra, las razones ó motivos de su existencia; pasando de la consecuencia á la causa, poniendo, por vez primera, la mano sobre los grandes trazos del plan providencial y remontándose, cuanto es posible, hácia su punto de partida. Si hubiese tenido valor para seguirlos con la vista, hubiera conocido el Porvenir, y este conocimiento, que le facilitaban las fusiones armónicas, le hubiera acercado de dia en dia á una perfeccion relativa, mas y mas cercana de la perfeccion infinita.

Cada uno de los mundos que se mueve en el espacio, ha sido creado teniendo presente la utilidad que puede prestar á la armonía universal, y todas las demás partes del Universo han sido creadas para cada uno de ellos.—Las fases que recorre, son precisamente, una por una, la consecuencia de las que ha recorrido en siglos anteriores y el motivo de las que recorrerá en los siglos venideros.—De la misma manera, cada hecho histórico es un motivo y una consecuencia; del mismo modo, cada fenómeno terrestre es una necesidad que producirá otras necesidades, y que debe su aparicion á necesidades precedentes.—Cuando un Cárlos I, en Inglaterra, tiene cerca de sí á un Cromwel oscuro, es porque conviene que Cromwel viva, para que hiriendo de muerte á su soberano, abra á los pasos de la Humanidad una senda que, aunque misteriosa, no debe ser menos providencial en su fin. —Cuando azota el viento las hojas del árbol, es porque del choque de sus hojas en los aires, resulta el dulce murmullo que, inspirando al poeta heróicos cantos, dispertarán en el espiritu del conquistador el deseo de nuevas hazañas.—

VII.

El credo científico del Doctor Guépin, tal como lo he espuesto, no puede establecer, entre su autor y el de la presente Historia, la menor comunion política, ni convenir en los medios que deben emplearse para que los hombres lo comprendan. Persuadido, como lo estoy, de lo inminente de una revolucion nueva en favor de cuanto han reclamado ó establecido sobre progreso los exaltados profetas del Porvenir, me aparto, sin embargo de ellos y les llevo la ventaja de que creo en esta revolucion futura y tengo presente todas las que han pasado, antes de decidir cosa alguna, históricamente hablando.—

Mi fé constante en la existencia de un plan providencial, me induce á creer, en consecuencia, en una perenne intervencion de la inteligencia superior é indefinida en todas las partes de la existencia universal; y en su razon, creo en dos fuerzas, que tienden á un mismo objeto, pero con un fin, que solo una de ellas conoce.—La fuerza individual y la fuerza providencial.—La primera, no obra sino en virtud del impulso que ha recibido de la segunda, y, cuando ya ha cesado su movimiento, necesita, para moverse de nuevo, de la accion de aquella. De aquí nace la conviccion que tengo de la divinidad de la mision de los genios eminentes, tales como Brahma, Confucio, Pitágoras, Moisés, Cristo, Mahoma y Fourrier; y acepto el culto que los hombres les rinden, sea cualquiera su forma, exigiendo siempre, que lo que se anuncia como un principio nuevo, resulte naturalmente del desenvolvimiento de uno de los principios proclamados por los que los revelaron.—Mi juicio, sobre estos genios superiores, lo formo teniendo presente la mayor ó menor union é intimidad que hay entre sus doctrinas y las de sus predecesores; y lo que me obliga á anteponer siempre la divinidad de Cristo, como mayor que la de las otras inteligencias eminentes, es que no se encuentra uno solo de sus preceptos, que no sea un desenvolvimiento ó complemento de otras revelaciones anteriores á la suya.—Sucédeme lo contrario con respecto á los reveladores modernos, en cuya mision no creo sino de una manera relativa, porque no se muestran dispuestos á reconocer la principal de las dos fuerzas de que antes he hablado; la fuerza providencial.—Es probable tambien que sean precursores solamente de un revelador, propiamente dicho, cuyo primer cuidado será el de conformar los descubrimientos modernos con la revelacion.—

Como yo creo en la necesidad de la unidad en todo, no puedo admitir, por consiguiente, como principio, la multiplicidad de puntos de partida, la multiplicidad de religiones ni el vacio, que no existe fisicamente, y que es una creacion moral, para que el alma humana pueda precipitarse en él y desaparecer.—Pensar en la unidad fuera de la revelacion, es afirmar que no viene de Dios y que no resulta inmediatamente de la creacion; es, por lo tanto, quebrar á esta su base mas sólida y asentar que podria no existir.— Admitir esta idea, es dar, en sentido absoluto, al individualismo el derecho de anunciar tantas unidades particulares cuantos son los seres ó las cosas que hay en el mundo, y, por lo mismo, volver el universo al cáos.

Mi dictámen es, al contrario, que los talentos sobresalientes que hoy dia existen, deben invitar á la Humanidad á que se reuna en el punto en donde existe mayor suma de progreso, y desde allí, arrojarse todos en busca del Porvenir, obedeciendo á una ley de desarrollo, cuyo secreto se halla todo en la revelacion nueva, que no le faltará, debida á un enviado cualquiera de la Providencia, tal vez en este momento ocupado en la ladera de una colina en guardar su ganado, y en preguntarse á sí mismo sobre la voz secreta que le dice dé lo alto: sé el instrumento de esta fuerza divina, sin la cual la fuerza humana no podria volver á tomar impulso.

Primero que todo, soy inmensamente religioso; ante la idea del Todo Supremo, me abismo en un sentimiento de que apenas puedo darme cuenta á mi mismo; pero que yo concibo superior á la misma ciencia, cuya enseñanza solo admito cuando no la encuentro en contradiccion con él.—

La religion, en mi sentir, es la forma que la unidad adopta para hacer de todos los hombres una sola familia, para hacerlos felices en la armonia, para cubrirlos y resguardarlos bajo un mismo cielo moral.—

La religion absorbe en sí todas las ciencias y las reasume, dándolas la vida. Los que saben mas, son, comunmente, los que mas creen; y, como de la fé y de la ciencia emanan las dos fuerzas de que he hablado, observo que, el sacerdote y el sabio, gobiernan la Humanidad.—Hallar la razon de su comunion definitiva, es haber resuelto el problema del Porvenir.—

El pensamiento, la idea religiosa, es anterior á todo: en un principio, fué el embrion de todas las formas con que se ha revestido ó presentado la inteligencia universal; y, de toda eternidad, la veo, la siento en el seno del Universo, dictándole leyes y organizándolas en razon del órden, que es el secreto del bienestar.—

Este pensamiento es el que descubre; este pensamiento es el que fuerza, á toda especie de criaturas, á obrar del modo trazado en el plan providencial; y cuando en el oriente se presenta el sol coronado de oro y de luz, estoy cierto que su resplandor es una plegaria que se esparce en los rayos por los aires.—Fuera de ese pensamiento, no hay mas que la nada; y como la nada es la imágen falaz de un imposible, recobro la conviccion consoladora de que, el que se proclama Ateo, no lo es mas, que entre los desvanecidos por un desmesurado orgullo, y que no sabria serlo frente á frente de si mismo.—

Porque, de otro modo, el plan providencial hubiera permitido, en el fondo de los materiales que emplea, la existencia de imposibilidades en contra suya, en lo que no puedo convenir sin dudar; y, en este caso, quiero ignorar que la duda existe.—

Admito, con la escuela Sansimoniana, dos especies de épocas en el Pasado; épocas orgánicas y épocas criticas.—Pero no creo, que existan en el Porvenir; y, gracias á la esplicacion de los hechos de la História, me hallo en el caso de demostrar que, la crítica y el organismo, pueden y deben marchar de consuno en union, sin que aquella conduzca á este al cáos ó á la esclavitud, segun la indole de sus instintos.—Para que tal suceda, es indispensable negar el ateismo de las épocas criticas y el fanatismo de las épocas orgánicas; romper las cadenas que aprisionan á las unas y fijar límites al espacio, en que tienden á precipitarse las otras.—

«En las épocas orgánicas del Pasado, dice la escuela Sansimoniana, una idea religiosa revela á la Humanidad un *destino*, cuyo cumplimiento es el objeto de sus mas ardientes deseos. Los *partidarios* mas decididos de este destino, que son los *mas capaces* de atraer á él á sus semejantes, vienen á ser, naturalmente, *los jefes* de la sociedad; para adquirir esta posicion, basta hablar ó hacer, y al momento, las palabras y las acciones de todos, van, sucesiva y simpáticamente, uniéndose á sus palabras y á sus acciones.— Cada cual acude, luego, á ocupar un puesto, mas ó menos cercano á dichos jefes, conforme son mayores ó menores su *ardor* en la fé del *destino comun* y su *capacidad* para alcanzarle: y asi es como, sean cualesquiera las vicisitudes causadas por las trasformaciones sociales, aunque por su naturaleza aparezcan contrarias á este hecho, se constituyen á un tiempo la *sociedad* y la *jerarquía*. Durante estas épocas, la *autoridad* y la *obediencia* son igualmente nobles, igualmente santas; porque ambas se presentan como el cumplimiento de un deber religioso. Ambas son fácilmente llevaderas; porque el amor es el *lazo* que, mas que todo, une al *superior con el inferior*. La voluntad del primero no puede ser opresora; porque, de suyo, cuando se manifiesta, tiende á fijar las voluntades armónicas; la sumision del segundo no puede ser forzada ó *servil*; puesto que, lo que hace, es lo que quiere, y lo que le ha enseñado á amar al que obedece.—Pero, todos los estados orgánicos del Pasado, han sido provisionales; cumplióse el tiempo, para cąda uno de ellos, en que la idea religiosa, que le habia caracterizado, era ya pasada, y el destino, incluso en ella, se habia cumplido cuanto era posible.—La sociedad quedó, entonces, sin objeto y la jerarquia sin base, sin justificacion: y, ya sea porque los depositarios del poder persistiesen en arrastrar la sociedad hácia un punto que le es antipático, ó porque usaran de su poder con miras interesadas y egoistas, su mando se convirtió en opresion: los esfuerzos de todos, en vista de esto, se unieron para destruirle y anonadarle; y como, hasta aqui, la Humanidad se ha resentido del vicio del estado social, cumplido antes de dar cabida á un nuevo destino, no es solo del poder y de la regla, que compriman el resorte entorpeciendo su marcha, de lo que quiere apartarse y verse libre, sino *de toda regla, de todo poder y de toda jerarquía,* dando lugar, con ello, á la venida de las épocas criticas. »—

Estudiando los elementos de que se compone la Humanidad, bajo el doble punto de vista de materia é ¡inteligencia, y examinando las relaciones que existen entre ambas y las que constituyen las demás partes del Universo, cualquiera que sea su forma ó cualesquiera que sean las condiciones de su existencia, creo, que la crítica y el organismo, deben, como tengo dicho, caminar uniformemente.—¿Por qué?—Porque los elementos de que se compone la Humanidad, son susceptibles de obedecer á las leyes armónicas, que gobiernan á los elementos de que se forman todas las otras partes del Universo, que se organizan y se critican á medida que la necesidad del tiempo lo reclama.—Cuando la tempestad brama y trastorna la naturaleza, todo parece en los montes quebrantarse, perderse ó confundirse en un cáos, que la noche envuelve; pero ni uno solo de los átomes perdidos ó arrojados en el cáos por la violencia del huracan, deja de buscar, bajo el soplo abrasador de los irritados aquilones, y en el desórden aparente en que se remolina, el sitio orgánico que le ha destinado la Providencia y que ocupa, al fin, en medio de una revolucion, cuyas fases van á la par con las del organismo perpétuamente trasformado.—

La crítica, no será, en el Porvenir, mas que el instrumento providencial
de los desenvolvimientos sucesivos del organismo; el Apóstol no sufrirá el
martirio y el revolucionario no se propondrá romper los lazos sociales; per-
maneciendo, estos, sin esposicion alguna, al nivel de las reformas que la
razon religiosa haya introducido. Acomodándose voluntariamente á las condiciones de todo cuanto existe, la Humanidad cumplirá sus destinos previéndolos
en vez de llegar á ellos sin saberlo, como le está pasando hace millones de siglos; y por lo tanto, ella misma trabajará espontáneamente de acuerdo con
el plan providencial, sin ceder por la fuerza á la voluntad superior.—

La idea religiosa no imperará mas en nombre, solo, de la revelacion y sí
en nombre de la ciencia; el hombre orará fijando los ojos en el cielo, y la
gracia, dejando de ser el ofuscamiento convencional de los sentidos, ilumi-
nará todas las inteligencias con sus salvadores rayos.—Desde un principio,
la Humanidad aspira, tambien, á obtener este derecho de conocer su suerte,
derecho, que su civilizacion actual le otorga hoy : el acto de prosternarse
la familia, aun salvaje, al salir el sol, para adorar los primeros albores
del dia, anuncia ya esta investigacion de la verdad en todo lo que la Humanidad percibe de mas brillante, de mas bienhechor y de mas bello.—

Esta idea religiosa, que invocamos nosotros perque es la que, volunta-
ria é involuntariamente, sin deliberacion ó con ella, ejecuta el plan providencial, alcanza, tambien á la esencia de cuanto existe fuera de nuestro Universo.—Por mas lejanas que nuestra imaginacion busque las probabilidades de existencia y en cualquiera forma que se las represente, sucede siempre que, las existencias claramente percibidas ó las apenas columbradas

se encuentran sometidas á un pensamiento ó idea superior, que se eleva á medida que las existencias se ven ó se vislumbran mas alto en el espacio, y no se llega á ella por la imaginacion mas ardiente en su mas atrevido vuelo.—

Cuando escriba la *Biblia de la Humanidad*, espondré el origen de esta idea religiosa, sus relaciones con el plan providencial, la manera y la causa de su intervencion, las fases por que ha pasado y el curso que ha de seguir antes de confundirse en lo infinito, con cada una de las partes del Universo, que habrá desmembrado para hacerlas gravitar al rededor del eje universal, para ayudarlas á encontrar su sitio en la armonia.—Los limites de la obra en que ahora me ocupo, no me permiten estudiar, mas que someramente, la idea religiosa en sus relaciones con los destinos de la Humanidad.—

VIII.

El cristianismo, dice un filósofo moderno, citado anteriormente, reconoce como fuentes del bienestar, á la Oracion y á la Gracia.—Añádase á estas la Ciencia, y la felicidad humana se ilumina.—

Me gusta la oracion ; me gusta como á Lamennais, que veia en ella el suave rocío que refresca y vigoriza la sequedad de nuestra alma, que los vientos abrasadores han marchitado pasando ; me gusta como le gusta al quimico, al matemático; en una palabra, como le gusta al sabio, que cree que se acerca mas y mas al Sér de los Séres, cuanto mas y mas penetra en las profundidades del saber.—Elevacion constante de nuestra alma hácia el Principio Supremo, que todo lo comprende y en quien todo se refunde, la oracion es tanto mas digna del hombre y de la divinidad cuando viene á ser el estudio incesante de la Naturaleza, el exámen atento de sus fenómenos, la indagacion de sus leyes.—Saliendo, al fin, de su cuna, donde tan temerosa se muestra al presenciar los grandes espectáculos, que, de continuo, le han ofrecido los mundos precipitados en el espacio y sometidos á un sublime organismo; de su cuna, donde su oracion era el acento del terror y de la súplica, la Humanidad, llegando á conocer el plan providencial, debe reemplazar este acento por el de la meditacion contemplativa, por el del estudio, por el de la ciencia agradecida.—

No soy yo de la opinion de los modernos precursores del revelador, cuya próxima venida preveo; no quiero que la idea religiosa deje de ser poética, por la misma razon de que es salvadora.—Sin ser suplicante y llena de terror, la oracion puede ser dulce y tierna: el jóven, que, inspirado por las Musas, se siente mas grande y divisa nuevos horizontes, no por eso es menos poeta: la Humanidad, cuya idea religiosa se eleva y cuyos horizontes se alejan, no por eso deja de ser la sacerdotisa de lo bello, de lo noble y de lo generoso.—La mayor sinrazon de los supuestos hombres del Porvenir es la de querer orar con los acentos del egoismo y la de destronar á la idea en beneficio de la ciencia, que, de pronto, se vé sin los atractivos, que no puede menos de tomar de ella, para ser interesante en estremo y cumplidamente grande.—Aun en este caso, la conciliacion de la revelacion y de la ciencia, es el secreto del Porvenir; y, los que resisten esta conciliacion, son ó fanáticos á quienes la pasion alucina, ó locos á quienes la pasion exalta.—

Nueve ó diez mil años ha, era lo mas sublime para la Humanidad el anunciar el triunfo cumplido del bien, de lo bello y de la virtud, y el reunir á sus individuos con los santos, con los ángeles y con el mismo Dios: como hacia Zaroastro, y como, tiempo despues, hicieron Pitágoras y Jesucristo.—Hoy, esto no basta. Porque se ha abierto el libro de los hechos, y, su estudio, nos enseña cómo se alcanzan el bien, lo bello y la virtud.—Sería el colmo del absurdo, pensar, que es indispensable dirigirse matemáticamente al logro de estas conquistas seguras del Porvenir, sin rodearlas de las aureolas poéticas con que las engalanaron nuestras madres, cuando no eran, para el hombre, mas que un ideal imposible de realizar.—Nada de dudoso ni de humillante: todo convencimiento y nobleza es la idea religiosa del Evangelio que anuncio á la generacion de mi siglo.—

No quiero, absolutamente, que el saber, sujeto aun en la tierra por las ataduras de la infancia, deje de entrar en la idea religiosa de la Humanidad, privándola, de un golpe, de las sublimes promesas de la revelacion, suponiendo que debe anteponerse la palabra de los apóstoles á todo cuanto su Dios ha manifestado á los hombres.—

Esta funesta pretension del moderno saber, ha petrificado, por decirlo así, completamente, el sentimiento en nuestros hombres de gobierno y en nuestros sacerdotes, que deberían ser sus defensores por convencimiento, y que, si le defienden es, porque, gracias á la escelente organizacion católica, trabajan, como instrumentos, en contra de su propia voluntad.—El Protestantismo ó, sea, la sustitucion de la razon á la inspiracion, lo ha invadido todo, hasta lo que no debia serlo, resultando de este deplorable trastorno, que el sacerdote, el hombre de amor, que habia de ser el primer hombre de la sociedad, y el poeta, que debia ocupar el grado inmediato, no son mas

18

que poderes de puro nombre, sin permitírseles serlo de hecho , y que escitan, además, la sonrisa en vez de la admiracion y del respeto.—

Yo deseo todo lo contrario : y hé ahí por qué, el Credo científico de Guépin, está subordinado , en mi interior , á la fé que tengo en el ser desconocido que llaman Dios , y cuya mas pequeña manifestacion , mirada , por los hombres, como una despreciable bagatela, equivale para mi, á la ciencia toda.—La ciencia en conexion con la revelacion, pero la revelacion siempre colocada, como un faro, en lugar mas eminente : de aquí no salgo, y los que niegan lo que yo afirmo, vagan en las tinieblas.—

En nuestros dias, parece haberse convenido , y es un error funesto, que solo el plan providencial puede convertir en una posibilidad, en que el sentimiento sea atributo de la infancia de la Humanidad y el razonamiento el de su edad viril; y, por esta dañada teoria, debida al ángel del Mal de quien Lutero ha sido apóstol , se opone generalmente la esperiencia á la imaginacion, el cálculo á la simpatia, en vez de hacer todo lo contrario y de, además, someter á los dos, la esperiencia y el cálculo, á la idea religiosa, contra cuyo reinado ninguna voluntad prevalecerá jamás.—Y, sin embargo, nuestros supuestos sabios de hoy dia, miserables párias del materialismo, juzgan desvirtuar una concepcion cualquiera, al calificarla de sentimental.—

No es posible, que, el sentimiento y la razon, se abandonen y desatiendan entre sí; antes bien deben ayudarse y socorrerse mútuamente siempre: la esfera de la ciencia, dicen los hombres instruidos del siglo, nunca ha sido mas estensa que la esfera de las simpatias ; y, cuando, en una época, puede demostrarse que no ha habido sentimiento general, tambien puede demostrarse que en la misma, no hubo ciencia general tampoco.—

El sentimiento gobierna al hombre , no obstante la resistencia que éste le hace, lo que es uno de los milagros del plan providencial: el pueblo, seducido y arrastrado por un egoista, por un frio calculador, por uno de esos miserables que hacen un meritorio alarde de negar la existencia de Dios, se precipita en las calles, amontona parapetos sobre parapetos, triunfa: y, con el furor, que la victoria aumenta, entra en el palacio de los reyes ; pero si en una de las habitaciones , halla, por casualidad, un Crucifijo, imágen del hombre divino, que murió glorificando la inspiracion ; uno de los amotinados se acuerda de su madre y de la veneracion que le infundió hácia el Redentor; levanta la voz en nombre de este recuerdo, y la turba se pára: llevan, respetuosamente, la imágen del Cristo al templo inmediato; y, el mismo que le negó, vencido por la idea religiosa, se vé forzado á rendirle homenage y á aplaudir, aunque rechinando los dientes de rabia , la conducta de los que no puede engañar, en adelante, sino en nombre del sentimiento, persuadido de la superioridad de éste sobre el cálculo.—

El sentimiento es el que revela al hombre el fin á que debe dirigirse : el
que le hace buscar la luz, con que puede á él caminar, el que le hace con-
sumar los actos, que pueden hacérsele obtener ; y, hé ahí, por qué yo de-
claro solemnemente, que el sentimiento es el origen, el lazo y el fin, á un
tiempo, de todo saber y de toda accion, y la clave de la unidad, límite infinito de la existencia.—

En el secreto de la vida privada, es en donde, principalmente, se manifiesta el poder del sentimiento, haciendo confesar, á sus propios contrarios,
su soberanía.—El amor del niño será mayor para con su madre, que para
con su maestro, y, todas las verdades matemáticas, no obligarán á aquel,
á que estime mas á este, que un solo beso de la que le meció en la cuna,
cuando vivia, únicamente, al amparo de sus miradas.—

Luego que Jesus predicó su doctrina, prevaleció contra el materialismo,
con una rapidez sin ejemplo, aunque hablaba al alma, mientras el materialismo hablaba á los sentidos.—Estos hechos ciertos, me hicieron preferir
la teocracia á la autoridad de la ciencia, si bien quiero, para esta última, una
libertad grande en el círculo de la idea religiosa ; que deseo ensanchar lo
bastante para que encierre y contenga toda la Humanidad.—

Examinemos, empero, segun la ley histórica cuya obediencia impongo á
todas las cosas y á todos los sucesos, si la idea religiosa es, siempre, superior á la idea científica ; si el espíritu, mas breve, es superior á la materia.—
Los universos que se mueven en todas las direcciones del infinito, tienden,
naturalmente, á adquirir una suma mayor de existencia material, bien sea
estendiéndose ó bien ocupando las atmósferas de, que se hallan separados.—
La idea científica les permite esta libertad ; pero la idea religiosa, este
nada imponderable, que, en sus locos raptos, solo la imaginacion analiza,
los sujeta al eje que les es respectivo, y guarece las atmósferas, que ame-
nazaban.—La materia quiere que la hoja del árbol permanezca inmóvil; el
viento, espíritu, la agita y la hace hablar.—Un médico, sabio entre los sabios, abandona un enfermo á una muerte, que, confiesa, no poder evitar:
el moribundo se dirige á la vírgen con todo el ardor de su fé, que es una
cosa intangible, y la fé cura al enfermo que la ciencia ha abandonado.—
Hé ahí por qué, vuelvo á decir, en el curso de esta obra, demostraré la superioridad de la inspiracion sobre el cálculo, prefiriendo el sacerdote al soberano y concediendo siempre la razon al poeta contra el matemático, que
tiene, á su favor, todas las verdades relativas admitidas por nuestra ciencia
moderna.—

Pero, se me dirá, que me hallo en contradiccion conmigo mismo ; porque, al principio de este libro primero, digo : que, la Humanidad, no debe
partir, de modo alguno, de lo desconocido para llegar á lo conocido, ni de

lo incierto para llegar á lo cierto: y ahora, anteponiendo el sacerdote al sabio, se antepone y prefiere la probabilidad á la certeza.—

No: de ningun modo.—Yo antepongo y prefiero el espíritu á la materia; pero con la condicion de que el espíritu esplicará, incesantemente, á los hombres y les indicará los medios de llegar, por el conocimiento exacto de todas las verdades positivas, al conocimiento de aquellas que el espíritu mantiene en sus altas regiones, á semejanza de la ley, en las nubes del monte Sinaí.—

Además, nunca el Espíritu ha faltado á esta mision.—La materia ha sido, siempre, la que ha engendrado el fanatismo; y el error no se ha apoderado de una creencia, hasta que el espíritu no ha sido sometido á la fuerza.—Los filósofos materialistas y la mayor parte de los socialistas modernos, mienten descaradamente, por lo tanto, cuando acusan á la idea religiosa de ser causa de la ignorancia. Al contrario: ellos, los materialistas, han arrojado, de continuo, la oscuridad sobre el Porvenir, pretendiendo aclararle.—Se han detenido en la esplicacion de una circunstancia, y han obligado á la Humanidad á detenerse tambien. Pero, mientras esta paralizacion de la inteligencia universal, el Espíritu veia aumentarse, de nuevo, en derredor suyo, las nubes, hasta que un poderoso viniese á subordinar la razon al entusiasmo.—

Lo que, al principio de este libro, he querido decir y lo que he dicho, es: que el entusiasmo debe desplegar sus alas; que debe descubrir á la Humanidad horizontes nuevos; que no debe hacer creer al hombre, que el Universo ha sido creado para la Tierra, sino para la armonia, la que, la Humanidad, gracias á los resultados del Progreso, se encuentra ya en estado de poder estudiar; y, por último, que no debe ver en Dios una imposicion, sino una espansion.—El entusiasmo es, y será, por siempre, el verdadero rey de la creacion, y no ocupará este preeminente puesto, hasta que se presente á los hombres con los magníficos atavíos de la idea religiosa.—

IX.

La ciencia debe, en mi opinion, como he dicho mas arriba, estar subordinada á la idea religiosa.—Empero, ahora, debo esponer la manera cómo debe verificarse esta subordinacion y los límites, que debe guardar el sabio, en la obediencia al sacerdote.—

El hombre de genio, que caracteriza una época y que comprende, en las escasas páginas de un libro, las verdades morales que debe creer, estudiar y enseñar á las generaciones siguientes, se presenta en el seno de la sociedad moderna, como Cristo en medio de la sociedad pagana.—Ha dado su Evangelio, y, en él, se hallan comprendidas, certísimamente, todas las conquistas morales y materiales del Pasado, como tambien, las aspiraciones ó tendencias de este mismo pasado, cuya legitimidad reconoce ya : lo cual es, á un tiempo, un testimonio y una prenda de Progreso.—

Este hombre de genio, de quien tal vez yo sea el precursor, pero que llama, bien penetrado de su destino, con mano segura, en este instante, á la puerta del entendimiento humano, este hombre de genio entiende, en nombre de Dios, en nombre del Espíritu Supremo, en nombre de la Providencia, de la fatalidad divina, de la que es intérprete, que la niñez de la Humanidad ha trascurrido, y que por consiguiente, no puede valerse solo de la memoria para aprender, y discute y razona con los reveladores: á la manera que el mancebo de cierta edad cesa de copiar ó de estudiar, estrictamente las lecciones que el dia anterior recibia de su maestro, y medita y arguye con él, espone su parecer ; pero sin que por esto se esceda de los límites marcados, por el profesor mismo, á los vuelos de su inteligencia.—

El hombre de genio, revelador moderno, no define la Divinidad; no le dá forma alguna; no la modela sobre la Humanidad, con el pretesto de que esta última ha sido hecha á su imágen y semejanza: anuncia y proclama, solamente, su existencia, declarando que no le incumbe el definirla, aunque si el obligar á los hombres á acercarse á ella y á que hagan constar, dia por dia, los descubrimientos hechos en la senda de la indagacion religiosa.— El hombre de genio reconoce, que, en su clemencia infinita, el Criador no ha abandonado al hombre á la imperfeccion de su naturaleza primera, y que nunca ha cesado de facilitarle los medios para perfeccionarla, manifestándosele siempre en las nubes de la inspiracion.—

De aquí el orígen de dos leyes: reveladora una, investigadora otra.—Establecer el equilibrio entre ambas, es resolver el problema del porvenir.— El sacerdote representa la primera de dichas leyes, el sábio la segunda.— El sábio enriquece el libro del sacerdote con cada verdad nueva; pero este no la admite sino despues de haberla puesto en relacion con sus hermanas, las verdades del pasado, que tienen la propiedad de engrandecerle con ellas sin perder la fraternidad y de esplicárselo á ella misma.—

La ciencia tiene, pues, por objeto, descubriendo sucesivamente al hombre los principios absolutos que rigen los fenómenos de la existencia universal, hacerle conocer á Dios, de una manera, siempre, mas y mas estensa y precisa.—Es, de hoy mas, el escabel de la Religion.—Sin embargo, no tiene el derecho de derribar lo que la religion ha levantado, sino el de levantar nuevamente y ensanchar tambien el foco de luz que resplandece en su cima.—

Los jefes de la Humanidad, las individualidades religiosas que la dirigen, los que tienen, sin cesar, ante los ojos su destino y aceptan la mision de conducirla á aquel punto, deben, segun la escuela Sansimoniana, única verdadera en el presente caso, proveer, por una parte, lo necesario, para que los descubrimientos científicos se multipliquen mas y mas; procurando, por otra, que se estiendan con la mayor rapidez posible.—De aquí, las dos divisiones del trabajo científico: el perfeccionamiento y la enseñanza de las teorias.—

Hasta ahora, la ciencia, aislada de la religion por una fatalidad difícil de concebir, confiando al individualismo el cuidado de perfeccionar sus teorias, si ha sometido sus doctrinas á una regla, ha trabajado menos en pró de un pensamiento de unidad, que en favor de un pensamiento de tirania.—En el Porvenir, la perfeccion y enseñanza de las teorias científicas tendrán la unidad por punto de partida, el infinito por objeto y la conviccion por medio para alcanzarlo.—En estos inmensos límites, iluminada por las múltiples antorchas encendidas por ella misma , la ciencia no temerá la opresion, ni se ocupará en levantamientos trastornadores : la tirania y la insurreccion nacen de la ignorancia, del esclusivismo y del estrechamiento de los horizontes, bien sea del moral, bien del material, segun el órden de cosas, bajo el punto de vista que han sido estudiadas.—

Sometida á la Religion, que modera sus raptos y les concede el poderse remontar mas allá de la meta impuesta por la razon escéptica , la ciencia es la salvacion ; su jurisdiccion se estiende á todo.—Apoyada en la autoridad del sacerdote, de quien recibe su carácter grave , inquiere y registra las profundidades del cielo, las entrañas del globo, y, por do quier, se dirige en nombre de Dios á los principios de fuerza que producen la vida.—

La religion causa una variacion notable en la educacion de la juventud, ante la cual descorre el velo de los misterios y de las bellezas de la naturaleza.—Recuerda á su discipulo estas admirables palabras de un sábio moderno, que sin saber cómo, comprendia, sin embargo, por intuicion, toda la importancia de las relaciones que existen entre la inspiracion y la razon, entre el entusiasmo y la sabiduria.—

‹Que el ideal sea siempre el objeto y la pauta de vuestra conducta : el »ideal para un corazon noble, no son ni los honores ni las riquezas , sino el »órden de los cielos sobre la tierra.»—

Suplico á lós lectores de la presente historia , que me permitan citarles algunos párrafos de Guépin.—Señalan exactamente sus deberes á la ciencia y son la obra de un precursor.—Por qué, quien las ha dejado caer de su pluma, no ha intentado escribir tambien el Evangelio, en cuya razon podrá ser la ciencia todo lo que él la ha hecho?—

Esto es lo mismo que preguntar por qué Juan el Bautista no era Jesus.—

Unicamente el plan providencial podria facilitarme una respuesta á esta cuestion.—

‹La ciencia, dice Guépin en su *Filosofía del siglo* xix, la ciencia dicta á »las razas privilegiadas, por consecuencia de una civilizacion mas antigua, »sus deberes fraternos para con las razas, que aun se encuentran en la in-»fancia.—

›La ciencia promete la libertad al trabajador, por sus progresos económi-•cos, tecnológicos, administrativos, y sobre todo, químicos; porque quiere »arrojar con abundancia sobre el globo torrentes de electricidad, de luz, de »calor y de fuerza motriz para ayudar, de este modo , los esfuerzos del tra-•bajador mismo.—

»Anuncia una conciliacion posible entre el trabajo y el capital, entre los •productores de todos los paises, entre el individualismo , la division , la es-

»pontaneidad , la libertad , de un lado, y el comunismo , la autoridad auto-
»crática ó colectiva del otro.—

»Promete acabar con la guerra en todas sus formas , promete inmensos
»adelantos en la agricultura, en el comercio y en la trasformacion de todas
»las industrias repugnantes ó insalubres.—

»Convida á la mujer al goce de una existencia nueva, llena de vida y de
»amor. Si rechaza las ninfas, las sílfides y á la misma Minerva, á esta diosa
»de la razon estudiosa y conservadora, es solo para reemplazarlas completa-
»mente por mujeres enaltecidas por el saber.—

»Invoca la sombra de Hipatía , y esparce sus cenizas para que en todas
»partes renazca , radiante, á maravilla, de hermosura, de saber y de vir-
»tud.—

»En los dias de infortunio la ciencia consuela al alma humana.—

»Elévase singularmente por el estudio , que es la plegaria de los fuertes;
»por el conocimiento de la naturaleza y de sus leyes eternas, gracia potente,
»que mejora y santifica al individuo.—

»Establece entre todos los hombres instruidos de todos los paises relacio-
»nes basadas sobre la verdad.—

»No solamente enlaza á los hombres entre sí , sino que los enlaza con la
»naturaleza, con el infinito, con el misterio universal.... con Dios!—

»Si digo que la ciencia es una incesante revelacion de las maravillas del
»mundo , habré probado en pocas palabras, que es un lazo poderoso, que
»auna con fuerza todo cuanto existe , que hasta crea una catolicidad verda-
»dera.—

»Hay mas: la ciencia es la conciliacion terrestre : la idea produce el he-
»cho, y la ciencia crea la paz en el seno de las ideas.—

»Existen en la superficie del globo cuatro grandes religiones, divididas
»cada una de ellas, en un gran número de religiones secundarias y de sec-
»tas, á saber:

»El Brahmismo ,
»El Budeismo ,
»El Islamismo,
»El Cristianismo,

»La ciencia se ha remontado hasta la noche de los tiempos , hasta las
»fuentes primitivas de esos rios intelectuales y morales en que beben los
»pueblos; ha señalado sus respectivos caminos é indicado su curso y su por-
»venir.—

»La ciencia quisiera que reinase entre las religiones, para que tambien
»reinase entre los hombres, la paz y la conciliacion; y para realizar esta es-
»peranza de ventura, no les pide mas que la aplicacion , hecha en todos los

»seminarios, de esta máxima de Orígenes, el mas grande de los doctores
•cristianos de Alejandría : *Mejor saber para mejor creer*, de Orígenes, que,
»como lo ha demostrado Juan Reynaud, queria que, en el seno de la teología
•cristiana, se acogiese la comunion de todos los cultos y de todas las creen-
»cias humanas.—

»Hoy, muchos sacerdotes, los mas eminentes de las cuatro grandes reli-
•giones que cubren la tierra, no tienen ningun lazo comun.—Qué esperan-
»zas no podrian concebirse, si se acercaran y unieran, los unos á los otros,
»por efecto de una misma creencia y opinion sobre los mundos, sobre la
»teologia, sobre la geografía del globo, sobre los reinos mineral, vegetal y
»animal, sobre la variedad y caractéres distintivos de las especies huma-
»nas, sobre las necesidades de la humanidad y los medios que la Providen-
»cia, conjunto de las leyes de la naturaleza, ha puesto en nuestras manos,
»para hacer de nuestro planeta un paraiso terrestre, un verdadero Eden!—

»Este pensamiento de una fusion universal, realizada por la ciencia, que
»Orígenes queria que se verificase en el seno del cristianismo, se halla en el
»fondo de todas las religiones: todas le han manifestado, cada una á su modo,
»y ha sido el sueño, la aspiracion constante de los mas generosos corazo-
»nes.—

»El inflexible Manou, el revelador de las leyes relativas al régimen de las
»castas, este Moisés de la religion de Brahma, hace siempre al que sabe,
»por pobre y jóven que sea, superior al ignorante, por muchas que sean sus
»riquezas y muchos los años que cuente.—

»Zoroastro, sublime revelador de la creencia de los Magos, ensalza ince-
»santemente el saber : quiere este filósofo que se estendiese á todas partes,
»hasta al hogar doméstico, que llegara hasta la muger, á quien concedia
»las funciones sacerdotales, reservadas solo á los hombres por el Brahmis-
»mo.—

»El espíritu de los jefes mas ilustrados del pueblo judio, se encuentra en
»el siguiente fragmento de Moisés Maimonides, el mas docto de sus rabinos,
»con motivo de las condiciones que deben reunir los profetas:—

»Si en un hombre, dice el fragmento, la substancia cerebral posee una
perfeccion conforme con el temperamento y los demás órganos, si este hombre se entrega con ardor al estudio, si sus pensamientos se dirigen siempre
hácia lo bueno y noble, hácia el ideal, nadie duda que será profeta, nadie
duda que adquirirá este signo de las ciencias, este amor que busca lo verdadero, que tiene por objeto la utilidad general de todos los hombres. Pero,
entre los profetas, hay grados; porque son indispensables, para ser profeta,
tres cualidades, que no se hallan con igualdad entre los hombres : estas tres
cualidades, que deberian llamarse perfecciones son:

19

»El poder filosófico en el estudio;—

»El poder de imaginacion, recibido de la Naturaleza;—

»El poder moral, adquirido por la cultura de sus cualidades personales.— (*Moisés Reboikim, pars.* 11.—*Cap. XXXVI, pág.* 292.—*Buxfort*, 1629.)

»La religion, en Egipto, no era tan intolerante como se ha dicho; sus tem- »plos estaban abiertos para los sábios de todas las naciones, que merecian »entrar en ellos.—

»Rinde á los dioses inmortales el culto consagrado, decia Pitágoras en »sus versos dorados. Mas este filósofo que queria que cada pais tuviese su »culto propio, consiguiente á su posicion topográfica, á sus tradiciones y á »sus costumbres, queria, tambien, que, superior á este culto, hubiese una »creencia religiosa eminentemente científica, y por lo tanto, altamente pro- »gresiva.—

»Los druidas ó sacerdotes de los Galos, cuya doctrina tenia tantos puntos » de acuerdo con la de los pitagóricos, no admitian en los grados mas eleva- »dos de la categoria social, sino á los genios mas sobresalientes, exigiendo, »tambien, que hubiesen hecho detenidos estudios fisiológicos, como prepa- »rativos de su mision.—

»Hemos dicho ya cual era, en los primeros tiempos del cristianismo, la »opinion de Orígenes: al comenzar la edad media, vemos reinar en Roma »un papa, que habia dedicado su juventud al estudio de la ciencia con los »moros de España y á quien su siglo quiso perseguir y condenar por ma- »go.—

»Hé aquí lo que, en el caso actual nos espresa claramente, por uno de los »discípulos de Mahoma, esta religion con tanta frecuencia acusada de intole- »rancia.—

»El que enseña la ciencia da limosna al ignorante: el que la posee se ad- »quiere la amistad y la benevolencia. Por la ciencia se distingue lo justo »de lo injusto: es la luz que brilla en el camino del paraiso, es el guia en »el desierto, la compañera en la soledad, la directora fiel en la suerte prós- »pera y adversa.—

»Es el consuelo de los corazones contra la muerte de la ignorancia, el »resplandor que se deja ver en la noche de la injusticia.—Por la ciencia »logran, los esclavos, los mas altos grados de felicidad en la tierra y en el »cielo.—El estudio de la ciencia equivale al ayuno: su propagacion equivale »á la oracion: inspira al noble los sentimientos mas altos: dulcifica el cora- »zon del hombre malo.—

»Juzgar del espíritu de los que profesan las cuatro grandes religiones y »las que de ellas se derivan, por los hombres menos instruidos, que á ellas »pertenecen, es juzgar mal: dirigirse á su insuficiencia es una grave falta;

»calcular sobre ellos, seria engañarse. Pero puede creerse, que las perso-
»nas mas instruidas entrarian fácilmente en esta gran cuestion, si á ello se
»les invitase y que comprenderian, estudiándola, la posibilidad de que se
»estableciese una religion verdaderamente universal. Entonces convendrian
»en que hay cosas en el Porvenir, que son utopías solo para los ignorantes:
»como cuando hace muchisimo tiempo, se pensaba que ciertas estrellas ne-
»bulosas eran irreducibles, y que por efecto de sus propias y grandes revo-
»luciones, se han reducido finalmente.—

»Al fin, los mas fervorosos creyentes del cristianismo, algunos imanes,
»tal vez, algunos bonzos, piden á la ciencia su poderoso apoyo; pero esto
»es, únicamente, un ligero indicio de una necesidad, que, á cada momento,
»vá á ser mas apremiante. Antiguos brahmanes, bonzos místicos, imanes
»guerreros, y vosotros pastores de la Iglesia de Cristo, se acerca la hora
»de la humanidad nueva: bautizad á vuestros hijos y á vuestras hijas en las
»santas aguas del saber y vivirán. La ciencia es la palabra de Dios. *Es la
»vida, el agua que apaga la sed.*»

Este magnífico porvenir para la ciencia, descubierto por el doctor Guépin, no deja, en el fondo, de subordinarla á la religion: admite un exámen
sin restriccion ni límites; pero reconoce una unidad superior, que absorbe
en sí toda verdad nueva y que la pone en armonia con las que ha revelado
al hombre la inspiracion.—La falta, que comete el citado doctor, consiste
en no reconocer la necesidad absoluta de igual subordinacion al entusiasmo,
impuesta á la ciencia, y, principalmente, en confundir el predominio sublime del mismo con la tiranía de la ignorancia.

El plan providencial, que se cumple en los momentos fatales señalados
por su autor, de cuyo plan nos son desconocidas las divisiones, ha conservado, constantemente, tambien, la dicha subordinacion de la ciencia á la
inspiracion, que es la ley del equilibrio entre la fé y el entendimiento.—El
sábio, aunque á su pesar, no ha trabajado mas que para el sacerdote; éste,
del mismo modo, haciendo pasar á la ciencia por largas y terribles pruebas,
solo ha trabajado para el sábio. Ambos, creyendo hacerse la guerra, se ayu-
daban recíprocamente.—Andaban en tinieblas; empero, caminaban hácia
adelante, porque Dios era su guia.—Al presente, la Humanidad no mueve
sus pasos por las catacumbas del entendimiento: no está en la infancia: ve
el dia grande para ella y esta ley del equilibrio, que le aplica la voluntad
suprema, debe aplicársela por sí propia.—

El ideal, es el órden de los cielos sobre la tierra, dice Guépin.—Y conviene que la ciencia tenga siempre, el ideal á la vista.—Con que hubiera definido el ideal como ha definido la ciencia, hubiera formulado por completo
el evangelio moderno.—Pero hé ahí lo que, cabalmente, ninguno de los

Bautistas del dia no se ha atrevido, ni por otra parte, hubiera podido hacer.—A cada uno su mision.—

La mia no es, tampoco, ahora, la de definir el ideal y la de formular el código de la nueva creencia.—La mia es la de probar, presentando los hechos, la subordinacion constante y fatal de la ciencia á la inspiracion, que parece fijar, para siempre, los deberes y los derechos de la una y de la otra.—La mia es la de demostrar que el progreso no se ha realizado, sino en virtud de esta subordinacion forzosa, y que la Humanidad, no hubiera llegado á la edad moral, que confiesan ya los filósofos, sino aleccionándose al resplandor de esta lámpara espiritual, cuya llama hace oscilar sobre su frente la idea de Dios, sosteniéndola allí contra el ímpetu del viento de la duda y contra el huracan de las pasiones.

Mi mision es la de desembarazar los hechos consumados, de las tinieblas, que, el espiritu de nímiedad y de achicamiento de los horizontes de la infancia humana, ha mantenido, con empeño y constancia, sobre ellos y en su derredor, para agruparlos segun sus mútuas relaciones y para indicar la parte que les ha cabido en el cumplimiento ciego y maquinal de los destinos anteriores.—Aquellos hechos, deben estudiarse bajo el doble punto de vista del saber y de la inspiracion, con el fin de probar que el sacerdote, ejerciendo siempre, la supremacía en el poder, nunca ha encadenado al sábio; antes, por el contrario, le ha animado en todas las ocasiones y le ha secundado en todos sus pensamientos, por profundos que hayan sido; si bien, alguna vez, ha echado mano, en la apariencia, de la persecucion.—

El sábio con sus ideas, ha obedecido al sacerdote, como miembro de una síntesis moral, superior á las pequeñeces cuya naturaleza deseaba esplicar; pero en lo concerniente á su opinion sobre las susodichas pequeñeces, en nada ha cedido al sacerdote, quien se ha visto obligado á convenir con él cuando la razon estaba de su parte.—Hanse ocupado constantemente, de un trabajo analitico, que ha modificado, sin cesar, á la ley religiosa, sin haber variado por ello, la esencia eterna: el problema del Porvenir consiste, pues, en evitar que, este trabajo, dé ocasion á revoluciones, que, la ausencia de las tinieblas y la edad actual de la Humanidad, hacen inútiles.—

X.

Desde el principio de esta Historia, he olvidado, con frecuencia, que no es mi grande obra lo que escribo, sino su prólogo.—Mis lectores tienen derecho á quejarse de las proporciones que doy á estos preliminares y á preguntarse hasta donde pretendo estenderlos.—Yo no encuentro otra respuesta razonable mas que esponer la necesidad en que me veo de dar á conocer la mayor parte posible de las leyes filosóficas, á que juzgo que debe someterse la Historia, para que sirva de instruccion á los hombres de la generacion actual, antes de hacer aplicacion de ellas.—He procurado proceder con ligereza y con claridad; pero por muchos que sean estos deseos, jamás le es dado al hombre que aspira á penetrar en los secretos de Dios, esplicar, en una sola página, los cálculos profundos, las causas supremas y el objeto infinito.—Estoy, además, seguro de que, el mayor número de mis lectores, tendrán que leer mi libro, muchas veces, para comprenderme; y, para facilitar su tarea, voy á reasumir, rápidamente, estos preliminares, dando luego fin á este primer capítulo, que debe servir de base á las reflexiones que abrazarán todos los siguientes.—

Ante todo y sobre todo, he reconocido la existencia de un poder infinito, al cual no he querido dar nombre alguno, para hacer constar, mas claramente, la imposibilidad en que la Humanidad se encuentra de designarla con exactitud con una palabra sola.—He declarado, que, en mi sentir, todo se desenvuelve dentro del círculo sin límites de este poder; y que, todas las demás fuerzas, cualquiera que sea su naturaleza, no eran mas que subdivisiones del mismo poder, obrando en relacion con una armonía prevista y en el estado constante de preparacion en el seno del infinito.—He admitido, que, hasta el mismo mal, era una de las posibilidades del poder Supremo; reservándome esplicar esta afirmacion grave con la interpretacion de los hechos de la Historia.—Me he elevado, en espíritu, hasta mas allá de los horizontes conocidos, para poder comprender y abrazar, á la vez, todo lo que fué: y estudiar los sucesos de que soy Historiador, con respecto á la influencia que han egercido providencialmente sobre el Universo, y con respecto, tambien, á la influencia que el Universo ha egercido sobre ellos.—El número de los que compararán mi orgullo con el de Prometeo será grande, ciertamente; pero semejante comparacion no me asusta: el Dios que encadenó á Prometeo, nada tiene de comun con el Dios que yo adoro: el mio, dice al águila que remonte su vuelo tan distante como pueda, mientras le presten fuerza sus alas, y al hombre le manda elevar su inteligencia, hasta la altura á que debe llegar por su esencia divina.—

Despues de haber dado, á la idea de Dios, su verdadera grandeza, reconociendo la impotencia de la Humanidad para definirle, me he dedicado á probar, que todo cuanto existe, no ha sido creado esclusivamente para la Tierra; sino con un fin recíproco de armonia, á que ella debe concurrir, en proporciones relativas, como el resto del Universo.—He manifestado que en mi sentir, la mision de la Tierra era la de llevar la precedencia en el descubrimiento de los deberes, que le impone dicho concurso y de los derechos que le concede, para obrar con exacto conocimiento de la parte que desempeña en la armonia universal.—He querido demostrar, tambien, la necesidad en que la Humanidad se halla, para poder acercarse á la verdad absoluta, de no referir á si misma todo lo que, de nuevo, va descubriendo en el órden moral ó en el órden material; debiendo ponerlo todo, mas bien, en relacion, por medio de la reflexion y del estudio, con esa síntesis superior, de que es solo un instrumento, aunque ciertamente el mas noble. He dicho los motivos de que los profetas y los hombres de génio se hayan visto constreñidos á hacer bajar la luz al espíritu de la Humanidad, en su niñez, en lugar de levantar á esta hácia la luz; y la causa porque, llegada á la edad de la razon, la Humanidad iba, al fin, á poder descubrir y á no dejarse llevar, como hasta ahora.—De manera, que, despues de haber colocado á Dios sobre el único trono, que realmente, conviene á su poder infinito, he reconocido la verdadera importancia del Universo é indicado la mision subordinada de la Tierra.

Hasta aqui, caminando sobre las huellas de los reveladores, que me han precedido,-habia yo sujetado la inspiracion á la ciencia; sin aducir en apoyo de mi razonamiento, mas que teorías basadas sobre una certidumbre vaga, á la cual la Humanidad tiene ya el derecho de exigir mayor solidez —

Para dársela, he mostrado el momento de su venida relativa al mundo, y he dicho á la Humanidad : de ahí, solamente, es de donde debes partir cuando quieras lanzarte en averiguacion de las causas de tu existencia y del fin que debes esperar.—Le he dicho, en otros términos: á medida que adquieras el conocimiento de una verdad nueva, podrás considerar mas lejano el origen de tu certidumbre, pero en adelante, tendrás por compañera á la razon.—Acababa tambien, de hacer conocer al instrumento terrestre la parte que le corresponde y el modo de darse cuenta á sí mismo de su mision en el seno del Universo.—El quietismo concluye para la Humanidad; comienza el movimiento, el movimiento colectivo, armónico y fecundo, inspirado por la filosofia de la Historia, iluminado por la idea religiosa.—

Partiendo de esta certidumbre relativa, que, como he dicho, acababa de indicar á la Humanidad como punto de partida de la ciencia nueva, la he forzado á estudiar, con detencion, todos los rastros que han dejado en la tierra cada una de las trasformaciones que ha sufrido, para comparar las unas con las otras y alcanzar, cual múltiple Cuvier, á regenerar, una por una las épocas que han facilitado su desenvolvimiento.—He hecho lo posible para inspirar á los hombres el amor á la unidad y la resolucion de estender la forma; pero de tal modo, que no divida la idea.—La Unidad, le he dicho, es la madre de la ciencia y del poder : haciendo inseparable, con conocimiento de causa, el desenvolvimiento del verbo y el de la materia, debe necesariamente producir el descubrimiento del fin, que presidirá los destinos del porvenir armónico.—

He predicado á la Humanidad la Unidad; recomendándola como el solo remedio de todos sus males, como la panacéa universal y heróica; y obligado á aquella, á buscar en el pasado las pruebas de que la Unidad habia, constantemente, y á pesar de los hombres mismos, traido sus propios actos á la senda del fin comun del Universo.— Faltaba que dijese en virtud de qué ley sucedia esto, cómo, esta ley, una vez conocida, seria aceptada con complacencia, en vez de ser sufrida con dolor : en qué consista, y el nombre, en fin, con qué debe designársela, para espresar mejor lo que ella es, y en nombre de quién dirige los sucesos, cualquiera que sea su naturaleza y el órden con que se verifiquen.—Todo esto, lo he hecho dando la definicion del plan providencial y sosteniendo la intervencion continua de la idea ó pensamiento universal y de la forma suprema, en sus mas microscópicas é independientes subdivisiones: esplicando de que modo, este plan, en nada embaraza á la libertad humana: afirmando que el resultado de la tarea, que el Historiador se impone, debe ser el demostrar su existencia y hacer distinguir las líneas mas marcadas en el fondo de las tinieblas del pasado; lo he hecho, esponiendo claramente, que en vez de ser la esclava, la

Humanidad, cerciorada de que este plan existe é instruida, por la Filosofia de la Historia, de los deberes que le impone y de los resultados que le ofrece, habrá previsto, simpáticamente, por el contrario, su destino y realizado, por la ciencia, la prevision de sus simpatías; asegurando, de esta manera, la legitimidad de sus deseos, avanzando con calma y confianza, hácia un porvenir, de hoy mas, cierto y seguro.—A la nueva ciencia, he dado una antorcha, cuya luz resiste, inestinguible, el embate de los vientos de la duda y de la ignorancia reunidos.—

.Para tener derecho á llevar esta antorcha ante los pasos de la Humanidad, debe estarse, preventivamente, adornado de un estudio profundo, minucioso é incesante de todo lo que su luz ha de esclarecer á los ojos de los demás; conviene, reconocer y admitir la influencia mútua de todas las partes de la existencia universal entre sí; es preciso, no concretarse á tener noticia de un hecho aislado, sino que se tengan presentes, científicamente hablando, todos los otros que de él han sido causa, ó aquellos á que él ha dado márgen, y, en consecuencia, que se comprenda bien la filosofía de todas las ciencias, de todos los sucesos y de todas las revelaciones.—Estas son, en mi dictámen, las condiciones del apostolado moderno; y, como en mi discurso sobre los deberes del Historiador, he consignado que éste debia, en lo futuro, ser su representante, debo declarar aquí, que la presente Historia está escrita bajo tan elevado punto de vista sintético, á donde Bossuet, acaso por primera vez, quiso que llegara el escritor.—Con este objeto, he presentado á mis lectores los diversos credos científicos, á que mas se acerca el mio; y he dejado conocer que, en todo el curso de esta obra, estudiaré la correlacion de los sucesos y de las causas, para poder enseñarles la manera de acelerar las fusiones armónicas, preparándolas segun la ley providencial.—En una palabra he indicado mi plan.—

Al presentar el credo científico del doctor Guépin, como que está mas conforme con mis ideas, me he espuesto á pasar por enemigo de la fé, no obstante mis protestas anteriores.—Para precaver semejante acusacion de escepticismo fatalista, que me seria mas sensible que otra alguna, deberia hacerme molesto hablando sobre la contínua intervencion de la inteligencia superior indefinida en las partes del todo universal, debia hacer constar la accion de dos fuerzas impulsadas á un fin idéntico, pero con una intencion que solo una de ellas conoce ; la fuerza colectiva y la fuerza parcial, concediendo á esta última, no mas, en virtud de la ciencia nueva, el derecho de conocer la intencion motriz; lo que hasta ahora ignoraba.—Me he propuesto describir, con toda la claridad que me ha sido posible, la manera como comprendo la intervencion providencial y el modo como la idea religiosa la debe interpretar á los hombres.—He indicado el puesto, que debe ocupar la revelacion, puesto, de seguro, nada inferior; porque, aunque reconozco, en los pormenores, lo preferible que es la certeza material á la *casi siempre* incompleta moral, no consentiré nunca que, en general se subordine la idea al guarismo, la religion á las matemáticas.—¿Es á caso, porque la primera ley de las matemáticas, no es hija de la idea religiosa?— En todo razonamiento lógico, la consecuencia apoya el principio y jamás le anula: la certidumbre matemática, es la consecuencia de una afirmacion primera, á la que debe quedar, siempre, subordinada; sirviendo, de paso, para despojarla del manto de tinieblas con que, de mucho tiempo, viene cubierta.— Tambien he insistido en manifestar, que la idea religiosa es anterior á toda otra cosa, representándola como el embrion de todas las manifestaciones de la inteligencia universal, estendiendo en este sentido su imperio á todos los mundos, cuyo secreto material nos es desconocido, y dominando, por lo tanto, por su universalidad á todo credo científico, cuyas bases son, esencialmente, el resultado de las conquistas matemáticas, en una reducida porcion del Universo.—Lejos de combatir la fé, le he sometido la ciencia, aseverando que la idea religiosa debe servir de clave para la síntesis del Porvenir y sosteniendo la imposibilidad de que sea reemplazada por otra idea distinta.—

La exaltacion esclusiva de la idea religiosa, del entusiasmo, de la inspiracion: en una palabra, de la revolucion, si no la acompañára de la exaltacion de la ciencia, podria, á su vez, acarrearme una acusacion de fanatismo, que no sentiria menos que la de escéptico:—Hé ahí la razon de haber puesto tanto cuidado para que sea bien conocido el lugar, que corresponde á la ciencia; despues de haber dicho, con igual detenimiento, el que la religion debe ocupar.—No basta; tales han sido mis palabras, no basta, como en otros tiempos, anunciar á los hombres el triunfo definitivo del bien, de lo bello y de la virtud, y reunirlos con los santos, con los ángeles y con Dios mismo, segun lo ha hecho Zoroastro, antes, y Pitágoras y Jesucristo despues; es preciso conocer el modo de dirigirse al bien, á lo bello y á la virtud, por medio de la ciencia.—Ni humillacion, ni duda; convencimiento y y nobleza, tal es mi idea religiosa.—Exámen hecho con conciencia y con desinterés; oposicion á toda negacion y, en todas ocasiones, al Protestantismo, tal es mi pensamiento científico.—Puede ser muy bien, que me haya estendido demasiado al poner en relacion á la razon y el sentimiento; pero si he logrado probar la necesidad de ella, no me arrepiento.—Tomando un ejemplo de la necesidad de dicha relacion, á parte de la humanidad, he demostrado cómo la fuerza material dejaba que los universos se moviesen en todas las direcciones del infinito, buscando el ocupar otras atmósferas. en que no pueden ser admitidos; pero me he apresurado á probar, que la esencia religiosa, la fuerza superior, el Todo imponderable, que, solo, la imagi-

20

nacion concibe y analiza en sus locos desvaríos, los sujetaba al puesto que se les habia asignado, con lo que, las atmósferas amenazadas por ellos, quedaban seguras.—Suplico á mis lectores, que presten alguna atencion al apólogo del médico y de la vírgen, colocados ambos delante del moribundo, á quien no podian curar los remedios del uno, mientras fué bastante, para ello, el entusiasmo por el escapulario de la mística madre del redentor.— Me he propuesto demostrar, con harta precipitacion, lo confieso, que el espíritu jamás habia procreado al fanastimo, y, que, la razon, mal dirigida, habia sido, mas de una vez, su madre : no me faltarán ocasiones, con frecuencia en la narracion de esta Historia, de volver á tratar de esta cuestion; y, presintiéndolo, apenas la he tocado lijeramente. He reconocido, pues, los deberes y los derechos de la ciencia, como habia reconocido los de la religion.

No faltaba mas, que decir el modo como debe realizarse la subordinacion de la ciencia á la religion, del sábio al sacerdote; que es el punto culminante del capítulo que precede á este sumario.—Afortunadamente, he podido traer, en mi apoyo, un largo texto, que me ha servido para esplicar las relaciones que existen entre la fé y entre el saber, merced al ideal, su genuino intermediario.—Este texto, rico de doctrina en la esperiencia del pasado, observa en todas partes el presentimiento de la armonía, de la que la Humanidad empieza á tener conciencia, hoy; aunque no libre de dudas todavia; y halla, que el saber acepta todo lo revelado y la revelacion todo lo que es científico.—Para reasumir, finalmente, en pocas palabras el capítulo á que he aludido, nada puedo hacer mejor que repetir la última frase: hanse ocupado, con constancia, he dicho, en un trabajo analítico, que ha modificado sin cesar á la ley religiosa, sin que haya variado ó alterado la esencia eterna: y el problema del Porvenir consiste en evitar que, el dicho trabajo, ocasione revoluciones, que, la ausencia de las tinieblas y la edad actual de la Humanidad, hacen inútiles.

Ya que he concluido mi tarea preliminar, puedo emprender resueltamente la relacion de los sucesos y apreciar tambien las individualidades ó las colectividades, realzadas por ellos; sin que tema colocarme en una linea inferior á mi mision.—

Creo en Dios : á él invocaré, siempre, cuando sienta que me faltan las fuerzas,—

Pertenezco al Universo, primero que á la Tierra; á la Tierra, antes que á mi Patria: á mi Patria, primero que al lugar en que nací: soy de los demás, antes de ser mio.—

Parto de la certidumbre primera, para descubrir las que le han precedido, en el estudio de las que han venido despues.—

Ante todo, soy partidario de la Unidad.—

Estoy en la persuacion de que, un plan providencial, ha previsto, desde la eternidad, los grandes efectos de todas las causas; y que ha concedido al hombre el descubrir las leyes, buscándolas en la filosofía de la Historia.—

Quiero un apostolado digno: creo que, en adelante, el Historiador es quien debe reclamar las funciones de Apóstol, y considerar, en este sentido, á la Historia, como fuente abundosa de la que ha de surgir el agua, que apague la sed del Porvenir.—

Pongo en el punto mas alto, que todos los otros, á la idea religiosa.—

Le doy por hermana á la idea científica.—

Subordino la segunda á la primera, el sábio al sacerdote, el guarismo al pensamiento; y como he dicho anteriormente, que el Historiador debia, en lo sucesivo, reunir el doble carácter de sábio y de sacerdote al de simple narrador, pruebo claramente, que, en la presente Historia, la idea religiosa descollará sobre todas las demás: vuelvo á Dios, despues de haber partido de él.—

Pero ¿qué puede haber de comun entre todos estos preliminares y la Historia de las cuatro provincias, que, algunos ambiciosos ilusos, han soñado en nuestros dias, reconstituir en Estado independiente?—Tal es la pregunta que me han hecho muchos y, entre ellos, algunos que pasan, á los ojos de la generalidad, por inteligencias de primer órden.—

Esperábase un mero relato; y se estraña que no haya seguido á los que, hasta aquí, han llevado el título de Historiadores; sin recelar que, bien pronto, les seria preciso que, al referir los sucesos, les diesen animacion y dedujesen, de ellos mismos, el secreto de las leyes bienhechoras, que deben gobernar el Porvenir.—

Se acerca una época grande, época sintética, si las hubo.—Todo tiende á su realizacion; cuanto existe, se dispone á ocupar su puesto en el nuevo órden de cosas; y el puesto que, á mi, me corresponde, es el de interpretar los sucesos del Pasado, á quien el mundo demandará los medios y el modo, para crear la armonía del Porvenir.—Esperando esta época, es como yo escribo la presente Historia; por lo cual, al evocar los sucesos, exijo que acudan á mi voz, no solo los sucesos, sino sus causas y sus efectos reciprocos, entre otros elementos, que me son indispensables, para saber ó para ignorar la existencia del plan providencial, cuyas leyes me propongo esplicar.—

LIBRO SEGUNDO.

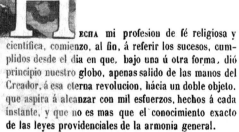

I.

ECHA mi profesion de fé religiosa y científica, comienzo, al fin, á referir los sucesos, cumplidos desde el dia en que, bajo una ú otra forma, dió principio nuestro globo, apenas salido de las manos del Creador, á esa eterna revolucion, hácia un doble objeto, que aspira á alcanzar con mil esfuerzos, hechos á cada instante, y que no es mas que el conocimiento exacto de las leyes providenciales de la armonia general.

La tierra que nos sostiene, cuyo grandor relativo desaparece ante la inmensidad, la tierra, en la que se agitan los destinos humanos, ha sido, por ventura, creada en un solo momento, tal cual es hoy, y los seis dias de la Biblia, tomados literalmente, no comprenden el pensamiento de Moisés, el gran maestro de un pueblo predestinado, pero ignorante?—

Ya no puede creerse en semejante creacion, cuyas peripecias han admirado nuestras inteligencias infantiles: los dias han sido considerados y convertidos en épocas, aun por los hombres mas crédulos, y el progreso, de que han sido instrumento, es reconocido por todos como el soplo del Creador, esparcido sobre la materia y sobre la inteligencia, ambas esencialmente modificables desde su orígen.—

La hora de justificar todos los desenvolvimientos terrestres, ha sonado.— El progreso, soplo divino, á cuya influencia continúa modificándose la creacion, se halla definido en las obras de los ingenios mas esclarecidos de nuestros tiempos, y nada mejor, que tomar su definicion de una de ellas, definicion, que, si se viera con un evangelio, vendria, sin dificultad, á formar artículo de fé para la creencia humana.—

Hé aquí las palabras de M. Eugenio Pelletan, al principiar su gravísima obra, intitulada, *Profesion de fé del siglo décimonono.*—Suplico á mis lectores, que las mediten, como se merecen, y que, luego, digan si es ya llegada la hora de un nuevo evangelio.—

«Dios, dice M. Eugenio Pelletan, no pudo mandar que compareciesen á »su presencia, á la vez y en un momento dado, todos los séres; porque, »en este caso, su creacion hubiera existido, toda, en dicho momento, com- »prendiendo el espacio limitado, por un instante, el infinito.—Consecuente »á su eternidad, crea eternamente, segun su naturaleza, y llama sucesiva- »mente los séres á la existencia por generaciones.—Produce, sin cesar, nue- »vas vidas para los tiempos nuevos, y los séres, ya creados, llevando con- »sigo los tiempos, cruzan la inmensidad,—Caminan juntos, acumulando, »siempre, por la mayor vida que adquieren, mayor cantidad de fuerzas so- »bre su tránsito.—Pasan de una ú otra metamórfosis, renovándose siempre, »jamás perdiéndose ó aniquilándose.—Porque estos séres son los tiempos »acumulados, y estos tiempos, conservados por la vida, vuelven á nacer »constantemente.»—

Tal es la esplicacion, que debe darse, de ese misterio, que llamamos Progreso. El Progreso es un mediador universal entre el Creador y la creacion: porque alterando los límites del espacio por el movimiento, une mas á la criatura limitada con la primera persoma de Dios; es decir, con la inmensidad: y variando, por la sucesion, el límite del tiempo, une mas la vida con la segunda persona de Dios; es decir, con la eternidad.—El Progreso es, pues, el movimiento universal de los séres, que, de contínuo, emanados de

Dios, gravitan en él sin poder tocarle; una perpétua transfusion en el espacion y en la duracion, el lazo que estrecha al finito con el infinito, por medio de un tercer término, el indefinido. El movimiento sería, en todo, independiente del movimiento sucesivo, la vida seria una esplosion privada de continuidad. Dios reinaria solitario sobre un mundo de polvo, compuesto de instantes.—

Empero, lejos de asentar su divinidad en la soledad, ha preferido, por el contrario, establecer entre él y sus criaturas una simpática correspondencia. Ha hecho comun su esencia propia, les ha dado su misma eternidad, además, para que, por la duracion, la obtuvieran, y su inherente inmensidad, para que, por la progresion, la alcanzáran. Echando fuera de su pensamiento y arrojando en el espacio las horas y las vidas, hermanas inseparables, que caminan precediéndole asidas de las manos, las lleva por el medio de su cielo, de espiral en espiral, á su propia perfeccion. Las llama y las reclina sobre su corazon, como á hijas aventajadas en inteligencia y en belleza.—

El progreso es, por consiguiente, la ley general del Universo. La atraccion es, solamente, un episodio; puesto que la atraccion es la marcha, matemáticamente regulada, de los mundos junto á los mundos, en la inmensa série de séres, en medio de la eternidad. Por tanto, si, aplicando esta ley del gran *Cosmos* á nuestro planeta, vemos que la Providencia lleva, paso á paso, ante sí, la materia, del fisico al elemento, del elemento al organismo, del organismo al movimiento, del mineral al vegetal, del vegetal al animal; y si, pasando, en seguida, del animal á la Humanidad, vemos al mismo poder creador, guiar continuamente al hombre á la conquista incesante del tiempo y del espacio, y de todo lo que puebla y anima el tiempo y el espacio, oh! entonces, postrémonos y adoremos su espiritu: poseemos la ley de Dios, revelada del mismo modo al hombre y al Universo, escrita en la misma lengua en el uno y en el otro catecismo: esta ley, todavia mas, es el progreso; el progreso es el evangelio vivo de nuestro destino.—

Despues de leer las lineas que preceden, no puede ya creerse en la destruccion absoluta; ni pueden, tampoco, calificarse con el nombre de castigos, las revoluciones físicas del globo, indispensables para su desenvolvimiento providencial; como lo son, para el desenvolvimiento de la Humanidad, las revoluciones humanas.—Es necesario estudiar las unas y las otras para conocer, anticipadamente, la venida de las segundas, para saberlas dirigir y para evitar que causen mal á los que, con ellas, preparan el bienestar de sus hijos.—

La inmensidad nos muestra, patentes, sus profundidades.—En presencia de tan grandes fenómenos, debemos contener todo impulso de exaltacion entusiasta hácia el misterio y hácia el gran desconocido, que nos domina:

ó, teniendo fé en el amor universal, en ese calor que penetra en las almas y que, en todo, se hace sentir, podemos mirar á la Providencia, conjunto de las leyes de la Naturaleza, como un diestrísimo jardinero, como un hábil director, cuya prevision infinita ha juzgado que debia renovar, con frecuencia, aquella porcion de seres, en que funda mejores esperanzas, para guiarlos á su perfecto desarrollo.—Y, para obtener la mayor perfeccion de sus órganos, no era necesario limpiar, á menudo, el aposento en que vivian? Nuestro entendimiento, permanecerá humilde y receloso en presencia de las maravillas del Universo, espuestas sobre nuestro globo; ó, acaso, debe dirigirse á esas mismas maravillas con valor, para inquirir lo que es dable á nuestras investigaciones sobre el plan de reunion, sobre el objeto y el fin de las cosas, que nuestra inteligencia puede comprender?—

Luego que se ha propuesto á si mismo estas cuestiones, que reproducimos nosotros en términos, tal vez, demasiado enérgicos, el doctor Guépin, invoca la ciencia y esclama:—

‹Oh Ciencia! divina antorcha, derrama la luz por todas partes, y mi espiritu referirá, segun sus impresiones, las cosas que habrá podido considerar sosegadamente, á beneficio de una intensa claridad, las que, solo con trabajo, habrá podido distinguir, y aquellas de que no tendrá mas que un presentimiento.›—

Yo me propongo idénticas cuestiones, pero no me limito á pedir á la ciencia, únicamente, que me ilumine.—Demándolo, tambien, á la revelacion; preciosa série de inspiraciones reunidas, que ha enriquecido las inteligencias con certidumbres correlativas á aquellas con que la ciencia ha enriquecido á la razon, á medida que iba en aumento y se desarrollaba.—Diríjome, además, á esa suprema voluntad que existe, como clave, sobre el conjunto de los universos, y que, permitiendo que el hombre se lance en todas las direcciones de la inmensidad, deja de emplearle como instrumento de su especial eleccion, cuando el hombre quiere separarse de su unidad gigantesca.—

Oh Revelacion! Oh Religion! Oh Ciencia! juntas os invoco y no dudo que, al resplandor de vuestras tres lumbreras, juntas, podrán entrever mis ojos la verdad.—

II.

Lo que, hasta ahora, he referido á mis lectores, es el Génesis.—Pero no es el Génesis esclusivo, que, á la inteligencia humana, impone el texto del primer libro de la Biblia Católica, sino el Génesis, que, á la ciencia, indican todas las revelaciones reunidas, á medida que, esta última, descubre las relaciones que entre ellas existen, y logra resucitar, dándoles nueva vida, los elementos, que las mismas revelaciones han dejado, al tiempo de modificarse ó de trasformarse.—

Lejos de oponerse y de destruir ningun aserto de los que voy á consignar, se halla el gérmen de todos, en el espíritu de las palabras del citado libro primero del profeta judío; y, aun tomadas en su sentido literal, arrojan suficiente luz en contra de los que, con ellas siempre en la mano, pretenden tenernos eternamente sujetos á una fé relativa, que, al presente, se ha convertido en enemiga, inconciliable con la fé absoluta.—

Quiero recordar el modo como, la Biblia, cuenta la creacion; y me lisonjeo de que, ni en uno solo de los treinta y un versículos del libro santo, podrá encontrarse fundamento, para oponerse á que se hagan estensos comentarios é interpretaciones; ni, mucho menos, para tildar de impio el acto de llenar el profundo vacio, que deja el profeta, en medio de sus datos sintéticos; especialmente, cuando el trabajo se emprende en nombre del Dios que inspiró á Moises, llevando su espíritu sobre el monte Sinaí.—

La intolerancia impaciente, no debe argüirme que el Génesis sagrado no debe figurar en esta Historia profana: entonces llevará á mal, tambien, que yo registre los abismos del Pasado, para averiguar la procedencia de ese pueblo español, cuyos destinos antes que estinguidos, se hallan enteramente en su comienzo.

Hé aquí como el libro de los libros habla de la creacion.—

»En el principio, creó Dios el cielo y la tierra.—

»La tierra era informe y confusa, las tinieblas cubrian la superficie del »abismo; y el espíritu de Dios era llevado sobre las aguas.—

»Y dijo Dios, hágase la luz. Y la luz fué hecha.—

»Dios vió que la luz era buena: y separó la luz de las tinieblas.—

»Dió á la luz el nombre de Dia y á las tinieblas el nombre de Noche: »y de la tarde y de la mañana se compuso el primer dia.—

»Y dijo Dios, tambien: hágase el firmamento en medio de las aguas, y »que el firmamento separe las aguas de las aguas.—

»Y Dios hizo el firmamento; y separó las aguas, que estaban sobre el »firmamento, de las que habia debajo de él. Y esto se hizo asi.—

»Y Dios llamó al firmamento Cielo: y de la tarde y de la mañana se com-»puso el segundo dia.—

»Y dijo Dios, todavía: Que las aguas, que están debajo del Cielo, se »reunan en un solo lugar, y que el elemento árido aparezca. Y así fué »hecho.—

»Dios, al elemento árido, llamó Tierra, y Mar al conjunto de las dichas »aguas reunidas. Y vió que esto era bueno.—

»Y dijo Dios: que la tierra produzca yerba verde, que lleve grano, y »árboles fructíferos, que lleven fruto, cada uno segun su especie, conte-»niendo su semilla en si mismos, para reproducirse sobre la tierra. Y asi »fué hecho.—

»La tierra produjo, pues, yerba verde que llevaba grano, segun su espe-»cie, y árboles frutales, que contenian su semilla en sí mismos, cada una »segun su especie. Y vió Dios que aquello era bueno.—

»Y, de la tarde y la mañana, se compuso el tercer dia.

»Y dijo Dios, tambien: que los cuerpos luminosos sean hechos en el firma-»mento del Cielo; para que separen el dia de la noche, y para que sirvan »de signos que señalen el tiempo y las estaciones, los dias y los años.—

»Y que brillen en el firmamento del Cielo é iluminen la tierra. Y así fué hecho.

»Dios hizo, por lo tanto, dos cuerpos luminosos grandes; el uno mas »grande, para que presidiese al dia y el otro menos, para que presidiese á la »noche: tambien hizo las estrellas.—

»Y las puso en el firmamento del cielo, para que alumbrasen la tierra.—

»Para presidir al dia y á la noche y para separar la luz de las tinieblas. »Y vió Dios que aquello era bueno.—

»De la tarde y la mañana se compuso el cuarto dia.—

»Y dijo Dios: que las aguas produzcan animales vivientes, que naden en »el agua, y aves, que vuelen sobre la tierra, debajo del firmamento del »Cielo.—

»Dios creó, pues, los peces grandes y todos los animales que tienen vida »y movimiento, que las aguas produjeron, cada uno segun su especie, y »creó, tambien, todas las aves segun su especie. Y vió que aquello era »bueno.—

»Y bendíjolas, diciendo: creced y multiplicaos y llenad las aguas del mar, »y que las aves se multipliquen sobre la tierra.—

»Y de la tarde y de la mañana se compuso el quinto dia.—

»Y dijo Dios: que la tierra produzca animales vivientes, cada uno segun »su especie; animales domésticos, reptiles y bestias salvajes de la tierra, »segun sus diferentes especies. Y así fué hecho.—

»Dios, pues, hizo las bestias salvajes de la tierra, segun sus especies, los »animales domésticos y todos los reptiles, cada uno segun su especie. Y Dios »vió que aquello era bueno.—

»Y, entonces, dijo: Hagamos al hombre á nuestra imágen y semejanza, y »que tenga imperio sobre los peces del mar, sobre las aves del cielo, sobre »las bestias, sobre toda la tierra y sobre todos los reptiles, que se mueven »debajo del cielo.—

»Dios, pues, creó al hombre á su imágen; creóle á la imágen de Dios, y »los creó macho y hembra.—

»Y los bendijo diciendo; creced y multiplicaos, llenad la tierra y sojuzgadla »y tened poder y señorío sobre los peces de la mar, sobre las aves del cielo »y sobre todos los animales que se mueven sobre la tierra.—

»Dios dijo, además: os he dado todas las yerbas, que llevan su grano »sobre la tierra y todos los árboles, que contienen, en sí, sus semillas, cada »uno segun su especie, para que os sirvan de alimento.—

»Y á todos los animales de la tierra, á todas las aves del cielo, á todo lo »que se mueve sobre la tierra, y que es viviente y animado, para que ten-»ga de que alimentarse. Y así fué hecho.—

»Dios vió todas las cosas que habia hecho; y todas eran muy buenas. Y »de la tarde y la mañana se compuso el sexto dia.»—

Cuando escriba la *Biblia de la Humanidad*, esplicaré detenidamente, uno por uno, los versículos precedentes, colocándolos, con respecto á los hombres, en relacion con las revelaciones correlativas que ha habido antes ó despues de la que aquellos escriben, con esa energía sintética cuyo secreto descubrió su autor en su comunion con la esencia misma del sublime.—

Me limitaré á hacer observar aquí, que el Génesis bíblico cuenta los sucesos *a priori*, sin dar la razon de nada ; atribuyendo, cada creacion, á la voluntad providencial.—Unicamente, se remonta sobre todas las circunstancias conocidas en tiempo de su autor, para agruparlas conforme á una ley, que adivina y que indica, obedeciendo á esa filosofía de la Historia, que me propongo hacer que, hoy, prevalezca.—

En el Génesis bíblico, atenta su inmensidad moral, hay un gran punto de partida, para desde él, lanzarse hácia lo anterior y hácia lo posterior, á un tiempo; sin abusar, empero, de la elasticidad de las palabras, que parecen tomadas, por el profeta judio, del Progreso mismo.—

El Génesis bíblico es tan elevado, en su objeto y fin, que todo cuanto existe se encuentra colocado en una posicion inferior.—Al contemplar esta obra, no puede menos de confesarse, que el primero que subió á tal altura, debió ser, forzosamente, un elegido de la suprema esencia.—

III.

Segun vá creciendo la Humanidad y conforme vá adquiriendo mas cabal conocimiento de las cosas y de su naturaleza, reconstruye, por decirlo asi, su Pasado, y dá una significacion mas exacta y precisa á las sintesis de sus divinos institutores.—Discurriendo, siempre, *a posteriori*, como no puede menos de suceder, interin no se conozcan perfectamente las leyes de la Armonía, necesarias para la presciencia del Porvenir, los reveladores, que Dios envia, sintetizan lo conocido en una fórmula, lo mismo que lo posible y lo probable; determinando mas y mas su Evangelio las cosas, al paso que se ván descubriendo nuevos elementos.—He puesto el Génesis bíblico: voy á hacer lo mismo con la paráfrasis de él, hecha por dos hijos del siglo XIX.

que han vislumbrado la época cercana, y que han deseado acelerar su llegada, desembarazando de obstáculos el camino, que debe recorrer.—No es difícil de concebir que los dos fragmentos, que siguen, han sido inspirados por el mismo Dios, que, en otro tiempo, comunicó con el hermano de Aaron en medio de los relámpagos y de los truenos.—

Desde luego es Miguel Chevalier quien habla, en nombre de la colectividad religiosa, de la que se han burlado mucho en nuestro siglo, y cuyo único crímen, que puede achacársele, es el no haber tenido una fé bastante pura y entera en la Divinidad, cuyo amor quería propagar entre los hombres.—

«Hé aqui, dice, el Génesis nuevo, histórico y profético, anunciando lo que ›ha sido destruido y lo que debe ser creado, lo que debe morir y lo que debe ›nacer.—

›Escuchad!—

›He visto, en la noche de los antiguos tiempos, cosas maravillosas.

›La tierra decia á Dios, en cuyo seno circulaba: el deseado, vendrá ›pronto?

›Dios le contestaba:—No se ha cumplido aun el tiempo de su venida; ›porque aun no posees el árbol á cuya sombra debe reposar; ni el animal ›cuya carne ó leche le alimente. La atmósfera, que te rodea, es abra-›sadora.—

›Qué puedes ofrecerle para darle gusto y placer? Él busca las frescas ›fuentes para apagar la sed; y yo no veo mas que aguazales cenagosos ›y amargos. En dónde están los campos y los tesoros que deben constituir ›su hacienda?

›Y la tierra giraba.—

›Hacinaba arbustos gigantescos, helechos mas grandes que altos oqueda-›les, y cañas como abetos. Cubrióse de bestias andantes, volantes y repti-›les, con los miembros estirados; parió millones de millones de moluscos. ›Arrojando tesoros de su seno, los puso en filones y en capas, muy apreta-›das hasta la superficie del suelo, mezclando los mas preciosos metales y ›las mas ricas pedrerías, con los mármoles y los pórfidos mas magníficos. ›Sin embargo, la atmósfera aplastadora se convertia en una lluvia vivi-›ficante, que iba á llenar los espantosos precipicios y á estrechar el dominio ›del mar.—

›Envalentonada con su obra, volvió á Dios y le dijo: Vendrá pronto?—

›Dios respondió:—Cómo podrá llevar la vida regalada y codiciosa, que ›necesita, en medio de esa vida grosera y miserable que has esparcido sobre ›tu superficie?—

›Y la tierra, resignada, guardó, como almacenándola, la vejetacion con

›que, por vez primera, se habia engalanado: quitó la vida á las bestias mons-
›truosas y á los moluscos informes, á quienes se habia entregado, y la dió
›á séres mas perfectos. Del cieno de las aguas, se formaron montes de as-
›peron y de esquita; de su arena, capas calcáreas; la atmósfera se templó,
›tambien: la Tierra producia metales nuevos, mármoles nuevos, que se le-
›vantaban altos como montañas, ó se estendian en masas densas y subter-
›ráneas.—

›Estas cosas se repitieron muchas veces.

›Y cada vez, Dios enviaba á la Tierra un nuevo mensagero, cuya apro-
›ximacion la regocijaba. El Astro, anunciador de las nuevas, recorria, lue-
›go, el espacio para alegrar los mundos con el calor vital, que habia toma-
›do de la tierra, en el seno de su majestuosa comunion.—

›Cada vez, esperimentaba la tierra inmensos regocijos.—

›Pero, cada vez, sentia, tambien, gravísimos dolores; porque, mientras
›los pórfidos, los mármoles, las serpentinas, los granitos, el plomo, el co-
›bre, la plata, el antimonio, la platina, el oro, el hierro, el estaño y todos
›los metales, hervian en sus venas, le producian una fiebre ardiente, que la
›devoraba. Mientras que se balanceaba su eje inseguro, y el mar impelia
›de uno á otro polo sus espumosas olas, sufria un pasmo nervioso: mientras
›que la atmósfera se condensaba y, despues, caia á torrentes, eran para la
›tierra un sudor frio que le calaba el cuerpo; mientras que recibia una vida
›nueva, esperimentaba las angustias del parto.—

›Y poseida del dolor, esclamó: ¿y el deseado, no vendrá pronto?

›Vendrá, dijo el Señor; porque lo he prometido. Vá á partir mi último
›mensagero, y quedará contigo, en testimonio de mi palabra; cada dia ale-
›grará tu vista con el aspecto de tu cara de color de plata. En memoria de
›las conmociones, que has sentido, al acercarse mi mensagero, él mismo ha-
›rá que, tus aguas, se mezan suavemente, y las mandará, todos los dias,
›lamer los piés de los continentes.—

›Vé, añadió el Señor, y acaba de engalanarte.—

›Transportada de amor, dió libertad á los rios, á los vientos, al rayo y á
›los fuegos subterráneos. Ansiosa de entusiasmar al esposo, con un presente
›magnifico, se abrió los costados, los amasó y los estendió, convertidos en
›risueñas llanuras, cubiertas de árboles, de flores y de ganados; allí, don-
›de, antes, habia horrendos peñascos y pestíferos aguazales, redujo á polvo
›los montes, separó de ellos el oro y los diamantes, sembrándolos en las
›playas que debian recibir al deseado y en los ricos valles en que debia des-
›cansar.—

›Rellenó las cavernas, envolvió en el pastoso polvo las rocas escarpadas,
›sepultó, en las corrientes de basalto y de lava, los hipopótamos horribles,

›los tigres y los rinocerontes agigantados, y las innumerables manadas de
›osos y hienas, que reinaban debajo del sol. Con ellos encerró, en profun-
›didades mas grandes, los palestrines y otros animales feroces, de formas
›repugnantes y espantables gritos.—

›El deseado, habia venido. La tierra tuvo, tambien, un sol de noche,
›que, todos los dias, la seguia anhelante, girando, como fiel compañero, y
›que, fijando, constantemente, en ella su rostro argentino, parecia espiar
›sus movimientos, como el perro cariñoso que juega al rededor de su amo.—

›Y se presentó á mis ojos, un nuevo cuadro.—

›Veia, en los mares, en lo hondo de los abismos y sobre las aguas, obje-
›tos prodigiosos,—

›Percibí regiones desconocidas; distinguí una tierra prometida, testimo-
›nio de la nueva alianza de Dios con los hombres.—

›Los viejos continentes se regocijaron, como se regocija una familia cuan-
›do la aumenta un reciennacido.—

›Innumerables islas, hasta entonces, inmobiles, se agitaron; y, como si
›no hubiesen completado su crecimiento, se juntaban, elevándose sobre las
›aguas.—

›El Hombre estendia su poder; conquistaba los aires y se paseaba por
›ellos, triunfante; gobernaba las mareas, como gobierna un canal el encar-
›gado de una esclusa; templaba los climas, como el follero aumenta ó dis-
›minuye la fuerza del calor del fuego; sujetaba el rayo, como, en otro tiempo,
›uno de nuestros padres sujetó el brioso caballo salvaje.—

›La Humanidad acaricia con sus manos el mundo, como el esposo á su
›tierna esposa, despues de una larga ausencia; y la tierra, orgullosa de sus
›halagos, apartaba, de la Humanidad, las bestias feroces y los animales
›venenosos; estinguia el fuego de los volcanes, nivelaba los climas, reducia
›á su cauce los rios derramados, moderaba los huracanes y formaba nue-
›vos imperios.—

›Gloria á ti, buen Dios! Gloria á tí, Señor Dios! que has señalado tan
›dulces destinos al hombre y al mundo! Gloria á aquel, que es tu predesti-
»nado y que es nuestro padre! Gloria al hombre, cuya vida perdurable se
›estiende por los rios, rebosa de sus cauces y se difunde por el mundo, del
›cual la toma de nuevo, estensa y sosegada, como la ola serena del occea-
›no!—Gloria al que vive en el mundo! en quien el mundo vive, y á quien
›el mundo llama la mitad de sí mismo.—

›Gloria á él; por que los latidos de su corazon le dicen lo que quiere la
Humanidad, lo que el mundo quiere.—

›Ha presentido que esperaba el hombre una esposa nueva, y ha pronun-
›ciado la palabra, que le dispone á una nueva union.—

22

»Conoce que el mundo desea reanudar sus lazos con la Humanidad, desde
»el momento que el hombre renueve los que le unen con la muger; y ha
»anunciado á la Humanidad las nuevas nupcias, que le prepara el Mundo.—

»Cúmplense los tiempos en que el Dios del Progreso, el Dios tranquilo,
»el Dios bueno, que había dado la Tierra por esposa al Hombre y que veia
»al esposo convertido en dueño y señor de la esposa, y á la esposa, impú-
»dica, vilmente embrutecida á los piés de su grosero esposo, ha enviado
»su hijo, el Cristo, para que rompa la union, maldiga la sustancia de la
»tierra, haga que el mundo ruede bajo sus piés y que, la Humanidad, se
»cubra con un silicio; esparcirá ceniza sobre su cabeza, obligándola á azo-
»tarse y macerarse y, empujándola hacia los hielos del norte, la encerrará
»en un claustro.—

»En diez y ocho siglos, se ha purificado la esposa; el esposo ha depuesto
»su ira, y, Dios, ha juzgado, que, la Tierra, cumplia el Tiempo en que él
»podría juntar al uno con la otra. Por este motivo, al preparar al esposo
»para los goces nupciales, despues de haberle paseado, por espacio de dos-
»cientos años, por la deliciosa tierra de Oriente, le muestra, mas allá de los
»mares, regiones inmensas, en donde encuentra la plata, el oro, las piedras
»preciosas y los ricos colores con que ataviarse; en donde nacen, espon-
»tánea y abundantemente mil alimentos nuevos: el azúcar, el café, las
»especias, los licores ardientes, que despertarán los sentido embotados por
»quince siglos de abstinencia.—

»Y, ahora, Dios ha creido que, el tiempo de las nuevas nupcias era, lle-
»gado para el Hombre y para el Mundo, y ha enviado, de nuevo, su Cristo.—

»Gran Dios! qué tierra es esa, inpregnada, todavía, de la humedad de los
»mares, que acabas de mostrar á los hombres, que estrecha el Asia con
»amorosos brazos, y cuyos músculos salen pujantes por cima de las aguas,
»formando interminables ringleras de islas y de arrecifes?—

»Cuál es el Porvenir de esa tierra sin Pasado?—

»El agua, estará siempre en donde se halla hoy, y, el mar, no arrastra-
»rá jamás los morrillos de la parte que ocupan los hombres?—

»Gran Dios! La han llamado, la Nueva-Holanda! Será por que, allí, debian
»encontrar un suelo feraz y salubre, al que han de transportar las populo-
»sas ciudades, que, con tanto trabajo, resguardan de la invasion de los
»mares, por estar construidas sobre playas arenosas?—

»El Asia, el pais del Sol y de los placeres, tendrá su pedestal, en un
»todo, como lo tiene la Europa sábia y la industriosa América del Norte.
»Y, la tierra, constará de tres nacionalidades, que ocuparán, cada una,
»dos regiones inmensas: Europa y Africa; América del Norte y América
»del Sud; Asia y Oceanía; es decir, el principio y el fin.—

»Y mientras que, el hombre, llama á la esposa, los tres esposos, que
»habitan en el Norte, van á llamar á las tres esposas que habitan en el Me-
»diodia, y las conducirán al lecho nupcial, que, para el primero, será el
»Mediterráneo; para el segundo, el Archipiélago de las Antillas; para el
»tercero, las grandes bahias de la China y de la India.»

IV.

Concluyo, con la siguiente, las largas citas, que me ha sido preciso hacer,
para que pueda comprenderse mejor mi doctrina, en cuanto se refiere al
Génesis Universal.—Despues de Miguel Chevalier, Eugenio Pelletan.—
Hé aquí el Génesis del último:

«La tierra giraba, la primera vez, en su órbita, inflamada al contacto del
»éter, por la rapidez de su rotacion.—

»Era, entonces, como la arcilla en la rueda del alfarero, blanda y fluida,
»achatada, por el Polo, redondeada, por el Ecuador.—

»El volcan interior, inclinado sobre su horno, removia, sin cesar, la masa
»de granito, estendiéndola por la superficie, en capas de cimento.

»La inmensa cantidad de agua, que, hoy, forma el Occeano, volatilizada
»por la llama de la hoguerra, flotaba en el espacio, en estado de gas; con
»sus posos calcáreos, volatilizados tambien.—

»Pero la costra enrojecida del granito, se endurecia, gradualmente, por la
»accion del centro de calor; y endurecida, sellaba, con la figura de una
»cueva, la frente ardorosa del Cíclope en su fragua.—

»El mar, suspenso, esperando su hora de lo alto de la atmósfera,

»apartada, en adelante, del fuego y condensada en vapor al enfriarse el planeta, rodó de uno al otro Polo, cual oscura nube.—

»Hizo la noche en la tierra, como para un drama sacro ; y, á la voz del »abismo, bamboleó sobre si misma y se hundió, de una, en inmensa cata- »rata.—

»Esto debió ser, para el ojo que todo lo vé, y para la oreja que todo lo »oye, un espectáculo y un concierto terribles, asombradores de espanto y »de sublimidad.—

»Esta tromba infinita, cargada con el peso de todos los mares, y de todos »los montones calcáreos en disolucion, debia, necesariamente, producir y »desencadenar, en el fuerte choque de su caida, un huracan de electricidad.—

»El planeta, invadido, de repente, por las aguas del diluvio, resistia, en »su rabia, contra la invasion de las aguas, con una continua esplosion de »volcanes.—

»En lo alto, el trueno; en lo bajo, el cráter, rujiendo y arremolinando »juntos, rayos contra rayos, con espantosas detonaciones.—

»La trabajada tierra, herizada de susto y sodurosa, palpitaba, oprimida »por el cataclismo; daba arcadas á impulsos de la convulsion y de la con- »goja.—

»El granito, fuera de su base, volaba en pedazos; la lava corria como la »sangre, y, por medio del boqueron abierto, el agua y el fuego descen- »dian al centro del Globo á buscarse, para luchar aun.—

»El agua, sin embargo, logró llenar el cráter; que se estinguió, vomitan- »do, en el espacio, al morir, una nube de ácido carbónico.—

»Estremecióse sobre sí misma, la Tierra, repuesta, aunque no comple- »tamente, de su larga conmocion; el costado abierto, surcada por los mon- »tes y valles, como pliegues, de hoy mas, inmobles, causados en su »epidermis, por los pasmos y los tiritones sufridos.—

»El rayo victorioso, se remontó majestuosamente, haciendo un sordo »murmurio, hasta el trono del Invisible, y la tierra recobró el equilibrio.—

»Esta fué la primera revolucion del planeta. Entonces se asentaron los »cimientos de la ciudad universal de las existencias. El fuego produjo la »piedra y la cal el agua.—Estas dos substancias, el agua y la piedra, mo- »viéndose y removiéndose la una contra la otra, por efecto del roce, la forma »plástica del Globo arrojó el mantillo, y, del mantillo, nacieron esas equi- »vocas profecias de la vida vejetal, esas plantas celularias, algas ú ovas, »que reproducen, indefinidamente, con incansable sencillez, las mismas for- »mas y las mismas combinaciones. Pulió, en seguida, este bosquejo, para »ensayar una segunda generacion de plantas, imperfectas, es cierto, pero »mas complicadas; como, por ejemplo, las criptógamas y las drioptérides,

»y de prueba en prueba, llegó hasta á dar á luz las fenerogamas, los
»cedros y las palmas. El aire, como estaba cargado de ácido carbónico,
»influyó para que fuese abundantísima la vejetacion, en este inmenso recep-
»táculo. Convirtió en inagotables bosques de árboles gigantes, los tesoros
»de carbono acumulados en la atmósfera.—Detúvose, aquí, de nuevo, el
-planeta, para fijarse en otro problema; y sumió, en los profundos herba-
»rios de sus hornagueros, esta flora, incompleta y tosca.—

    »Esta fué la segunda revolucion del planeta; en la que fué creado el
»vegetal.—

    »La atmósfera, purificada ya del ácido carbónico, limpia y dispuesta para
»la respiracion. el espíritu creador del primer tiempo, hizo aparecer sobre
»la tierra el reino animal; principiando por los individuos de organizacion
»mas sencilla: por los zoófitos; paso vacilante de la vejetacion á la anima-
»lidad. Luego, sin detenerse, acometió el organismo, de mas inteligencia y
»de mayor complicacion, de los animales vertebrados.—Probó, sucesiva-
»mente, en los peces, en los reptiles, en los cocodrilos, en los mastodontes
»y, finalmente, en algunas especies raras de animales, que, al presente,
»vemos; como la del rinoceronte, la del elefante, la del camello, y la del
»caballo: que fueron á manera de líneas de luz, que irradiaban, desde el
»fondo de su noche, en nuestra aurora.—Porque la vida vagaba en los lim-
»bos. La tierra estaba cubierta de vapores. El sol, privado de su corona de
»rayos, esparcia un crepúsculo cuasi imperceptible. El suelo era viscoso.
»El volcan, proximo á estinguirse, oscilaba, trabajosamente, su medio
»apagada llama, sobre la lívida llanura en que el plesiosauro de largo
»cuello, chapoteaba en el lagunajo del diluvio.

    »Despues de terminar, de este modo, sus estudios en la oscuridad,
»desenvolviendo la vida, por decirlo así, desde el alfabeto, deletreando
»monosílabo por monosílabo, la Naturaleza cerró su libro; y, dueña ya de
»los secretos de la creacion, concibió en su mente un último Génesis. Cu-
»brió con un paño su primer plan de vida animal y estendió sobre el
»mundo una nueva cama de verdura, disponiendo, así, para su distinguido
»huésped, á quien convidaba con su gloria, un suntuoso recibimiento y
»una espléndida sala de festin. Esta fué la última creacion.—

    »La tierra adquiere, desde este momento, la forma final, que, hoy, tiene.
»Hace, en su superficie las mismas revoluciones periódicas, que en su his-
»toria, y resucita, bajo otras formas y alguna vez bajo las mismas, las flo-
»ras y los faunos, que habia producido, unas en pos de otras y sepultado
»con sus rocas calcáreas. De los varios Génesis anteriores, episódicos y su-
»cesivos, hizo un último Génesis; uno y dramático, que volvió simultanea-
»mente á la luz todas los séries de Progreso, que habia recorrido, en dis-

»tintos intérvalos en el Pasado. Renació con la memoria cabal de todas sus
»obras; como vendrá un dia, en que el hombre renacerá, con la restitucion
»completa de sus ideas.—

»¿Cómo clasifica la ciencia los seres, colocados ante su vista, en esta
»creacion definitiva?—

»Los clasifica por su superioridad de vida; y denomina vida superior á la
»que participa mas de la inmensidad por el movimiento, de la eternidad por
»la duracion; y, en su razon, adquiere, en mas alto grado, el carácter de
»personalidad: circunstancia que no se encuentra en su verdadero punto de
»fuerza, mas que en la inmensidad, y en la eternidad reunidas y armoniza-
»das en Dios; el único Ser, como hemos visto, absolutamente personal.—

»En el primer grado de la escala, la ciencia inscribe el mineral.—

»El mineral, limitado ó reducido á sí mismo, no ocupa parte alguna en
»el espacio, fuera de la que le es estrictamente peculiar. Presa de la atrac-
»cion, siempre en el mismo sitio, tiene la cualidad no de durar, sino de
»persistir, esto es: la negacion de la duracion, que implica, siempre, la idea
»de evolucion.—Cuando el estado actual de un cuerpo, es el mismo que el
»anterior, exactamente el presente, y el pasado, asi confundidos ambos, no
»señalan, para él, en el reloj de la vida, mas que un solo instante.—Im-
»forme, inerte, en el abismo de la indiferencia y de la insensibilidad, no
»ejerce funcion alguna, ni tiene figura determinada, ni condicion ninguna,
»en una palabra, de individualidad y de existencia. Compuesto de moléculas
»homogéneas, reproducidas hasta el infinito, en iguales combinaciones,
»existe, lo mismo, en los mil pedazos esparcidos, que en uno solo de ellos.
»En una pizca, se encuentra todo entero. Es, en fin, el ente en estado pu-
»ramente pasivo; pasivo, si, pero no inmutable; pues que entra, desde lo
»último de su inferior condicion, en comunicacion con el infinito. El Infinito,
»callado alquimista, le busca, por el calor y la electricidad, sus invisibles
»fluidos, debajo de la tierra; para elaborarlo y trasformarlo en mármol, en
»porfido, en cristal, en diamante. Por tanto, el cristal es el ápice del pro-
»greso, en el mineral: alcanza, ya, las dos prendas de la vida, el color y la
»forma: color monótono y forma geométrica, es cierto; pero cual conviene,
»en ambos casos, para conservar la cualidad de simple, en la molécula,
»por la uniformidad de la linea y del matiz.—

»En el segundo grado de la vida, la ciencia inscribió el vegetal.=

»Lo mismo que el mineral, su predecesor en la progresion de Ser, el ve-
»getal es, tambien, sedentario. En el espacio, apenas posee su propia som-
»bra. Crece, verdece, echa su flor; en una palabra: completa, desde su
»primero hasta su último instante, en el terron en que fijó sus raices. Sin
»embargo, como tiene mayor vitalidad que el mineral, conoce la duracion;

»pero por corto tiempo. Nace y desaparece, en el intervalo de una revolu-
»cion de la tierra, al rededor del sol. Allí, en donde presenta una vida mas
»larga, como en el árbol, por ejemplo, muere periódicamente todos los años.
»Despues de haber contado las capas concéntricas del plátano, la ciencia
»ha dicho que habia vivido mil años, verbi gracia; debia de haber dicho, mas
»bien, para que fuese verdad, que, mil generaciones, han vivido, sucesiva-
»mente, sobre su mismo tronco, como sobre un pedestal mismo; dejando,
»sucesivamente, tambien, en las fibras de la madera, los rastros de su exis-
»tencia. Pero esta superposicion, ó, mejor, aluvion secular de fibras, es,
»hasta cierto punto, la vida transcurrida, pasada ya del árbol; su parte his-
»tórica, tumularia; retenida y conservada por la parte viviente y activa,
»acogida, esparcida toda, por completo, en la circunferencia; la memoria
»reunida de las varias veces, que, año por año, ha arrojado hojas la corte-
»za; la relacion insensible del Presente con el Pasado, la profecía oscura de
»lo que sucederá mas tarde, cuando el ente haya llegado, en otro grado, á
»la reminiscencia.—

»El tronco, tiene tan poco interés en el acto de la vegetacion, que puede
»faltarle la vida al corazon, convertirse en polvo, y, con todo, no dejar de
»empujar hácia la superficie y reverdecer. Por aqui tiene su punto de con-
»tacto con el mineral; por aqui es por donde, en cierto modo, le sirve de

»transicion. Como él, es de forma geométrica, por que la línea cubica limita
»sus ramas. Como él, duerme, tambien en la indiferencia y en la insensibi-
»lidad. La vida esterior del mundo, le traspasa, incesantemente, sin que dé
»á conocer que existe. Vive, sin saber que vive: pasa, sin recordar que ha
»vivido. Pertenece á la atmósfera, al planeta; sin poder librarse, por un
»momento, de la sujecion en que le tiene. La influencia de la temperatura y
»la ley de la gravitacion, regulan su destino. Por la noche, cierra sus hojas;
»y las pierde al fin de la estacion.—

»Empero el vegetal es, con mucho, superior al animal. Crece, y en el
»movimiento continuo de crecimiento, varía, continuamente, sus límites.
»Ocupa, pues, aunque solo sea por lo ancho de sus ramas, mayor estension
»del espacio.—Funciona de varios modos y tiene, para cada funcion, un
»organismo distinto. Aspira y respira, asimila y reproduce.—Un Génio
»plástico oculto por la corteza, acude, armoniosamente, á todos los
»puntos de la circunferencia.—

»El vegetal existe, individualmente, con una existencia determinada. No
»puede ser reducido, como el mineral, á pequeñas partes, sin destruirsele.
»Tiene, pues, una individualidad, albor primero de la personalidad. Presen-
»ta una forma; que es tanto mas libre y variada, cuanto son mas sensibles
»sus órganos y ocupa lugar mas alto, en el órden gerárquico de la vegeta-
»cion. Así es, que se observa gran diferencia, entre las direcciones y el
»número de las líneas, en las flores y en las ramas. Posee, finalmente, un
»color tanto mas precioso, tanto mas fuerte, cuanto mayor es su vitalidad y
»cuanto mas importante es la funcion, que ejerce.—Por eso, las hojas,
»son de un color mas vivo que las ramas, que ofrecen, no obstante, á la
»vista cierta uniformidad, alterada, muy póco, por uno ú otro matiz; mien-
»tras que la flor, momento supremo de la planta, refleja todos los rayos
»del prisma en las vivas labores de su corola.—

»Y no es esto solo. El vegetal, participa del principio de la eternidad,
»por la reproduccion. Es el primero en la tierra, que, en medio de su pesa-
»do sueño, presiente, aunque de una manera confusa, el infinito: y cuando
»se regenera, ó, mas bien, cuando entra en la perpetuidad de la especie,
»siente exaltársele la vida, como en un arranque de lírico entusiasmo: se
»adereza con pompa, para celebrar la fiesta anual de su apoteósis; toma,
»del arco iris, los mas bellos encantos; perfuma el lecho nupcial, en que
»debe recibir, venida la noche, el beso de la misteriosa Psiquis, entonando
»así, por todas las voces de la planta, el hosanah glorioso de su entrada en
»la posteridad.—El gran instinto de los pueblos, ha esparcido, siempre, flo-
»res, sobre las tumbas; por que ha comprendido, en efecto, que las flores
»eran los primeros himnos de inmortalidad.—

»Parece, que, este momento de entusiasmo sagrado, va mas lejos de lo
»que era propio de su naturaleza. Ocupa el espacio: suelta al aire su semilla,
»en busca de una nueva patria. Cuando la palma, corifeo de los vegetales,
»que, con una hoja, cubre el sueño de una familia entera, cumple cincuenta
»años, el árbol gigante saluda la hora, con una esplosion. Su elegante cima,
»semejante á un candelabro, estalla, y salen, por todos los resquicios de la
»corteza, flores, con abundancia. El árbol corifeo, triste en el apogeo de su
»gloria, despues de sospechar el infinito, desfallece sobre su corona y mue-
»re; derramando á sus pies una lluvia de simientes; generacion inagotable
»que renacerá de su polvo.—

»Luego el vegetal, puede morir. Cuéntase en el número de las criaturas.
»Hállase ligado, por un hecho, con el infinito. Tambien lo está por el progre-
»so. Porque, el vegetal, completa, en sí mismo y por sí mismo, una série
»indefinida de iniciaciones ó principios, de una existencia superior. De meta-
»mórfosis en metamórfosis, pasa del hongo al plátano; y en cada mudanza,
»refleja, sino una parte mas grande, al menos, una imágen mas viva de la
»permanencia.—El nopal, es el primer paso, contenido todavia, de la vida
»orgánica sobre el planeta. En fin, quiere atreverse á remedar, como el pi-
»pirigallo oscilante, aunque indeterminadamente, el movimiento; pero, al
»usurpar las facultades de la animalidad, se detiene.—

»El reino animal, sigue, en la série de la creacion; y, la ciencia, escribe
»su postrer capítulo. —

»El animal, elevado á su mas alta fórmula, es el primer ente libre y
»exento de los lazos de la gravitacion. Vive, sin estar condenado á vegetar
»en un punto y á desaparecer, cada un año. Dios le ha dotado de la mag-
»nífica prerogativa de la locomocion y de la longevidad. Anda, se mueve,
»trasforma y renueva su existencia. Por el movimiento, toma posesion del es-
»pacio; por la evolucion, de la perpetuidad: y, al mismo tiempo, por la mis-
»ma ley, de todas las fuerzas y de todos los tesoros de vida, esparcidos en
»la tierra y en el espacio.—

»Penetrando, de este modo, en el principio de inmensidad y de eternidad,
»atributos, ambos, de la persona divina, reune, para sí, un poder mayor
»de personalidad. Y, si bien, en esta época de la vida, la personalidad resi-
»de, únicamente, en la especie, copiando, la abeja á la abeja, exactamente,
»reproduciéndola con la igualdad que se reproduce una misma efigie acuña-
»da en una misma moneda; y fabricando, eternamente, idénticas, las cel-
»dillas de los panales, conforme á la misma idea preconcebida, fatalmente
»impresa, luego, en la cera; puede, sin embargo, decirse, que, el animal es,
»mirado por partes y observado en algunos momentos, un ser personal: tie-
»ne un centro, un yo, con diversos conductos, abiertos, simétricamente, al

»rededor del cerebro, en el mundo esterior, para verle, conocerle, perci-
»birle y sentirle: con varias ramificaciones nerviosas por la epidermis y por
»todas las partes del cuerpo, para llevar la sensacion al cerebro y desde allí
»estenderla á todos los puntos del mecanismo, con nombre de voluntad.—

»Porque, el animal desea, conoce, retiene, reflexiona, manifiesta algo de
»memoria, algo de prevision y ve, tambien, antes y despues del momento
»presente. Crece y respira, sin duda, como el vegetal, por un movimiento
»involuntario, cuyo secreto no sabe, pero, para este trabajo fisiológico, toma
»de la materia mas grande cantidad de oxigeno, de luz, de calor y de elec-
»tricidad. Tiene un corazon, un horno, siempre avivado por el soplo de la
»respiracion, para librarle del poder caprichoso de las estaciones: y mientras
»que la sávia corre, lentamente, sin color, é insensible, bajo la piel del perro,
»la sangre esparce, con ritmo rápido; la llama y la púrpura en su artéria.—

»Finalmente, este reino, privilegiado entre los demás reinos de la crea-
»cion, refleja, en las alas de la mariposa y del pájaro, en la piel del antilo-
»po y de la pantera, en la madreperla, y en el vestido de la luciola, toda la
»gradacion de los colores: el rojo, el azul, el verde, el naranjado, el negro,
»el blanco, el pardo, el leonado, el ceniciento, el violeta, que pueden anun-
»ciar á la vista, por la variedad, por la combinacion ó por la armonía de la
»entonacion, lo precioso del ser, su poder, su alegría, su placer. Se aparta
»de la forma geométrica, cárcel estrecha del ente inferior: multiplica en su
»configuracion, todas las líneas geométricas posibles: esferoides, elipsóides,
»cónicas, cúbicas, prismáticas, cilindricas; pero todas perdidas las unas en
»las otras, desvanecidas, como para indicar, con innumerables curvas, las
»innumerables tendencias de su vida hácia el infinito.—

»Por la regeneracion, entra, tambien, en la inmortalidad; pero con mas
»magnificencia, que el vegetal; con mas poesia. Entonces toma una nueva
»alma: la voz, para celebrar esta hora de Dios, que la planta celebra única-
»mente con la poesía muda del color y del aroma. La primavera llega; la
»noche, con plácido misterio, desciende al valle, instando vagamente con
»aparentes angustias. La tierra, presenta, á las estrellas, un velo de vapor
»y rocio, tendido sobre el lecho nupcial.—En medio de esta oscuridad, húme-
»da y perfumada, que es como el casto halago de la naturaleza, derramado
»por la atmósfera, el caballo relincha, el ciervo brama, el toro muge y el
»leon hace rodar, por el desierto, el sordo trueno de su voz.—

»Pero el poeta apasionado de esa noche, es el pájaro, oculto, allá, en la
»entrada del bosque, bajo de la retama y del majuelo. Cantor inspirado, suel-
»ta una nota aguda, envuelta en trinos dudosos y rápidas modulaciones,
»cual si fuese la primera estrofa impaciente y brusca, de su amor.—Repite
»los mismos versos con mayor estro, y, fuera de sí, átomo imperceptible en

»la enramada, su ser llega al mas lejano horizonte, en este epitalamio perdi-
»do, que convoca á la naturaleza para su místico himeneo con la eternidad
»y que viene á dar como sonora cascada, en el valle silencioso: despues,
»cuando ha sonado la hora, se estremece con un sacudimiento infinito, como
»su amor; arde en un fuego divino, y cae, batiendo las alas, herido de un
»rayo, en el altar: misterioso fénix, consumido en su propia hoguera, para
»renacer de sus cenizas, en su descendencia.—

»Despues de haber vislumbrado la inmortalidad, por entre la llama del
»Sinaí, y de haber respondido á Dios con una suprema esplosion de vida,
»lleva consigo melancólicamente, este momento de éstasis, como un
»secreto: se marcha y muere para en adelante, y no vuelve á su himno in-
»terrumpido, hasta la llegada de otra primavera.—

»Si, el vegetal, cumple su progreso en sí mismo, con mucha mas razon,
»el animal, progreso del vegetal, continúa la evolucion. Y, en efecto, desde
»la esponja, puñado de polvo animado, que, parece, haber arrojado Dios á
»sus piés, descuidadamente, antes de darle una forma, desde la impercepti-
»ble politalámia, molécula microscópica de vida, oculta en la noche del oc-
»ceano; desde la discerea, nieve viva, esparcida, con profusion, sobre la
»nieve del monte; desde el coral, que forma, calladamente, el lecho del abis-
»mo, hasta la gruesa foca, que sobrenada en las masas de hielo del polo;
»hasta el pulgon, hasta el moscon, hasta la cigarra, hasta la silvia, hasta el
»caballo, hasta el perro, este compañero afectuoso y amigo del hombre, la
»Naturaleza, inagotable inspiradora para difundir, de un modo inagotable,
»tambien, la vida sobre la tierra, debajo de la tierra, al rededor suyo, por
»todas partes, como si hubiese querido que, cada particula del globo y del
»aire, tuviese su huésped, su voz, su movimiento, su palpitacion, la Natu-
»raleza, magnánima y perfeccionable en su creacion, encamina contínua-
»mente al animal, de puesto en puesto por los organismos, siempre, mas
»á propósito y por las funciones, siempre, mas numerosas, del somnambulis-
»mo al instinto, y del instinto á la inteligencia.—Al llegar aquí, toma, para
»pensar en otra obra, un instante de reposo.»—

V.

Ahora, debería tener cabida el Génesis, que , la vasta imaginacion de Fourrier, ha podido concebir y esponer, prescindiendo de la revelacion, cuya ley existe, aunque á su pesar. Pero á qué conduciria el hacer constar una voz mas, que nada hay determinado y exacto, fuera de la deduccion, y que la deduccion ha menester forzosamente de la existencia de una idea superior, para que, de ella, emanen todas las que se manifiestan en la Humanidad?—Esencialmente religiosos y escritos en tiempos distantes entre sí, y bajo un punto de vista, político, diferente, los tres Génesis que hemos trascrito, se anuncian ó se cumplen, como si fueran la obra del mismo Criador, puesta, por su cuidado, al alcance de los siglos, á medida que estos son mas capaces de comprenderla.—Ninguno de los dichos Génesis, se opone ni desmiente á sus hermanos, ninguno los hace imposibles, ninguno es, contra el espíritu, un obstáculo.—Cuando el Génesis hebreo fué consignado en el libro sublime, por el profeta judio, abrazó todo el Pasado; pero sin tocar el Porvenir: y hé ahi, cabalmente, por que se le mira, con justicia, como revelacion divina; por que, solo él, no crea embarazos, reconoce la ley suprema del desenvolvimiento, á la cual somete cuanto descubre: en este concepto, el Génesis, es, en verdad, el hijo, la procedencia de esa Unidad, á que, habitualmente, damos el nombre de Dios.—

Los que toman un Génesis, un libro ó una página, al acaso, y aspiran, en nombre de ese Génesis, de ese libro ó de esa página, á ordenar, á la vez, el Pasado y el Porvenir, son enemigos del Génesis, y, por consiguiente, enemigos de Dios.—Rémora del Progreso, á quien encadenan, únicamente se justifican en su obra, por la suma de méritos, que hacen que adquiera el Principio nuevo, cuyos perseguidores se declaran.—

La letra mata, y el espíritu vivifica, ha dicho el libro santo.—La letra es la que ha muerto á la generacion de Lutero; el espíritu, el que vivifica á la nuestra.—Y es un error muy grande, el creer que Roma representa en la actualidad la letra; cuando los adversarios del catolicismo buscan las armas, que han de esgrimir contra la ciudad eterna, en la nimia precision de los textos, mientras que el catolicismo fia su victoria y espera su trasformacion del espíritu de los libros, cuya conservacion obtiene hace ya mas de mil y ochocientos años, conservándolos y disponiéndolos fielmente.

Proclamada como principio la ley de la interpretacion, que descansa sobre la unidad del punto de partida, no ha sido, hasta el presente, puesta en práctica, merced al Protestantismo que ha aherrojado el pensamiento, cuya espasion pretendia, vanaglorioso, facilitar.—Para cuando me ocupe de las causas que entorpecieron, por su culpa, la marcha de la Humanidad, me reservo demostrar, claramente, que, el Protestantismo ha sido siempre desde su origen, un obstáculo; y que los supuestos beneficios, que con tanto énfasis se pregona reportar, son otros tantos funestos presentes, cuya víctima ha sido el Progreso.—

Voy á intentar á mi vez, ayudado en mi tarea por los escritos de todos los que se han ocupado, sériamente, en la investigacion del Pasado; voy á intentar, repito, el referir, no la creacion, sino la Historia de las trasformaciones de nuestro globo.—La creacion se encuentra, como Dios, en el estado de certidumbre inconcebible todavia, para nosotros, y cuanto mas nos acercamos al conocimiento de sus secretos, mayores son las dificultades que se presentan para definirla.—Fijo en lo mas alto del mundo, el Progreso, vá, en nuestros dias, á enviar sus dos principales ministros, la imaginacion y la ciencia, en los sucesos practicados del Pasado y del Porvenir; y creo no engañarme en mis juicios, al asegurar que el último resultado de los trabajos del uno, no se logrará antes que el de los trabajos del otro.—La creacion y el fin de las cosas se hallan en el infinito, y no serán conocidos, hasta que la fantasia y la ciencia se hallen frente á frente, al terminar su impetuoso vuelo.

En mi sentir, tres son las edades en que, principalmente, se divide el Pasado de nuestro globo.—La primera, debe llamarse edad sidérea ó mineral; la segunda, edad terrestre ú orgánica; la tercera, edad humanitaria.—Por de pronto, no debemos ocuparnos de esta última.—

La primera de dichas edades, es, segun Guépin, subdivisible en cinco períodos, y la segunda en tres.—

Es evidente, que, un tiempo, nuestro planeta existia en medio de una sustancia dividida al infinito, únicamente como una posibilidad.—Los átomos, ocuparon, luego, con su materia, algo menos condensada, tal vez, que lo está nuestra atmósfera actual, mucho mas espacio, ó, por mejor decir, una mayor porcion en el infinito y formaban parte de la atmósfera, escesivamente dilatada, del Sol.

»Corrieron los tiempos, unos tras otros; empero la medida llamada dia, »dice Guépin, no existia aun. La sustancia gaseosa , se condensaba en los »límites de la esfera de atraccion del Sol; de la cual, una fuerza centrifuga, »la desviaba incesantemente. Esta condensacion, constituia el molde del »globo, del cual, ulteriormente, debiamos formarnos nosotros; produciendo »un calor inmenso, perdiéndose una parte de él en los espacios; mientras la »otra, conservaba la materia en estado de fusion.—

»Producto de la sustancia del grande astro, que engendra en derredor »suyo luz y calor, la tierra, vió, llegado el tiempo tambien, formarse en »torno de su esfera de accion, un satélite ó compañero de sus peregrina-»ciones celestes.—

»Las leyes de la polaridad, mejor conocidas, nos darán una esplicacion, »antes de concluirse el siglo, continúa el citado doctor, del *como* existe y de »una parte de la mision de este satélite.—

»La tierra fué, desde luego, para su satélite, como un sol de abrasadoras »llamas, encontrándose debajo de ellas una atmósfera de vapores salinos, »gases condensables en su dia, y despues el molde candente de su globo.—

»Los tiempos sucedian á los tiempos. Los dias, que habian aparecido des-»de la formacion y la rotacion del Globo sobre su eje, sucedieron á los dias. »Los gases inflamados se estinguieron y la atmósfera de vapores salinos se »condensó; cayendo sobre nuestra tierra, entonces, esfera blanda y violen-»tamente calorosa : mas tarde, las fuertes reacciones disminuyeron poco á »poco y nació la calma.—

»Véiase el planeta, á la sazon, cubierto, enteramente, de depósitos amor-»fos ó cristalizados; los vapores esparcidos por la atmósfera eran muy con-»densables. Esta atmósfera era, por sí, poco conveniente para la vida de un »gran número de séres organizados, y las aguas tenian en suspenso una »masa considerable de sustancias salinas; que, mas adelante debia su en-»friamiento, dejarlas posar... Con todo, el calor disminuia gradualmente, y »llegó el momento en que las moléculas vesiculares pudieron acercarse y »unirse entre sí. Entonces fué la segunda edad del planeta : poseia una at-»mósfera; los mares y los primeros continentes, no tardaron en apare-»cer.»—

Esta primera edad de nuestro globo, estudiada con respecto á la infancia ó á la caducidad de los mundos, que se formaron en el espacio al mismo tiempo que él, ó que se sumergieron á proporcion que se completaba nuestro sistema, ofrece á la ciencia un ancho campo de observaciones, que deben escitar, en gran manera, la atencion de esta última.—El estudio de esta edad, es, sin duda alguna, el que ha de suministrar, á la Humanidad, el conocimiento de las causas sintéticas del Porvenir ; y como el plan providencial detiene á la Humanidad, durante tal ó cual período de tiempo, hasta que se verifica lo que por ella debe cumplirse, en el punto, moral ó físico, en que se encuentra; cada descubrimiento de una causa nueva en las profundidades del Pasado, dará, por consecuencia, la conquista de un resultado y de un paso mas de la vida, en las profundidades del Porvenir.—

Los límites de esta obra, no me permiten detenerme en el estudio, cuya utilidad he indicado.—Basta el haber mencionado la importancia de los descubrimientos, que, indudablemente, producirá: y, por esta razon, le destino un estenso lugar, en la grande obra, que estoy preparando.—

Segun Guépin, el periodo primitivo ó paleosoico de la segunda edad de la tierra, se conoce por tres revoluciones sufridas en la forma de su superficie. A ellas, les debemos las montañas mas antiguas del mundo: ellas han sido el orígen de cinco ó seis séries geológicas, muy importantes.— Durante el segundo período, acaecieron seis revoluciones nuevas, en la superficie de la tierra, y resultaron de catorce á diez y nueve capas de terrenos nuevos. En el tercero, ocurrieron tres cataclismos y se formaron seis capas sucesivas.—

El autor antes citado, determina como punto de partida para la tercera edad de la tierra, la formacion de la cadena principal de los Alpes ; dividiéndola en cuatro períodos, para hacer su estudio mas fácil.—La primera ante-histórica; la segunda creadora de las civilizaciones india, egipcia, babilónica, mazdeena, judia, céltica, griega, budista y china, que nos conducen al primer siglo de nuestra era.—La tercera creadora del islamismo y de la edad media, que concluyen con los grandes descubrimientos de los siglos catorce ó quince.—La cuarta, en fin, merece al doctor la calificacion de científica ; y como continúa en nuestros dias, es, de seguro, la que está llamada á realizar sorprendentes maravillas en un órden, enteramente, distinto del de la ciencia.—

Este periodo último, ha sido calificado perfectamente por el doctor Guépin? Seria bueno que no mereciese la calificacion que ha recibido?—A nuestro entender, el doctor, victima, á pesar suyo, de la reaccion del espíritu de reforma contra el espíritu de impulso, ha querido, al designar con el nombre de científico el período actual de la edad de la tierra, ir contra el entusiasmo y contra la inspiracion.—Mal hecho.—Yo he defendido, ya que la inspiracion era superior á la ciencia; que debia, constantemente, caminar delante de esta; y que es, esencialmente, infalible, con relacion á su hermana mas pequeña.—

No me será dificil, en este momento, hallar, de nuevo, una prueba, en lo concerniente al conocimiento del Génesis por el hombre.—El inspirado, sometiendo la ciencia á la conviccion luminosa, que, interiormente, le esclarece, arroja una mirada inmensa sobre el Pasado, abarca cuanto es dable comprender, y, en una sintesis magnifica, que no forzará cosa alguna, describe; sin que, jamás, nada de lo que él afirma, se oponga á otra mayor afirmacion.—El Génesis de Moisés, cuenta con precision y exactitud la parte sublime de la creacion, y en lo que dice y fuera de lo que dice, caben los vuelos del espiritu: el Génesis de Moisés, nunca será ridiculo, y cuando Mahoma, obedeciendo á lo que muchos llaman su estravio, escribió, ó mandó escribir, bajo el influjo de su fantasia los admirables versiculos de su Coran, comete menos errores, que Arquimedes comete en la mas brillante de sus operaciones matemáticas; teniendo, además, el mérito de que, ni uno solo de los errores, que se imputan al fundador del islamismo, deja de ser útil para, en el Porvenir, dar de si una verdad.—

El sabio, á quien el espiritu de resistencia y de reforma hace enemigo de la inspiracion, y que en sus indagaciones no presta fé mas que á lo que se persuade que toca, que ve ó que entiende, se priva, por ello, de la mejor clave para el conjunto de sus trabajos.— Fórjase una, conforme á su impotente orgullo: se deifica á si propio, para no confesar la existencia de Dios.— pero hé aquí, tambien, otro escollo, contra el cual siempre se estrella; y que él juzga que, el entusiasmo y la inspiracion oponen á los pasos del hombre.—Este escollo, es la infalibilidad.—Ha querido disputar, al catolicismo, el derecho de ser intolerante en la forma, so pretesto de que, procediendo en nombre de Dios, operaba en nombre de una cosa problemática; pero como reconoce á la razon, como único orígen de toda certidumbre, se alza con un derecho, que niega al catolicismo; y reclama en favor de un sistema, hecho personal, lo que, dice, no tener una religion, rica con las revelaciones de los siglos.—Su sistema, por consiguiente, debe tener todos los inconvenientes, propios de la intolerancia, sin comprender, en ningun caso, alguna de sus ventajas; porque su mismo rigor le prohibe el tolerar un desenvolvimiento cualquiera: y lejos de ser un medio para la unidad, es el ejemplo y el fomentador de la division.—

Estoy, verdaderamente, muy distante de pensar en atribuir al Génesis cientifico del doctor Guépin, lo que acabo de esponer; porque, si bien rehusa ceder el primer lugar, en el órden universal, á la inspiracion, le queda, sin embargo, un destello de fé, que impide que se pierda en el camino del sistema, dejando, á sus descubrimientos, cierta holgura, de la que se puede sacar partido.—Empero, debo consignar aquí, que, presentando la trasformacion sufrida por nuestro globo, despues de su enfriamiento, bajo un punto de vista, relativamente, mas aceptable, que aquel bajo el cual han descrito dicha trasformacion los inspirados y los sabios, que se han dejado llevar de la inspiracion, su Génesis carece de esa amplitud de concepcion, que da vida á los accidentes, acumulados por la ciencia al conjunto de los conocimientos humanos; y que se presenta como una compañera del Porvenir, en vez de oponerse, en su marcha, como un obstáculo.—

Antes de consignar mis ideas, voy á reproducir parte de lo que Guépin ha dicho, sobre esta segunda edad del mundo; debiendo penetrar yo en sus oscuros abismos, para hallar, bajo todos conceptos, el origen de las cuatro provincias; en cuyo suelo estaba escrito que un dia habia de venir, yo tambien á pedir hospitalidad, como desterrado.—

VI.

›El primer período de la segunda edad, ha presentado tres revoluciones ›violentas: tres veces, por lo menos, con grandes intervalos, segun los tiem- ›pos, los líquidos interiores y ardientes del planeta, comprimidos fuertemen- ›te en el interior de la costra de este, la rompieron, al fin, produciendo so- ›bre su superficie, esas ondulaciones, esas escabrosidades, que llamamos ›montañas.—

›La altura de las montañas, está en razon directa del espesor de la cos- ›tra del globo, en los puntos en que se han formado y en el tiempo en que ›aparecieron: es, pues, natural, que, los mas modernos, sean, generalmente, ›y con mucho, los mas elevados.—

»Los resultados geológicos, que, la formacion de los montes del globo, han
»puesto á la vista, están muy lejos de ser conocidos con exactitud, tanto por
»su número, como por su estension y por sus fósiles.—El catálogo de cuanto
»el planeta contiene, está, todavia, por concluir; no solo cou respecto á los
»reinos vegetal y animal, sino con respecto á muchos sucesos geográficos de
»grande importancia. Por consiguiente, no debemos creer que los terrenos
»primitivos, superior ó inferior, ni las capas sobrepuestas luego, ni los ter-
»renos carboniferos, deben su orígen á las revoluciones generales, ocurri-
»das en toda la superficie del planeta. Los estudios de Rouault, sobre los
»terrenos paleosóicos del oeste de la Francia y su magnifica coleccion, de-
»muestran lo contrario.—Mientras que la vida se manifestaba en la parte es-
»terior de los terrenos que él estudió, bajo las formas mas revolucionarias;
»allí, muy tranquila, caminaba, la vida, con calma y, en cierto modo, con
»silencioso movimiento. En donde no eran conocidas, hace algunos años,
»mas que cinco ó seis familias de fósiles, el conservador del museo de Ren-
»nes, ese pastor, que, despues, fué peluquero y que llegó á ser sabio geó-
»logo, ha descubierto de cinco á seiscientas: y la continuacion de sus inves-
»tigaciones ha concluido por encontrar cuatro bancos, nuevos y separados,
»en los mismos lugares en que, los geólogos, veian dos, solamente. Estos
»descubrimientos, casi no cuentan tres años; habiéndose realizado en un
»rincon de la Francia: qué hubiera sucedido si, dividiendo el mundo todo en
»distritos geológicos, hubiese habido algunos centenares de hombres como
»Rouault, absorbidos en el estudio de su costra? Y, cómo se ha de dar cré-
»dito, á los que afirman, de un modo absoluto, que la tierra presenta, sola-
»mente, veinte y siete bancos geológicos, ni uno mas, ni uno menos; que
»cada uno de ellos ha sido, en su tiempo, general y universal; y que, la Na-
»turaleza, habia pasado de las épocas criticas á las épocas orgánicas, sin
»transicion? Seria lo mismo que decir, hablando de la edad humanitaria, que
»Sesóstris, que Alejandro, que César, que los mahometanos y que Napoleon,
»conquistaron, en sus respectivos tiempos, el mundo entero.—

»La Providencia, que nos es conocida, solamente, por las grandes leyes
»de la Naturaleza, no crea ó, mas bien, no forma nada, no combina nada,
»con los elementos de que dispone, en un lugar y tiempo dados, sino gra-
»dualmente: hé ahi por qué no ha podido producir, sino por órden sucesivo,
»los vegetales y los animales; procediendo del simple al compuesto, dotán-
»dolos, primero, de los órganos de imbibicion, principio de los órganos di-
»gestivos; á los que, luego, se aumentaron los órganos respiratorios, á es-
»tos, los del movimiento, á estos los de la generacion, y, á estos, por úl-
»timo, los de circulacion y de sensibilidad, mas y mas desenvueltos. No es,
»pues, de estrañar, que no se encuentre en los primitivos sedimentos de los

»bancos mas inferiores de las formas geológicas, lo que se encuentra colo-
»cado sobre las rocas, en las cuales la vida orgánica no consta todavía; ni
»mamíferos, cuyo sistema nervioso cerebral es, relativamente, tan perfecto,
»ni aves de anchos pulmones, ni reptiles, ni peces de clases superiores; sino
»algunos peces muy inferiores, animales anulares, trilobitas, moluscos,
»cefalopoides, gasteropodes, braquiopodes, equinodermes, pólipos y los ani-
»males informes ó amorfos. Entre lo poco que se ha hallado, perteneciente á
»esta época, cuánto habrá que debió perder la vida en el banco superior;
»cuánto que debió amenguarse, desaparecer ó trasformarse, á consecuencia
»de las nuevas condiciones de existencia, que podian y debian desenvolver,
»aminorar ó destruir su vida?—

»Hay un hecho, que conviene, sobremanera, tener presente, al estudiar
»la ley del progreso en los desenvolvimientos orgánicos: el hecho consiste,
»en que, por lo comun, esta ley ha sido mal formulada; porque no es tan
»sencilla como lo haya podido parecer á ojos poco espertos.—El árbol zoo-
»lógico, nos ofrece infinitos restos, que se refieren á órdenes distintos; es
»decir: infinitos tallos, injertos en diferentes ramas. Mientras qne, este ar-
»bol, estendia incesantemente su vida y brotaba verticalmente; mientras
»que obedecia al Progreso, que existe entre los animales vesiculares y el
»hombre, que forma el tronco sumamente vertical; aquí, los renuevos, tan-
»to tiempo en germinacion, morian en diversas ramas, y las mismas ramas
»laterales, suspendian su evolucion. En todo y siempre la misma ley; la ci-
»vilizacion científica, nacida despues de grandes cataclismos humanitarios,
»no es mas que la rama vertical de la civilizacion india. Las ramas maz-
»deena, china, egipcia, babilónica, judia, budista, céltica, germánica, ro-
»mana, mahometana, y la civilizacion de la edad media, se reasumen en la
»civilizacion científica; como el hombre reasume todos los organismos: pero
»todas estas civilizaciones, se encuentran, hace ya muchos siglos, ó parali-
»zadas ó muertas, mas ó menos completamente.—

»Retrocedamos, ahora, á los remotos tiempos del Pasado, considerándo-
»nos en el primer periodo paleosóico, al principio de la segunda edad terres-
»tre: este primer período, que es el sesto de la vida del globo, se da á cono-
»cer por la continuacion del enfriamiento. Las aguas corren por la superficie
»de la tierra: el desnivel de los mares, relativamente, menos profundos, que
»lo son hoy en dia, y los montes menos elevados: las plantas y los animales,
»en proporcion, mas inferiores, aparecian segun las condiciones fisiológicas
»del plan de reunion de la Naturaleza toda y del planeta, en la superfi-
»cie de las tierras que iban naciendo. Las montañas de esta época, son otras
»tantas verdaderas placentas, para millares de séres: y si, por un momento,
»el grande árbol de las vidas orgánicas, semeja, á primera vista, no tener

»mas que una sola cepa, luego, de súbito, se divide en dos, en el instante
»de su aparicion.—Hijos de las primeras vesículas organizadas, los prime-
»ros animales y los primeros vegetales, llegaron, muy pronto, á tener ór-
»ganos mas complexos, y hasta dos sexos. Los que estaban destinados á ad-
»quirir, ulteriormente, la perfeccion, muestran, desde entonces, tomarse
»mas tiempo, para cumplir su trasformacion. Los muchos años, la electrici-
»dad, el calor, el magnetismo del globo, esa fuerza que, la Geología, echa
»en olvido, siempre en sus narraciones, y la abundancia relativa de sustan-
»cias alimenticias; tales fueron los primeros fautores del desenvolvimiento
»de los primeros séres.—

»Alimentar, dar la vida, conservar los individuos, multiplicarlos y repro-
»ducirlos; hé ahí, y fíjese bien en esto la atencion antes de pasar mas ade-
»lante, hé ahí, el objeto de lo que vulgarmente llamamos vida. Como fenó-
»menos, puramente físicos, están, esencialmente, en el dominio del observa-
»dor. No será muy filósofo, quien no demande á las leyes de la Naturaleza
»las reglas observadas en los cambios interiores, que se manifiestan, ora,
»en los cuerpos inertes, ora, en aquellos cuya vida es mas aparente: quien
»no considere los fenómenos observados en los cuerpos vivientes, como fí-
»sicos: y quien no mire la organizacion, como la manera normal de ser, de
»los cuerpos, que no pueden cristalizarse; porque siendo un compuesto de
»vesículas persistentes y no embriónicas, como las que preceden á la crista-
»lizacion de los minerales (de algunos, cuando ménos), lo que, en estos, es
»la cristalizacion, es, en aquellos, el agruparse; formando órganos, que des-
»empeñan funciones, progresiva y continuamente, mas interesantes. Tam-
»bien seria poco filósofo, quien, despues de haber notado que no á todos los
»animales les es concedido, del mismo modo, el discurrir, el desear, el sen-
»tir, ni aun el moverse segun su voluntad, no procurase, ora estudiando las
»especies animales, que, al presente, existen; ora inquiriendo en los varios
»terrenos geológicos, en donde quedan sepultadas las especies originarias,
»averiguar las causas de las transiciones en la graduacion de las facultades
»y la multiplicacion de los órganos, siempre que se pasa de una de las séries
»inferiores á otra de las superiores, y de un terreno primario á terrenos vi-
»siblemente mas nuevos, por los fósiles que en ellos se nos presentan. Ten-
»driase por observador al que no echase de ver que, cuanto mas antiguos
»son los bancos geológicos, tanto mas inferiores son, tambien, los fósiles que
»tienen incrustados?—

»La tierra, continuando enfriándose y contrayéndose, la costra ó cubier-
»ta formada en su superficie, se comprimió; resultando estrecha con respec-
»to á la masa que contenia, y demasiado endeble para resistir las reacciones
»interiores de esa masa ardiente que encerraba. De aqui las roturas é imper-

»fecciones, las desigualdades, y la posicion horizontal recta de las capas tér-
»reas.—De esta revolucion nueva, los cinco órganos de la tierra, vieron
»acelerar su movimiento de progreso: el número y estension de las islas
»presentadas, se hacia mas sensible: los polos carecen, aun, del grado de
»frialdad que causa los hielos. Inmensas nieblas, debidas á la copiosa eva-
»poracion de las aguas, se oponen, por la noche, á que se pierda el calor
»terrestre por el centelleo de los astros; y protegen las plantas y los ani-
»males, durante el dia, de las inclemencias de la temperatura: de suerte que
»vienen á crear un clima casi igual, para toda la tierra.—Un aire menos pu-
»ro, que en los tiempos pasados rodea el disco del sol: mezclado con una
»gran cantidad de ácido carbónico y con el vapor del agua, mas denso y con
»mas energia de refraccion que el aire que respiramos, principalmente en
»las partes inferiores, alarga los dias con largos crepúsculos; retardando, en
»los animales, la presentacion de los órganos pulmonares perfectos, opo-
»niéndose en consecuencia, á la produccion de un corazon doble, con dos
»ventriculos y dos aurículas, á la completa circulacion de la sangre, que es
»su derivacion y al desenvolvimiento del sistema nervioso, que está tan in-
»timamente unido á los progresos de la circulacion.—Estas son las causas de
»los obstáculos, que se opusieron á la aparicion de los mamíferos ó animales
»vertebrados, provistos de mamas, y á la de las aves, cuya respiracion es tan
»dilatada. Pero, dichos obstáculos, no eran tan grandes para los reptiles; y
»casi nulos, para los peces: tambien los terrenos paleosóicos, de los cuales
»conocemos treinta y un órdenes, nos ofrecen, sobre estos treinta y un ór-
»denes, ocho órdenes de irradiados, nueve de moluscos, once de anulares y
»tres solamente de vertebrados inferiores. Que, estos vertebrados, sean
»puestos, por sus formas, en las séries á que corresponden, nadie lo contra-
»dice; mas, esto, qué prueba sino que los centros, tan poco favorables para
»las aves, para los mamíferos y para el hombre de nuestra época, no per-
»mitian que las vidas de los animales se desenvolviesen sino bajo formas
»mas adecuadas á las condiciones de existencia que, aquellos, presen-
»taban?—

»Así como, cada periodo humanitario, ha tenido su civilizacion dominado-
»ra y preponderante, creada por los antecedentes y por un estado propio;
»de la misma manera, tambien, cada época geológica ha tenido sus orga-
»nismos dominantes. Entonces, pues, como ahora, todo se hallaba en armo-
»nia y caminaba hácia lo mejor. Estudiemos, en efecto, lo que sucedia en la
»época carbonifera.—

»Los altos montes, no elevaban, aun, sus cimas mas allá de la esfera de
»accion del calor interior de la tierra: no existian, exactamente hablando,
»mas que colinas elevadas, sin nieves ni hielos. Nada enfriaba los vientos: que

»no tropezaban con las crestas de las cordilleras de los Alpes y del Himala-
»ya, que dividen, ahora, las corrientes de aire, modificando su temperatu-
»ra. Nuestros paises europeos, debían gozar, necesariamente, y gozaban, en
»realidad, de un clima análogo á los dias cálidos de las regiones intertropi-
»cales. Sin embargo, la mayor parte de nuestra Europa se encontraba su-
»mergida en las aguas; pero considerables hornagueras, aumentaban el
»grandor de las islas y bosquejaban las comarcas, que, un dia, habian de
»ser ricos criaderos de ulla. En Europa y en América, como en la Nueva
»Holanda, la vegetacion, presentaba, por todas partes, las mismas ó aná-
»logas plantas; requiriéndose, para todas ellas, casi idénticas condiciones de
»vida; crecian las criptógamas vasculares, las equisetáceas, ó drioptérides,
·grandes como nuestros árboles, las licopodiáceas, las equisetáceas gigan-
»tescas y otras próximas, ó parecidas á las coniferas ó á las cicádeas; á las
»cuales, las que les son análogas, solo se encuentran, hoy, en los abrasado-
»res climas tropicales. En la misma época, poblaban ya la tierra, los insec-
»tos, los peces y reptiles voluminosos. La electricidad, producto de la eva-
»poracion de las aguas y de la agitacion de una atmósfera mas densa, era
»un manantial, una causa forzosa, de sorprendentes fenómenos aéreos. De
»tiempo en tiempo, borrascas, de que, apenas son una ligera imágen las que
»ocurren en los paises intertropicales, debian trastornar la naturaleza toda,
»destrozando los árboles y arrancándolos de raiz; rayendo, cuanto encontra-
»ban al paso, los torrentes impetuosos. Los llanos y ribazos, sobre todo,
»perdieron su verde cabellera, que se detuvo en las hornagueras, situadas
»en medio de los herbazales. Este depósito, era, pronto, cubierto con las
»capas de légamo, ó de arena, que se desprendian de las laderas inmedia-
»tas: y, de este modo, por las estratificaciones, sucesivas, de carbono y de
»calizo carbonífero, de esquitas ó de asperon ullifero, se disponia el globo
»para nuevos períodos y contrapesaba la accion y el desenvolvimiento de
»sus cinco órganos: la atmósfera y las aguas, de continuo, se purificaban,
»los continentes ensanchaban su superficie, los vegetales y los animales,
»marchaban, todos los dias, por los nuevos progresos, que tenian lugar en
»sus organismos, hácia nuestra época contemporánea.—
      »Estos grandes dramas de las soledades del mundo antiguo, no carecian
»de poesia: en ciertos momentos, en medio de violentas conmociones de la
»naturaleza trastornada, el mar, menos profundo que lo es al presente, se
»lanzaba á lo lejos, sobre las tierras vecinas á su ribera, causando inunda-
»ciones inmensas, verdaderos diluvios; mientras que, las reacciones interio-
»res del calor del globo, empujaban, sin cesar, al través de las capas de su
»superficie, los granitos, los pórfidos cuarciferos, las serpentinas, las eufó-
»lides, los dioritos, rocas ígneas, ardiendo todavia con el calor de sus entra-

»ñas, y que, en su camino, debian causar violencias espantosas. Luego,
»por intervalos, todo entraba en órden y renacia la calma. Despues, nume-
»rosos y fértiles aluviones, se elevaban sobre el nivel ordinario de las
»aguas; que no tardaban en cubrirse de una vegetacion lozana, y que, por
»las necesidades del tiempo futuro, nuevas tempestades y grandes conmocio-
»nes, destruian y sepultaban. De esta manera, el aire atmosférico y las
»aguas, continuaban purificándose en los depósitos, cuya importancia es fá-
»cil de comprender, si se advierte que, todo el carbono de nuestra atmós-
»fera, no formaria mas que una capa de ulla de un milimetro y tres décimos,
»en la superficie del globo; y que es necesario un siglo de vegetacion, en la
»estension que ocupa, para producir el equivalente de diez y seis milimetros
»de ulla. Los calizos, posándose, suministraban un elemento mas, á la tras-
»formacion de lo existente. Por una parte, el *calcium,* habia absorbido oxi-
»geno, para convertirse en cal; por otra, la cal, sea directamente. sea por
»doble descomposicion, se trasformaba en carbonato. El hierro, carboniza-
»do, tambien, tan comun bajo esta forma, solidificaba una masa considera-
»ble de oxígeno y de ácido carbónico: de este modo se iban produciendo de-
»pósitos sucesivos de calizo azul con capa de ulla, de hierro carbonizado,
»de esquita con capa de ulla, y dé asperon mezclado con ulla, que constitu-
»yen el banco llamado carbonifero, ó terreno de transicion superior.

»Cuanto mas nos acercarémos á la época presente, iremos observando
»que las plantas y los animales, se aproximan, en su conjunto, á los que, en
»la actualidad, viven en nuestros continentes y en nuestros mares; y es po-
»sible, con respecto á ciertas especies, remontarnos, en su filiacion directa,
»hasta los tiempos mas remotos. Las especies vegetales y animales, ora se
»las clasifique por el órden natural y científico, ora se las coloque por órden
»geológico, que es el de su aparicion, forman, siempre, dos séries semejan-
»tes, cuyos órganos son, gradualmente, mas perfectos.—

»No queremos decir, que, cada série animal, haya marchado estricta-
»mente, en una misma direccion; ni que, los vegetales y, mas aun, los ani-
»males, sean de árboles sin ramas: lejos de nosotros tan grave error. Pero
»creemos, que, entre los puntos estremos, hay un vacio inmenso. que, para
»ser ocupado, era indispensable que se cumpliesen una muchedumbre de
»progresos orgánicos.—

»El nacimiento del Hundsruch y de los Balones, habian elevado los de-
»pósitos anteriores, el del norte de Inglaterra y el de la parte occidental de
»la Baja Bretaña; atribuyéndolo los ingleses. á la erupcion de rocas trapea-
»nas y, los bretones, á la erupcion de rocas anfibólicas, lo que vino á dar
»un nuevo aspecto á la vida de la tierra.—

»Entonces se formó el terreno llamado peneo. Un asperon rojo, de mala

»calidad, con muy escasos restos orgánicos; algunas esquitas bituminosas,
»un poco de calizo, mezclado con esquita, conocido con el nombre de *zechs-*
»*tein:* tales eran los elementos que constituian los depósitos, que debian dar
»principio á los terrenos secundarios.—

»Durante el periodo que estamos estudiando, seis revoluciones importan-
»tes, seis grandes cataclismos, quebrantaron la costra del planeta y levan-
»taron los montes que, hoy, forman el sistema de los Paises Bajos y del país
»de Gales, el sistema del Rhin, el sistema del Turingerwald, el de la costa
»de Oro, el del monte Viso, el de los Pirineos y el de los Apeninos.—

»Los reptiles, son muy raros en la ulla; apenas se encuentran. Son mas
»comunes en los terrenos peneos; en los cuales se ven algunas plantas de la
»familia de las coniferas.—

»Encima de los asperones rojos, se encuentran, alguna vez, esquitas bi-
»tuminosas, que contienen algas y coníferas: el zechstein es posterior; cons-
»ta de hileras de esquita, mezcladas con calizo. Las aguas termales de esta
»época, mucho mas activas que las nuestras, parece que contribuyeron á es-
»ta produccion; que, tal vez, es la primera en que se encuentran sáurios,
»semejantes á nuestros cocodrilos y caimanes. Pero los peces, análogos á los
»de la ulla, no vuelven á verse.

»Pasemos á los terrenos triarios, ó compuestos de tres productos geológi-
»cos; á saber: asperon abigarrado, calizo con conchas y marga azulada.
»Este terreno, tiene, tambien, algunos sedimentos de carbon fosil; y, con
»frecuencia, sus margas, contienen porcion de yeso ó sulfato de cal y de sal
»marina ó cloruro de *sodium*.

»En el Hesse, el asperon abigarrado, conserva las huellas de los piés de
»los bactrianos. En América, se ven rastros de patas de volátiles; pero no
»tengo por probable, que, dichos volátiles, fuesen aves con pulmones, en-
»teramente, iguales á los de las aves de nuestros tiempos: el aire, no era,
»bastante puro, todavía, para que pudieran respirarle, segun sus necesida-
»des. El calizo de esta época, es rico, sobre todo, en productos orgánicos.
»Al paso que se aumenta el reino vegetal, con nuevas especies, el reino ani-
»mal se desenvuelve con mas perfeccion y se estiende: enriqueciéndose, en
»especial, con un número muy considerable de testáceos.—

»Las rocas que cruzan las capas de tierra, de que hablamos, ó que verifi-
»caban su irrupcion en la misma época, y que, por la reaccion de las fuerzas
»interiores del globo, eran empujadas al través de su cubierta, eran de grani-
»to, y debian detenerse en los terrenos gredósos; eran pórfidos cuarciferos,
»que no se habian, aun, sobrepuesto á los terrenos juráseos; eran *traps* y
»dioritos que han esperado los terrenos terciarios y melafiros, que parece
»como que han sido arrojados por el globo, concluida la época carbonifera.—

»Las capas calcáreas, con mas ó menos marga, del terreno juráseo, alter-
»nan con las de arcilla. Los bancos superiores, se conocen con el nombre de
»calizos oolíticos; al que está, inmediatamente, debajo de ellos, se le llama
»lias; que es un terreno calizo, en el que se encuentra una gran cantidad de
»grifos arqueados y que oculta una capa de asperon. En esta época, que ha
»debido ser larga y pacífica, los progresos de la vida del Globo, han mar-
»chado con regularidad y sin catástrofes. Purificada por los depósitos cal-
»cáreos y de carbono, la atmósfera, contenia animales, superiores á los de
»las épocas precedentes. Desde aquel tiempo, empiezan los lagartos volado-
»res. Desde las lias, se hallan esqueletos de plesiosauros, de siete metros de
»largo é ictiosauros, de cuatro á cinco metros. Estos animales, medio lagar-
»tos y medio aves, debieron ser, notablemente, voraces. Encuéntranse, tam-
»bien, en el propio terreno, epterodáctilos, lagartos ó saurios voladores:
»horribles, por sus alas de murciélago. Otros saurios habia, aun mas re-
»pugnantes; tales como el megalororo, largo de quince á veinte metros y
»que consumia, para su alimento, una gran cantidad de materia animal.—
»Aunque escaso, el combustible fósil, se encuentra todavía: las lias con-
»tienen algunos depósitos.—
»Mas arriba de las lias, se halla el calizo, en figura de huevos de pesca-
»do, conocido con el nombre de oolítico, que comprende cuatro grupos: la
»grande oolítica y los calizos oxfordiano, coralino y portlandiano. Las plan-
»tas de la grande oolítica, siguen siendo las coníferas, las cicadeas, los he-
»lechos; pero diferentes de las que les habian sido anteriores. Preséntanse,
»tambien, esqueletos de enormes cetáceos y hasta de marsupiales, grifos,
»terebátulos y amonites. El calizo oxfordiano, contiene amonites y grifos.
»Huellas de pólipos, madréporas y conchas, caracterizan los bancos corali-
»nos. El terreno portlandiano, posee algunos restos de combustible fósil,
»amonites, y, ostras, en mayor porcion.
»Si bien, entre los fósiles de esta época, ninguno se asemeja, especial-
»mente, ni al mono ni al hombre; sin embargo, esto no prueba, que no hu-
»biese ningun animal, que, por medio de trasformaciones, no pudiese llegar
»á ser ó mono ú hombre: prueba, tan solo, que nuestras investigaciones
»geológicas, han sido, hasta ahora, limitadísimas; y que no han alcanzado á
»los puntos, que fueron la cuna del mono y del género humano, que, de se-
»guro, no han aparecido de golpe en la escena del mundo; como Minerva,
»que salió, segun dicen, armada de punta en blanco, del cerebro de Júpi-
»ter.—
»En el período anterior, eran las borrascas, las que contrabalanceaban y
»mantenian en justa proporcion, entre sí, los cinco órganos de la Naturale-
»za: en el presente, los animales voraces, comienzan á adquirir predominio

25

»y á regular la cantidad de especies vegetales y animales, fijando un limite
»al desenvolvimiento de las especies animales. Fueron, verdaderamente, los
»reyes de la tierra: tan cierto es, que desde apartados tiempos, es la fuerza
»la que gobierna el mundo!—

»Inmediatamente despues de los terrenos juráseos, ocupan su lugar los
»cretáceos inferiores. Compónense estos, de arena ferruginosa, de asperon,
»ordinariamente, verdoso, que es la causa de que se les llame verdés, y de
»la greda toba de la Turena. Se encuentran, en ellos, muchos restos de ani-
»males; y se echa de ver, examinándolos, que los órganos de la vida, se
»habian perfeccionado.

»El empuje, que hizo surgir el monte Viso, fué, tambien, el origen de mu-
»chos cabezos de Grecia; siendo notable, entre todos, el monte famoso del
»Pindo. Determinó la direccion de las costas principales de Italia, y se dejó
»sentir en Francia y en España, al través de los Pirineos, desde la isla
»Noirmoutiers hasta Valencia. Estorbó los depósitos de los terrenos de
»la época antecedente, viniendo, tras él, la formacion de una fuerte hile-
»ra calcárea, con mezcla de capas siliceas; á la cual se- ha dado el nom-
»bre de terreno cretáceo superior. Sorprenden, por su estension, los ban-
»cos, que se encuentran en él, compuestos, solamente, de conchas micros-
»cópicas.—

»Este aluvion, es rico en esqueletos; cuyas dos terceras partes, pertene-
»cen á especies estinguidas. El enorme sáurio de Maestricht parecido á la
»iguana, y conocido con el nombre de mosasauro, de ocho metros de lon-
»gitud, y con cabeza de metro y medio, armada de dientes formidables, y des-
»pues, mamíferos cetáceos, de los géneros lámia y delfin, son los que figu-
»ran en primer lugar, entre las mas notables reliquias de fósiles. En contra-
»posicion, la flora, es bastante pobre.—

»El noveno sistema de montañas, que se elevaron por la reaccion de las
»fuerzas interiores del Globo, colocó, súbitamente, sobre la línea de las
»aguas, la mayor parte de nuestro continente: la cordillera de los Pirineos,
»los Apeninos, los Alpes Julianos, los Carpatos, los Balcanos y varios mon-
»tes de Grecia, de Bosnia y de Croacia; percibiéndose, el sacudimiento que
»produjo, hasta en Inglaterra. Otro de sus efectos fué, el separar el terreno
»cretáceo superior, de los que, con el tiempo, debian llamarse terrenos ter-
»ciarios. Por entonces, tuvieron principio la arcilla plástica y los lignitos,
»de este banco; luego, el calizo tosco y, finalmente, las margas gipsáceas,
»con huesos de mamíferos.—

»El calor superficial del Globo, era menos intenso, que antes; la costra de
»la tierra, aumentaba su espesor; las estaciones, comenzaron á mostrarse;
»el aire, era, sensiblemente, mas puro: todo esto, motivaba que, los reinos

»animal y vegetal,. por causa de las nuevas modificaciones, se aproximaran
»á lo que, un dia, debian llegar á ser.—

»Las coníferas, se ven juntas con las fenerogamas monocotilédones, las
»palmeras y las dicotilédones.—

»En el calizo de esta época, hay abundancia de conchas y, especiâlmente,
»de madréporas, cerites y cetáceos, que tienen, aun. sus análogos. Las aves,
»eran pocas en número: probablemente, serian las primeras que aparecie-
»ron; porque no seria conveniente dar este nombre á los volátiles, que vi-
»vian en el aire, en la época del asperon abigarrado. Entre los mamíferos
»terrestres, están el palesterio y anoploterio.—

»Otros levantamientos ha habido, posteriores á la aparicion de los Piri-
»neos y Apeninos, que modificaron, todavía mas, la superficie del globo y
»que determinaron, como están hoy, nuestros continentes. El primero N. S.,
»ha hecho salir la Córcega y la Cerdeña con anterioridad al asperon de Fon-
»tainebleau, al calcáreo de agua dulce, á las canteras de piedras de molino
»y al lignito del terreno terciario, medio.—

»El segundo, al cual pertenecen los Alpes occidentales, ha elevado muchas
»rocas cuasi volcánicas, como las traquitas y los basaltos.—Estas rocas ígneas
»producidas por erupcion, ó, si se cree mejor, por eyaculacion, se encuen-
»tran entre los volcanes modernos, y, tambien, los melafiros, *traps*, diori-
»tos y serpentinas.—

»Esta formacion ó banco, ha sido producida por el levantamiento de gra-
»nitos, que, por un error, han sido llamados primeros productos ó protóge-
»nes: en él se hallan la toba de huesos fósiles, las capas de arena y los alu-
»viones, de la primera época de los terrenos terciarios.—

»El duodécimo y último gran levantamiento europeo, puso á la vista, la
»cordillera principal de los Alpes.—

»Es posterior á los depósitos de terrenos terciarios; y anterior á los con-
»temporáneos, á los grandes volcanes de los Andes, à nuestros demás vol-
»canes modernos, extinguidos ó en erupcion, al banco ó formacion, des-
»crito por Boblaye, en su *Viage por la Morea*, y á la aparicion de los de-
»pósitos sedimentarios de la Cerdeña.—

»La época nona del Globo, fué la que vió formarse los terrenos, proce-
»dentes de los aluviones, que cubrieron las hondonadas y las deltas de
»nuestros rios caudalosos; apagados, para siempre, ó ardiendo, aun, los
»volcanes modernos. Desde esta época, data, al parecer, la posicion actual
»del Mediterráneo, la separacion de la Francia y de la Inglaterra, acercán-
»dose á la tercera edad terrestre.—

»Debemos volver, ahora, á las últimas formaciones ó bancos, para re-
»cordar algunos hechos.

›En la época jurásea, principalmente, aparecieron los ictiosauros, los ple-
›siosauros y los pterodáctilos.—

›En los terrenos cretáceos superiores, se encuentran los mamiferos, del-
›fines y lámias, que vivian en lo profundo de las aguas. En el banco, que,
›la presentacion de la Córcega y de la Cerdeña, hizo palpable, hállanse las
›primeras plantas dicotilédones, y animales vertebrados, de la clase de los
›mamiferos; superiores á los cetáceos y á los marsupiales, parecidos á nues-
›tros tapiros y rinocerontes.—

›Los terrenos siguientes ó inmediatos, contienen esqueletos de paleoterios,
›distintos de los que se ven en el espejuelo y del clinoterio gigante. Hay,
›tambien, en ellos, combustible fósil. El sello de estos lignitos, nos dice,
›que, los nogales, los olmos, los arces y los abedules, semejantes á los que
›nos quedan, entrelazaban sus ramas con las de las plantas del género de
»las palmeras, así en la Suiza, como en la Provenza y el Langüedoc.—

»El levantamiento de los Alpes, parece que ha precedido á la aparicion
›de grandes carnívoros, en analogía con los osos, los leones, las hienas, los
›tigres y los lobos, que, todavía, viven sobre la superficie de la tierra.—
›Habitaban en cavernas, en las que se encuentra gran número de sus osa-
›mentas.—Estos animales y todas las plantas dicotilédones, no se han pre-
›sentado, sino hasta que se ha verificado la última depuracion del aire, por
›la greda. Antes de este cataclismo, que ha tenido lugar, en el mundo, pri-
›mero que toda civilizacion, el globo, tenia diferente forma y, por ella,
›diferente clima; siendo, las dichas especies de animales, muy poco diver-
›sas de las nuestras: por cuya razon, los elefantes, los mastodontes, el hi-
›popótamo, el rinoceronte, el tapiro, el megaterio, el ciervo y el buey,
›vivian en las comarcas en que habitaban el oso, la hiena, el leon y el tigre
›de la época.—

›Lo que conviene observar es: que las fuerzas organogenesicas de la Na-
›turaleza, han procedido, siempre, desde las primeras moléculas animales
›y vegetales, del simple al compuesto. Este es el motivo de que el desen-
›volvimiento de los séres, dotados de vida animal, se haya realizado pro-
›gresivamente, á medida que sus agentes, el aire y el agua, eran mas puros
›y mejores; á proporcion que, los continentes y los mares ofrecian, á sus
›necesidades, mayor comodidad para ser satisfechas: por eso, los órganos de
›la vida animal, han seguido con tanta rapidez, los progresos de la respi-
›racion. Cómo se puede concebir, que, los pulmones, reciban, de dia en
›dia, un aire mas cargado de oxígeno y con menos vapores y ácido carbó-
›nico, sin admitir, que, la sangre, habia, no solo aumentado, sino mejora-
›do su parte de oxígeno y una nutricion diferente de los órganos, que ten-
›dia á modificarlos todos progresivamente; cuya tendencia, que era incesan-

»tc, debia alterar los caractéres de una raza, trasformándola, con brevedad,
»en otra? Cómo se puede concebir, tambien, antes de la existencia de ani-
»males con pulmones, que la accion de un aire mas puro, no tuvo influen-
»cia en los órganos que estaban en contacto con él?

»De este modo, es, como se llegan á comprender las transiciones, tan
»raras, que han precedido á la aparicion del hombre actual sobre el
»Globo.

»Vendrá un dia, en que, por los datos que ofrezcan los nuevos descubri-
»mientos, se rectifique este sistema filosófico; entonces, contendrá la série de
»las varias fases del globo, representadas en mapas, por el estilo de las que
»Beaumont ha trazado, de las regiones europeas.—

«La série de los levantamientos del Mundo entero, tendrá su historia;
»mas completa, que la que tenemos, sobre los levantamientos de Eu-
»ropa.—

»En los bancos geológicos, figurarán las rocas igneas, que los han atra-
»vesado, y las plantas y los animales, que, en ellos se encuentran.

·Las depuraciones sucesivas, de las aguas y de la atmósfera, serán apre-
»ciadas por la naturaleza y el grueso de las capas de tierra, que han servi-
»do para tan importante obra. Asi, se escribirán las vidas solidarias de los
·cinco órganos del globo: los continentes, las aguas, los aires, la sustan-
»cia vegetal y la sustancia animal; y, el hombre, en esta grande historia
»de las épocas, anteriores á la suya, dando con el secreto de su mision, ad-
»quirirá el esfuerzo necesario, para cumplir su destino.»

VII.

Es preciso reconocerlo y confesarlo: los sabios modernos, que tanta persistencia demuestran en honrarse con una incredulidad absoluta ó haciendo profesion de una creencia relativa, aun mas funesta que la declaracion franca y esplícita de ateismo; los sabios modernos, repito, se encuentran en el caso de poder agregar, á cada una de las existencias físicas, los hechos intermedios, las circunstancias, las particularidades, las causas primarias que ignoraron los creyentes del cristianismo naciente, y que, los que, despues de ellos, han venido, han juzgado que no debian indagar; sin curarse de descubrir el espíritu que oculta la letra, sin embargo de las palabras claras y terminantes del divino Maestro.—

Mas, es preciso reconocer y confesar, tambien, probando, con esto, que, en realidad, son, únicamente, simples precursores, sin que descuelle en ellos dote alguna, que los sabios modernos, con el conocimiento de las causas materiales de todas las existencias físicas, no se elevan á la altura de los escritores sagrados en lo respectivo á la causa suprema, á la comprension de Dios.—En todo el largo pasage, que he copiado, nada hay, que pueda compararse, en cuanto á sublimidad del pensamiento, con una sola de las descripciones de Moisés: y, si Guépin, por su exactitud, es una de las lumbreras científicas del siglo actual, no arroja, empero, el mas mínimo resplandor, por el que dé á entender al mundo, que es él el hombre que habla en nombre de Dios.—Porque esplica el efecto físico, se cree con derecho á despreciar la causa divina, y, porque ha averiguado la manera como se forman las nubes, ha presumido que debia negar al Criador el poder de ceñir con ellas la frente del alto Sinaí.—

Para mi, para quien, la ciencia, es no mas que el complemento de la religion, y, la razon, la respetuosa reguladora del entusiasmo, no es dudoso que, ninguno de los descubrimientos de la ciencia moderna, pueda proporcionar una sola arma, contra la verdadera creencia: y que, la razon, sean las que se quieran las deducciones que inspire, de nada sirve contra la inspiracion que abre el cielo á los espíritus privilegiados.—

La ciencia y la fé, como tengo dicho, deben dirigirse, en adelante, solamente, hácia las estremidades opuestas del tiempo; una, al Pasado, y otra al Porvenir: haciendo partícipes, de lo que vayan descubriendo, á medida que su rápido vuelo las conduzca mas lejos, á los conservadores de la unidad progresiva, cuya fórmula es, hoy, propiedad del catolicismo.—Trátase de reducir, todo lo que la ciencia cree conquistar en el dominio de la independencia material, á la inteligente sumision que, en las particularidades, le debe ser impuesta por la Unidad.—Trátase de sujetar, todo lo que la fé entusiasta, cree conquistar en el dominio de la supremacía intelectual, á la direccion y al servicio de los descubrimientos parciales, hechos por su hermana, en el gran libro abierto del Pasado.—Este problema, parece difícil de resolver; unos y otros, sabios y creyentes, se oponen á su resolucion, porque el hombre superior que ha de ponerlos de acuerdo, destronando, á la vez, al libre albedrío y á la ciega credulidad, no se ha manifestado entre nosotros todavía.—

La Historia, estudiada con conciencia, por un creyente, amante de la sabiduría; la Historia, ilustrada por la antorcha providencial y por la llama investigadora, á un tiempo; la Historia que no permitirá que el hecho sea separado de la idea, ni dará cuenta de un suceso sin someterlo á la idea; la Historia, tal como yo la concibo, creará este hombre; librando, desde el momento, á la Humanidad, condenada, hasta entonces, á oir negar á Dios, por unos, porque esplican su orígen, y negar la ciencia, por otros, porque se dicen estar mas cercanos á Dios.—Meditándolo bien, mi opinion és; que los que piensan y los que escriben, tienen el deber de buscar la Unidad providencial y unir, fuertemente, á esta, la ciencia humana, aunque solo sea condicionalmente; para que, el hombre del Porvenir, pueda hallarlas juntas, ahorrándose el trabajo de reunirlas, para resolver el gran problema, impuesto por Dios á la Humanidad el dia que la creó sobre la tierra, permitiéndole que, incesantemente, aspirase á poseerle.—

Y, por otra parte, qué ganan los sabios modernos con alejarse de la Unidad católica, con el fin de hacer de la mas pequeña circunstancia, estudiada con mas detencion por ellos, la clave de un edificio nuevo en el que no cabe todo, porque se ha desunido de lo inmenso para servir de base á lo particular?—Qué ganan, igualmente, los partidarios del texto literal, rehusando el admitir la esplicacion de alguna circunstancia, oculta hasta hoy; porque, al decir de ellos, el conjunto no debe obedecer á la ley de elasticidad, que le hace inmortal y que le permite acabalarse sin padecer la muerte y enriquecerse, siempre, con el beneficio de todas las resurrecciones, sin pagar, nunca, el tributo que aquella exige?—Todos pierden considerablemente: los sabios tornan al caos, creyendo encaminarse hácia una luz mas viva; los intolerantes dejan la fé espuesta á las injurias y son causa de que la desconozcan los mismos, que mas dispuestos se hallan á prestarla homenage, juzgando conservarla inmaculada en las aras del Presente.—

Por fortuna, algunos hombres especiales, bastante fuertes para conservar las conquistas de los siglos, aunque no para hacer de nuevas, se agitan, aquí y allá, en los dos campos, y evitan la separacion completa de la fé y de la ciencia.—Lacordaire, agrupa en derredor del púlpito de Nuestra Señora, de Paris, toda la juventud estudiosa y los jefes de las escuelas cientificas; que cuando han adquirido cierto caudal de conocimientos, no pueden menos, al ver como se completan las escuelas entre sí y como se enlazan, por decirlo asi, con su espíritu, segun la ley de una armonía superior á sus definiciones, no pueden menos, digo, de dar testimonio de la existencia de esa armonia y de prosternarse, moralmente, á los ojos de sus discípulos, ante una superioridad, que no tardan en engalanar con el nombre de Dios.—

Sin apartarme un instante de esta Unidad, en que estriba mi fuerza, pero tendiendo la vista en torno mio y en todas direcciones, alejando la mirada cuanto me es posible en seguimiento de la ciencia y de la fé, escribo la historia de la creacion; sometiendo lo que me enseña el estudio de las cosas, á lo que, el estudio de la inspiracion de las inteligencias privilegiadas, me ha enseñado, á su vez.—Sigo á Guépin en su análisis; pero tengo presente la síntesis de la Biblia y la de todos los que han creido antes de ver y que, casi siempre han dejado, en todo lo que han creido, un lugar para todas las realidades.—

Sobre todo lo que fué, todo lo que es y todo lo que será: anterior á todo, inmensidad, fuera de la cual nada existe; inteligencia á la cual vienen á reducirse todas las inteligencias; y que, ella, sin embargo, no es reducida por nada y nada le impone límites, está la Divinidad.—

Tratar de definirla, es amenguar su grandeza; reconocer su accion en todo, es un deber; inquirir las causas, es una fuente de conocimientos, imposible de secar; adorar sus obras y procurar su armonía, un manantial de ventura, cuyas corrientes bienhechoras han regenerado el mundo, trayéndole siempre la felicidad; dirigirse á ella, una necesidad; reconocer que, todo, emana de ella, una precision; sentir que, cuanto existe, vive al amparo de la égida de su voluntad, es un estímulo y un consuelo.—

Cuando la Divinidad se halla mas alta que toda definicion, todo lo que puede definirse, le es inferior y le está sujeto; y, como el infinito debe, forzosamente, comprender la cifra de todas las cosas á él subordinadas, abraza, en el secreto de su omnipotencia, la cifra suprema de la creacion; que no puede atribuirse, mas que al conjunto mismo de su voluntad.—

La Divinidad piensa y egecuta; por cuyo motivo, el hombre, la concibe trina: como poder, como concepcion y como egecucion.—Los que han querido adaptarla á los términos de la razon, permitida á la edad humana en que vivieron, han tomado, el triángulo, por símbolo de la divinidad; sin que nadie se haya opuesto á esta revelacion, dada, por decirlo así, por el mismo Dios, como punto de partida de la ascension que permite, á la Humanidad, hácia él.—

El infinito no tiene orígen ni término.—Su Pasado como su Porvenir, no pueden ser medidos por el entendimiento de la criatura; limitada en sus comparaciones y en el modo de hacerlas.—

Todo lo que es definido, tiene un orígen, una razon de ser, un fin.—Todos los elementos de existencia de una cosa creada, cualquiera, existen, como ella, y, por tanto, están á disposicion de la percepcion humana; que, apoyada en ellos, puede penetrar el secreto de la Unidad, de la que son parte, descubrir su orígen y prever el fin.—Puéde, por consiguiente, el hombre, comprender lo que es, desde el instante en que, la existencia de lo que quiere comprender, es independiente y constituye una unidad en el espacio.—Lo que se puede, no está en manera alguna, prohibido á la Humanidad; siempre que, otra posibilidad, no resulte comprometida, por la que se desea mover ó emplear, para un fin conocido.—

Así, pues, el exámen de las causas del origen del Universo, muy distante de comprometer, de modo alguno, la posibilidad humana, es bueno para todas las posibilidades: y, las nociones mas sencillas de la moral revelada, nos manifiestan, que, cuanto aprovecha para el desenvolvimiento natural de la vida, considerada en sus múltiples relaciones, debe, religiosamente, practicarse, por los que, acá abajo, tienen la facultad de raciocinar.—

No temo yo, por consiguiente, ofender al Espíritu Supremo, hácia el que siento elevarse mi alma, si me propongo, alguna vez, hallar, en las profundidades del Pasado, el camino seguido por todo lo que existe, para conquistar la perfeccion.—No recelo, que se ofenda, porque yo procure deducir las causas y origen del Universo, llevando, para lograrlo, á un punto mas distante del que la Humanidad ocupa, mis estudios y mis consideraciones; ni porque penetre en la noche del caos, en donde encontraré á Dios, preparando, en el seno de sí mismo, los elementos de la obra inmensa, cuya parte constituimos nosotros.—

Esto es lo que han hecho todos los reveladores; y especialmente, aquellos que, con su doctrina, han prestado apoyo al catolicismo, cuando la Humanidad, por su estado, ha podido recibir sus leyes: todos estos, digo, han hecho sus escursiones filosóficas al Pasado del Universo; y mas ó menos ricos de descubrimientos fecundos, se han guardado de prohibir á los que vivieran despues de ellos, el que, á su ejemplo, se enriqueciesen en beneficio del género humano: al contrario, han dividido en largas épocas, sin límites fijos, el tiempo necesario para que se verificase la obra de la creacion; permitiendo á sus sucesores, que estendiesen el horizonte de dichas épocas, declarar su importancia; á proporcion que, las causas de lo conocido, entrasen en el dominio de la realidad.—Asi en la Biblia como en el Evangelio, veo el derecho que me asiste, para obrar de este modo; y de ninguna manera, en ciertas filosofias protestantes ó ateas, que, so pretesto de razon y de libertad, se oponen á lo que yo puedo beber en las puras y eternas fuentes de la libertad y de la razon.—

La creacion de la luz, fue anterior á todas las creaciones de la forma: Dios se manifestó en aquella parte de su divinidad, que debia ser concedida al Universo; y su mano encendia la imponderable masa, que en adelante habia de iluminar los principios de su inmensa obra.—Impotentes, aun, para esplicar el objeto final de nuestro globo, lo somos, mas todavía, cuando se trata de definir ese misterio de resplandor, que los ojos no han podido penetrar hasta hoy; pero que, indudablemente, vendrá tiempo en que será dado, á la Humanidad, analizar su esencia.—

. Bajo la influencia combinada de dicha luz y del movimiento inherente á todo lo que se comprendia en Dios, se formaron los mundos y se inflamaron luego, para ocupar el sitio que, en la vida, les habia sido señalado por la Providencia, al dejar de ser una llama imperfecta, clara imágen del pensamiento del Criador.—Al presente, no debo detenerme á estudiar las trasformaciones sufridas por cada uno de los globos, que gravitan en la armonia universal, bajo el imperio de fuerzas emanadas de la fuerza suprema, proporcionalmente á sus necesidades.—Quiero hablar, por ahora, de la tierra: quiero determinar, con cuanta exactitud me sea dable, las revoluciones que ha sufrido para llegar á la produccion del hombre; de este sér, cuya naturaleza privilegiada, ha sido el origen de los Cides y los Colones.—

. Sin duda alguna, nuestro globo terrestre, bien por influencia absoluta de la luz, ó por la influencia relativa de uno de sus focos de represion, erró como llama en el espacio; arrebatando y reuniendo en su carrera, todos los elementos de su porvenir. En este inmenso crisol, arrojado, por la fuerza suprema, en una via, que, nunca, ha dejado de ser la suya propia, desde que existe el Universo; los elementos se armonizaron, se aunaron, segun lo exigia la existencia futura del globo, del cual formaban parte.—Resultado de un incalculable trabajo interior y de una unidad colosal sobre sí mismo, fueron los cuerpos inherentes á ella, que, dotados de una unidad relativa, encierran otros cuerpos, subdivisibles hasta el infinito.—Tenemos, ante los ojos, la sintesis, efecto de dicho trabajo; nosotros somos su espresion mas pura, mas completa, la única, capaz de comprenderse y comprenderla.—La mision de la Humanidad, desde su creacion, es la de estar sujeta á la sintesis indicada; marchando, siempre, delante de ella, hácia la perfeccion.—

. De igual manera, que, un hombre de génio, parte integrante de una sociedad, pero designado por excelencia á representarla, camina al frente de esta sociedad, desde que se siente forzado á hacerlo, bajo la presion fatal de la Providencia, así, tambien, la Humanidad, parte integrante del Universo y, por escelencia, escogida, desde toda eternidad, para representarla, marcha delante del Universo, con idéntico objeto; y como, para llegar á él, le es preciso conocer las causas de todo lo que representa, le ha otorgado Dios el poder de descubrirlas; remontándose, por el análisis, á las fuentes de las demas partes de la sintesis universal.—La Humanidad, ha cumplido su mision.—De los elementos compuestos, pasa al exámen de los elementos, creidos simples, hasta hoy.—Nadie duda, que descompondrá estos últimos, que se esplicará la razon de su existencia íntima y que llegará al conoci-.

miento exacto de todos los misterios, que han presidido á su creacion y desenvolvimiento.

Cuanto pueden demostrarlo las investigaciones, sueltas, todavia, y sin trabazon religiosa, de la ciencia, consta, que, el enfriamiento de la tierra y la condensacion, que debia ser, naturalmente, su consecuencia, se realizan, desde luego, en la superficie del globo incandescente, que acabo de mostrar rodando en el espacio y obedeciendo á leyes fatales, establecidas por la Naturaleza, para conducir el mismo enfriamiento y la propia condensacion, á una época, providencialmente, determinada.—Guépin, traza en grandes rasgos, las diversas fases de la nueva existencia esterior de la tierra; y yo ignoro, que nada de lo que afirma, contrarie, en lo mas minimo, la fé que quiero imponer á los hombres, en lo respectivo al plan providencial; previendo y preparando, eternamente, los resultados de las cosas.—Otro, completará el trabajo de Guépin, que no pasa de ser un resúmen de lo que, los sabios mas atrevidos, han descubierto; aunque faltos, todavia, de un seguro criterio.—Otro, tambien, indicará y, tal vez, logrará fijar las distintas fases de la existencia interior del globo terrestre, luego que, el enfriamiento y la condensacion, hayan solidificado su superficie.—Entonces, será fácil demostrar que nada de lo que ha tenido lugar, ya sea debajo de la capa sólida, sobre la cual descansamos nuestros pies, ya sea encima de ella, nada, absolutamente, ha sido abandonado al acaso; antes bien todo ha sucedido con sumision á una ley de relacion, que toca en lo ridiculo, cuando se rehusa el darse cuenta de ella; y que convida á gozar de los resplandores de la mas vasta sublimidad, si se inquieren las causas, los agentes y los efectos, con los ojos del alma y el telescopio de la fé.—

No estimo oportuno, enumerar aqui todas las cosas creadas sobre la tierra, antes de la aparicion del Hombre.—Me es imposible decir, cómo fueron creadas, las que existen debajo de nuestros pies; y que, el hombre, no ha tenido tiempo, aun, de investigar.—En lo concerniente al desenvolvimiento de la existencia esterior del globo terrestre, nada, de cuanto han descubierto los sabios, se encuentra en oposicion á lo que han dicho los reveladores. Pero es necesario esplicar alguno de los misterios, que forman la base de su doctrina; ya que se veian obligados á recurrir á lo maravilloso, porque les faltaba el conocimiento de los primeros elementos de la realidad.—Unicamente, y en esto consiste la prueba de que sus revelaciones son divinas, únicamente, repito, con la esplicacion de tales misterios, dada por la ciencia, y no contrariados por la duda, se llega hasta la cuna sublime en que, las verdades, han dormido durante largos siglos, esperando el momento de salir y estenderse en alas de la esposicion humana.—Brahma, Confucio, Zoroastro y Moisés, no han dicho una palabra, que no pueda ser espli-

cada en este sentido; y, cuando, tendidos sobre la serpiente Ananta, Vishnou y Lakmi, procrearon á Brahma, que salió del ombligo de Vishnou sobre
una flor del loto, la ciencia reflexiva, consideraba esto, como una elevada figura; mientras que, para los modernos amigos de Voltaire, solo era una imágen
ridícula, inspirada á su autor por la mas estúpida idolatría.—

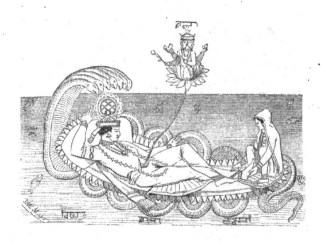

Y otro tanto acontecerá en la esplicacion de los misterios interiores del
globo.—Daráse cuenta de que, la revelacion, lo ha concebido todo, ó, mas
bien, que ha ido consignando gradualmente en un memorial simbólico, los
pequeños sucesos, que ocurrian, para que sirviese de esclarecimiento á los
trabajos de los tiempos venideros.—Porque no se debe creer que, la geologia, sino ha profundizado todavía cuanto es de desear en las cuestiones que
trata, es una ciencia de reciente orígen; sin raices, en las revelaciones é ig-
norada por los mismos reveladores.—Los egipcios, para no remontarnos á
época mas remota, admitian, en su cosmografía, la fluidez primitiva de
nuestro planeta, que no es mas que el caos de Moises, su permanencia, por
tiempo indeterminado debajo de las aguas, y los trastornos sucesivos de su
superficie, que atribuian á haber hecho movimiento el eje de los polos.—
Herodoto, Tales de Mileto y sus discípulos, á quienes fué permitido penetrar hasta en lo mas recóndito de los templos de Osiris, adquirieron la iniciacion de parte de los misterios egipcios, adquiriendo los conocimientos

existentes entonces y las teorias sobre la formacion del globo terrestre. Vueltos á Europa, dice una enciclopedia muy notable que tenemos á la vista, fueron profesores de cosmografia en las escuelas de Grecia, cuya ciencia adornaron con todo lo que les sugirió su imaginacion viva y brillante.

Me ocupo, de nuevo, del desenvolvimiento de la existencia esterior del globo terrestre.—Creada la luz, el enfriamiento y la condensacion de la capa esterna del inmenso horno incandescente, en cuyo seno, los elementos de la tierra, se mezclaban en un estado de ebullicion, con nada comparable, las aguas debieron, naturalmente, aislarse; ora como vapores momentáneos, que debieron, durante muchos siglos, rodear el globo, ora como mares, sin limites ni fondo; de lo cual, ahora, no podemos formarnos una idea.—Que el firmamento sea hecho en medio de las aguas, dice Moises, y que, él, separe las aguas, de las aguas.—Y asi fué, relativamente; porque, la atmósfera, debió descargarse de los vapores que le eran estraños y que permanecian condensados entre el espacio y los mares; aguas separadas de las aguas, como dice el profeta hebreo.—Cuando, este mismo, dice, que entonces se concluyó el segundo dia de la creacion, nó está bien claro que quiere espresar el fin de una época, de duracion no fija y durante la cual la atmósfera se hizo, las nubes se condensaron, el estenso mar se posó, como en su lecho, en las hondas simas, producidas por el enfriamiento alternativo y terrible por sus caprichos?

Dios llamó *tierra* al elemento árido y dió el nombre de *mar* al conjunto de todas las aguas.—Y vió, que aquello era bueno.—Efectivamente, el Criador, cualquiera que sea su naturaleza, su esencia ó su forma, debió darse cuenta á sí mismo de cada division establecida por su voluntad, entre los elementos constitutivos de su obra; y, desde aquel momento, cada una de ellas, como todas sus sustituciones, tienen un nombre á los ojos de la Divinidad; nombre, que, la revelacion debia enseñar á la criatura privilegiada, que tenia, en medio de las demas, el derecho de darse cuenta de todo, á imitacion del grande arquitecto.—Y vió Dios, que, aquello, era bueno: dice Moisés.—Ni podia ser de otra manera; la tierra poseía todas las propiedades indispensables para la produccion sucesiva de los seres, que la debian poblar; y, al agua, nada le faltaba de cuanto la tierra pudiese necesitar para completar la obra de su desenvolvimiento.—Hay, por ventura, algo, en la revelacion católica, en esa frase del Génesis, que, en tan breves palabras, compéndia la época inmensa de la solidificacion y de la condensacion; hay algo, que niegue los prodigiosos esfuerzos, que hicieron la tierra y el agua, para tener, la una, sus continentes espuestos á los benéficos rayos del sol, y, la otra, sus profundos lechos, recibiendo los incesantes besos del astro de plata, que deja impreso, todas las noches, en la frente del anchuroso mar, el rastro de su carrera esplendorosa?—Nada menos.—En la admirable sencillez del profeta hebreo, se encuentra cuanto, por el estudio del globo, se descubre: percíbese. leyendo el Génesis, que Moises tenia conciencia de sus esfuerzos; y, esta conciencia, elevando sus espresiones hasta el sublime, hizo lo que el velo que oculta un cuadro: le protege contra la profanacion, pero no impide que se le vea, si se recogen sus pliegues.—Despues de bien meditado el libro primero de la Biblia, es cuando los mas grandes genios de nuestros modernos tiempos, estraviados un momento por la orgullosa razon protestante, han esclamado diciendo: nuestra ciencia nos confirma en la fé de la Iglesia, y, esa fé, es la que hace falta á nuestra ciencia.—

Y, las plantas, nacian del mineral fecundado por el agua; y, mientras la admósfera proseguia trasformándose, las plantas contenian, dentro de si, el gérmen de su reproduccion segun su especie, como afirma el libro santo; cuyo autor ha previsto, que, en la propiedad de reproducirse las especies. se encerraba la mas solemne prueba de la divinidad sintética del Criador.—Los árboles. crecian por cima de las plantas. con sus flores, que se abrian sobre su simiente, con su amor lascivo y fértil, con su especie. exactamente. determinada. con su forma, su fruto, su aroma; bien determinada, bien clasificada, bien unidos los unos á los otros por la analogia, que les impone el deber de confesar el soplo de la divinidad.—Y vió Dios, que, aquello, era bueno.— Y el profeta que lo ha dicho en un versículo de su libro, sabe, á no dudar, que no siendo el tiempo, para Dios lo que es para nosotros, que no teniendo, la duracion, medida para su divinidad, esta época vegetal, no estuvo reducida á desarrollarse en los estrechos límites del dia humano.—No, no: el profeta sabia, perfectamente, que las plantas mas corpulentas han cubierto, así lo mas alto como los lados de los montes; que, esas plantas, han sido sepultadas, arrancadas de raiz por las aguas; que, á bosques inmensos les ha tocado igual suerte. y que, por efecto de esta agitacion suprema causada por el soplo del Criador sobre los elementos de su creacion, se presentó libre y regular la vegetacion espléndida, que debia engalanar la frente del globo, al aparecer la Humanidad.—

Pero, porqué me canso en deducir del Génesis, mas pruebas de la infalibilidad de los reveladores y de la ignorancia de los que tratan de sobreponer, su razon aislada, á la razon colectiva de los pasados siglos?—El triunfo de la unidad religiosa, es segurísimo: hase levantado, es cierto, un terrible huracan en derredor suyo; pero no ha servido mas, que para manifestar la solidez del edificio bajo del cual se cobija el mundo entero.

El globo, ha esperimentado las trasformaciones que debia esperimentar, antes de recibir en su seno á los seres vivientes, capaces de conservar la existencia, sin verse forzados á vivir en sus entrañas, como el mineral, ó á asirse con las raices á su superficie, como la planta ó el árbol.—La revelacion no desdeña los descubrimientos de la ciencia, relativamente al trabajo embriónico sucesivo, á que debió entregarse la naturaleza para llegar á aproximar el animal á la perfeccion; así como, tampoco desdeña los descubrimientos que instruyen á los hombres en las revoluciones porque ha debido pasar el globo, antes de admitir al reino animal en el seno de su vejetacion.—Todo anuncia lo que será; y, lo que se conserva, anuncia lo que ha sido: y, el Criador, se dice á si mismo, que todo es bueno; porque á medida que, la criatura, se aleja de él por la subdivision, se le acerca mas, por la perfeccion.—

VIII.

Empero, lo que, la Humanidad, debe estudiar hoy y lo que puede comprender, es el orijen sorprendente de las lineas inmensas, que traza ante todo lo que existe, conforme el tiempo va caminando, el plan providencial, cuya demostracion es el objeto primario de la presente historia.—Jehová, incluyéndolo todo en sí, consiente en crear, en su inmensidad, universos; que tendrán su individualidad en el círculo demarcado por aquel á quien deben su ser. Mas desde que, estos universos, han sido arrojados en el espacio, se mueven no por capricho, sino en virtud de leyes, tan antiguas como ellos y hechas espresamente, para ellos; se mueven en un sentido de revolucion, que debe, por fuerza llevar sus trasformaciones á un fin determinado, y que indica, que Dios, sabe ya su porvenir, como sabe el porvenir de cuanto está en ellos, como ellos están en él.

Puesto que debo limitarme, en esta Historia, á no hablar mas que de aquello, que, esencialmente, se encuentra dentro del estrecho círculo, que, yo mismo, me he trazado, no iré á buscar las pruebas de la existencia de ese plan providencial, fuera de las trasformaciones, que, por grados, han trasformado el globo terrestre; las cuales, reconociendo una causa necesaria, han dado de sí resultados previstos.—

Para el indiferente, cuya inteligencia se halla iluminada por el saber, no solo son inconcebibles, hoy que el análisis individual ha multiplicado el egoismo, las relaciones intimas y forzosas, que existen entre todo lo material y la mas pequeña porcion de la materia; sino que ignora, de igual manera y con especialidad, las que hay entre los sentimientos morales de los seres dotados de razon, que componen el género humano.—

El creyente, el pensador, el hombre, que, felizmente para él, no se considera mas, que como una imperceptible fraccion de un todo armoniosamente predestinado, tiene conciencia de dichas relaciones : levántase, alguna vez, contra tal ó cual exigencia religiosa; pero sabe que, la revelacion, es el único vaso en que se guarda la verdad en estado de gérmen, y con su auxilio, se remonta de una en otra causa, hasta llegar á la del primer efecto. De suerte, que ha adquirido, con prontitud, la certidumbre de la existencia del plan providencial; porque, en todo cuanto mira, no ve mas que su realizacion.—

En la jurisdicion de la inteligencia, y en el terreno peculiar y resbaladizo de la espiritualidad, me seria preciso engolfarme en difusas esplicaciones, para poder demostrar palmariamente, que un hecho progresivo, ha sido consecuencia natural de otro hecho de la misma especie; que, *ab æterno*, tenia la mision de precederle y de prepararle.— En la jurisdicion de los sucesos, y en el terreno de la forma, que nada espone á alteraciones duraderas, me basta con enumerar los hechos, para alcanzar una brillante victoria contra los enemigos encarnizados de la Unidad suprema, ante la cual me postro.—

Cuando, en virtud de la Voluntad creadora, todo lo que existe en ella se sintetiza, por fracciones mas ó menos importantes, en derredor de los centros esparcidos, establecidos simultáneamente, es indudable que en derredor de cada uno de ellos, vienen á agruparse los elementos designados, desde toda eternidad, para el objeto, y ademas, la parte de vida, que debe presidir á su desenvolvimiento, que nada podia ni puede, tampoco evitar.—Decir que, ese centro, esos elementos y esa porcion de la vida universal, pueden llenar otras funciones, formar otros seres, aspirar á otra cosa, que las que deben llenar, las que deben formar y á lo que deben aspirar, es introducir, de golpe, el desórden en la creacion y, en particular, en el espíritu del hombre,

27

que tenga la debilidad de pensar asi.—Lo que, solo, puede admitirse, relativamente al poco saber que posee la Humanidad, pero relativamente, tambien, al inmenso horizonte abierto á su inteligencia, es que niegue la duracion; esto es: la poca importancia del tiempo considerado con respecto á la eternidad.—Cada uno de nuestros actos, circunscrito por el recelo, que tenemos, de que cese nuestra existencia relativa, lleva el sello de este recelo y debe cumplirse con rapidez.—Cada uno de los desenvolvimientos universales, sin limites precisos á los ojos de la eterna existencia, se verifica lentamente ó con velocidad, pero se verifica: sin que, el tiempo que ha consumido en ello, pueda ser apreciado, en la inmensidad de la duracion absoluta.

Puestos, los elementos constitutivos del globo terrestre, en intima é inseparable comunion, en derredor del centro de revolucion designado por el Criador, es evidente, que, todos, en el seno del caos preparatorio, buscaban ausilio, y lo encontraron, querian unirse y se unieron como en himeneo; con lo que aseguraron la duracion y la renovacion indefinida de tales uniones.—La parte de vida, que, el Criador, concedió al conjunto de estos elementos, se dividió entre ellos; pero sin renunciar á apoderarse de tal ó cual forma, de cuyo porvenir se hacia participe.—Pues bien: sin otorgar á la suerte un poder, que, muy pronto, la convertiria en esa misma Providencia á la que se la pretende oponer, es indispensable, que, el hombre, conozca, que todo cuanto ocurra con los elementos, de que, en este momento, me ocupo, era cosa prevista por el Criador.—El enfriamiento, debia traer consigo la existencia del reino mineral: el contacto de la atmósfera con la capa sólida del globo, debia producir la vegetacion; y desde entonces, todas las cosas existian esperando al animal, predecesor del hombre, síntesis suprema de la creacion terrestre.—

Subiendo de los efectos á las causas, del hombre al reino animal, del reino animal al reino vegetal, del reino vegetal al reino mineral, del reino mineral al caos incandescente, del caos á la lejana é indefinida existencia de todo en Dios, sin individualidad posible, es forzoso reconocer la voluntad creadora, que, todo lo tiene preciso, determinado y combinado; con un fin, que, de modo alguno, puede dejar de cumplirse.—

IX.

Oh provincias, cuya historia voy á escribir! Cuando, los elementos constitutivos del globo terrestre se armonizaron en órden al porvenir, cuál era el carácter particular, distintivo, de los que, en este momento, se hallan unidos y apretados entre vuestras fronteras, sobre las entrañas de la tierra y bajo de la atmósfera, que sufre la influencia de sus disposiciones especiales, y á la cual, ella, le impone la suya?—Qué diferencia habia, entre la porcion de la vida terrestre, que os fué concedida, y las porciones que se derramaron en el seno de vuestras hermanas, despues de la grande reparticion de las existencias?—Hé ahí lo que yo no puedo fijar; porque carezco de los conocimientos que se necesitan, para revelar los primeros secretos de la organizacion terrestre.

Sin duda, los elementos materiales, que han servido para el crecimiento de vuestros hijos, eran de aquellos, que debian ser testigos de las cosas mas estraordinarias; de la misma manera que, la parte de existencia, que entre ellos, se difundió, era la escogida entre todas, para un objeto, sublime sobre todos los objetos, reservados á las subdivisiones de la vida, puesta por el Criador á disposicion de la tierra.—

Una increible negligencia, permitida, ciertamente á la Humanidad, para que tus entrañas, ¡oh España! no hablasen hasta la hora propicia, ha tenido á la ciencia investigadora, distante de tu suelo; en cuyo interior, mas que en el de otro alguno, se hallan atesoradas las riquezas que han de hacer la dicha del hombre y que han de acercarle á la Divinidad, por la participacion en todos los placeres.—

La revolucion de los elementos del caos primitivo, se cumplia; pero, á medida que producia el enfriamiento, dejaba que, las materias mas preciosas, se agrupasen y uniesen allí en donde, España, debia de surgir de las aguas; y que, los mas puros gases vagaran sobre el sitio mismo, que, ella habia de ocupar.—Constaba á la Providencia, que, una poesia especial, purificaria el corazon de los hombres; que, su espíritu seria embellecido con sentimientos especiales; que, su desenvolvimiento, tendria necesidad, un tiempo, de ciertas preparaciones morales, elaboradas bajo de un cielo y sobre un suelo favorecidos por la naturaleza; y, sin la menor duda, la Providencia, cuidó de que, cuanto debia concurrir á la existencia de esta poesía, á la cultura de estos sentimientos y á la utilidad de estas preparaciones, estuviese junto en el lugar en que habia de crecer, esperando su previsto destino.—

Y en efecto, oh provincias hospitalarias! Cataluña generosa, Aragon noble, encantadora Valencia, Baleares, graciosamente mecidas por las olas azuladas, España, en fin, de quien sois las hijas predilectas, en la forma variada de vuestros montes y de vuestros valles, en la magnificencia de vuestra vegetacion, en la hermosura de vuestro cielo y en el perfume que sube, por la tarde, de vuestros arroyos y de vuestros jardines no se echa de ver claramente, que, la Providencia, se ha estremado para haceros dignas de la importancia que teneis, desde que la creacion se reveló á si misma?—El jugo de vuestros granos, de vuestras frutas y de vuestras plantas; la brisa producida por las frondosas ramas de vuestros bosques, la inspiracion que asciende, sin cesar, de vuestras fuentes ó que baja de vuestro cielo; la vida, en fin, que se desprende de vuestro pecho, siempre henchido de esperanza; todo era necesario para los héroes, para los poetas, para los artistas, para los hombres que os han realzado; todo estaba reunido en vosotras, para que, estos hombres, pudieran nacer de vosotras: todo esto, debia aguardar, en cada uno de los elementos embriónicos de vuestra primera existencia, la hora del desenvolvimiento, que os ha permitido revelarle; como aguarda, hoy, en la línea de vuestras fronteras, que suene la hora de hacer comunes los tesoros de las naciones, por la comunion universal de las inteligencias, que dará de sí, la de todas las posibilidades materiales, de que, ellas, disponen.—

Al ser arrojado en el espacio todo el sistema de los Pirineos y de los Apeninos, en masas inmensas, cuyas cimas se ven coronadas de eterna nieve, de la vertiente meridional de estas dos cordilleras importantes, cayeron torrentes de fecundidad hácia Italia y hácia España; uno de la leche, que habia de alimentar á César, otro tambien, de la leche, destinada para el Cid. —Y segun que la tierra iba siendo mas á propósito para morada del hombre, el movimiento interior que habia lanzado desde un golfo á otro, los Pirineos hácia los cielos, colocó en direccion vertical á ellos, todo el suelo de la futura España, formando cauces para los rios, bahías para el Occéano ó lago Mediterráneo, modificando las condiciones atmosféricas, en diversas proporciones, haciendo brotar los vegetales perfectamente convenientes al alimento de las naturalezas tan especiales, que debian habitar el terreno revuelto, que habia de ser bautizado por los hombres, con el nombre de Península Ibérica.

Oh rocas estraordinarias de Monserrate, rocas de Arta, misteriosas cárceles del alto Aragon; valles embalsamados de Valencia! La voluntad que os ha creado, tales como habeis sido y tales como sois, no podia ignorar, que, en lo alto del peñasco catalan, guareciéndose la fé, adquiriria mas pujanza con la idea monástica, y, sobre todo, con el robusto pensamiento que, Loyola, vino á completar aquí: no podia ignorar, que, Raimundo Lulio, bajando, un dia, á las profundidades sublimes de las grutas mallorquinas é imaginándose en medio de la Jerusalen celeste, quedase arrobado en esos místicos éxtasis que, con tanta justicia, le han valido el ser considerado como uno de los mas dignos filósofos católicos: no podia ignorar, tampoco, que, en las cimas aragonesas, el reino de Sobrarbe, se formaria un asilo en aquellas escabrosidades, esperando la hora de caer, como un mortifero pellon de nieve, sobre la frente de los sectarios del profeta oriental: no podia ignorar, por último, que, el Cid, acrecentaria prodigiosamente su fama, apoderándose de los muros de esa ciudad, en la que entró triunfante y que descansaba, hasta entonces, con los pies en el Mediterráneo, esperando el primer beso de la intrépida boca del héroe que duerme en Búrgos.—

Vosotros especialmente, oh Pirineos! Vosotros poseeis, en vuestra existencia y en la forma que Dios os ha dado, el secreto de muchas existencias y, en particular, de muchas formas, por las cuales habeis cruzado las fases de vuestra irrupcion en el espacio y de vuestro enfriamiento entre el espacio y la capa natural del Globo, que os ha vomitado.—A la sombra de vuestra vertiente meridional, van, mis ojos, á reposar descansadamente, contemplando las escenas, de que habeis sido mudos testigos. Con frecuencia, tambien, mi espíritu, trepará á vuestras nevadas cimas, para introducirse en esas olas, que, un dia, les dieron el espectáculo asombrador del primer barco oriental que vino á enseñar al Occidente, que, una civilizacion, hasta entonces, desconocida, acababa de nacer en la misma cuna de la Humanidad reveladora.—

Pero debo aquí, para no hacerlo por partes, en el curso de esta Historia, describir sintéticamente el teatro, en que han de tener lugar los sucesos que voy á referir, desde su creacion definitiva hasta el momento en que apareció el hombre en él y, aun, hasta en nuestros dias; mas sin tocar al ser mas perfecto que todos, cuyo desenvolvimiento completará los que han padecido los elementos constitutivos del globo terrestre y de la existencia de nuestro planeta.—Mi imaginacion, tomando su vuelo desde el ápice de una ciencia, poco atendida hasta el presente, se lanza mas allá de los conocimientos relativos de la ciencia adquirida por todos los que han estudiado hasta hoy.— Vuelvo al terreno de esta ciencia y me apresuro á tomar de ella cuanto posee, con respecto al Pasado geológico de las provincias que cubre la sombra de los Pirineos; seguro como estoy, de que ninguno de sus descubrimientos es una negacion de mi fé en la existencia del supremo plan.—

Hácia el grado 43 de latitud, el continente europeo, que se prolonga en forma de península, entre el Occéano y el mar Mediterráneo, sufrió una violenta compresion, que redujo su longitud á menos de cien kilómetros. En la parte mas angosta de este istmo natural, se alzan los Pirineos y elevan al cielo su frente, coronada de hielos y nieves; blanco cordon que separa á la España de la Francia.—

En las épocas primitivas, despues de la revolucion descrita por Guépin, cuyo Génesis dejamos consignado, un estremecimiento interior de la tierra, destruyendo en su volcánico empuje, la capa que constituia el suelo primário, que es el armazon oculto del globo, los pedazos de esta rotura, saltaron con fuerza, atravesando el trastornado lecho de los mares, y formaron, elevando la gran altura, la espina dorsal de los Pirineos, dentelada de granito y de esquita.—Pero este enderezamiento de la capa plutónica, llevó consigo, aunque á alturas menores, las capas intermediarias de esquita arcillosa y calcárea, que, arrojadas al Sur y al Norte, dieron origen á las montañas de segundo órden, se afianzaron en los picos y, unos contra otros, se sostuvieron: finalmente, los terrenos terciarios ó de sedimento, que componian el légamo submarino, fueron en este brusco sacudimiento, arrojados al Sur y al Norte de la cordillera, y produjeron, segun Cénac Moncaud, ilustrado autor de la *Historia de los Pirineos* á que me atengo, esas grandes mesetas de piedras rodadas, trozos carboniferos, saliferos y margosos, que presentan un carácter tan marcado, y de que está llena la Navarra, el antiguo condado de Bigorra, el Couserans, el pais de Fox, la Guipúzcoa y la Cataluña. Antes del cataclismo, la base geológica de la parte del globo en que debia elevarse el estremo Sud del continente europeo, no presentaba mas que fajas sobrepuestas en direccion horizontal:

Superficie marina, ó elemento líquido.

Suelo submarino, ó terreno de sedimento.

Arcillas con esquitas y arcillas calcáreas.

Capa de granito y de pórfido.

Esta última region, impelida hácia la superficie, por la conmocion interior que estalló, como un polvorin incendiado, comunicó su fuerza centrífuga á las capas superiores y se mezclaron unas con otras, formando una protuberancia inmensa sobre el globo y vertiendo por los lados el elemento líquido, cuya union fué, y continúa siendo interrumpida.—

Este trabajo de la Naturaleza, segun afirma Cénac Moncaud, cuyos graves estudios descansan en pruebas irrecusables, habian cambiado, completamente, la disposicion de los elementos geológicos; el granito elevó fuera de la tierra sus puntas de diamante y puso, las zonas superiores, en una disposicion mas ó menos distinta de la horizontal primitiva y algo cercana á la perpendicular; pero levantando el suelo submarino ó terreno sedimentario en figura de rodetes, y formando las primeras gradas de los montes. Las fajas arcillosas y de esquita, produjeron los montes secundarios, y, el granito, los picos mas altos.—

El granito, habia llegado abrasando, en fusion tal vez, á esas grandes alturas: apoderóse de él, precipitadamente, la temperatura bajo cero de las regiones en que las nieves son eternas, y fué destrozado y hundido por todos lados, á causa del súbito enfriamiento. Así se esplican: 1.° los innumerables destrozos y el desórden inestricable de las capas de esquita y de granito que, por do quiera, se encuentran en los Pirineos: 2.° la existencia de las grutas y cavernas, resultado de las protuberancias de un terreno trastornado: 3.º las fuentes termales, cuyo calor es favorecido por el del fuego central, que se inclina hácia el hueco subterráneo, que ha dejado el granito que subió: 4.º los frecuentes terremotos, que agitan la meseta, en comunicacion directa con el fuego volcánico: 5.º la posicion, mas ó menos inclinada, de las capas arcillosas y de esquita: 6.º y último, los infinitos restos marinos, herbáceos y de conchas de todas especies, que se hallan esparcidas en las colinas inmediatas á los Pirineos.—

Si dichos restos, no son tan comunes en las montañas muy altas, no es dificil conocer el motivo; discurriendo que, las posiciones del granito, no tenian relacion alguna con el Occéano, de quien le separaban los terrenos terciarios.

Si no aparece el granito en parte alguna, desde el valle de Aspe hasta el Occéano; si se ve reemplazado en el pais de Soule por considerable cantidad de morrillos; no es fácil esplicarse la causa de esto, reflexionando sobre el descendimiento de la cadena de los Pirineos, desde el torrente de Assau hasta San Juan de Luz, descendimiento que no permite que el granito llegue á la superficie, y que solo elevó hasta allí las esquitas y los restos marítimos? No obstante lo violento del empuje interior que echó fuera los Pirineos, en estos montes, son muy raras las muestras de volcan. No hay noticia cierta de mas cráter, que el de Cataluña, entre Figueras y Gerona, el de Guérigut, en el Donézan y algunas materias volcánicas del valle de Aspe y del pais vasco; pero de esto no se deduce nada en contra del origen subterráneo de los montes.—Los volcanes comprimidos, semejantes á una mina que revienta, levantan, mas violentamente, la superficie de la tierra.—

La tradicion mitológica, lo mismo que los descubrimientos de la geología, nos lleva á esta convulsion del globo. Cénac Moncaud lo demuestra, como lo he hecho yo, valiéndome de él; pero no desprende consecuencias favorables sobre la presciencia de la revelacion, que debe venir, ciertamente, del mismo Dios, cualquiera que sea la forma en que se manifieste.—

Hércules, titan humano, que parece simbolizar la separacion del trabajo de la Naturaleza primitiva y del primer impulso civilizador del hombre, arribó á los límites de España y las Galias, en el curso de sus peregrinaciones. Halló á la ninfa Pirene, de quien quedó ciegamente prendado. Paremos mientes en esta ninfa, habitadora de las aguas, y que, en la raiz de su nombre, lleva la palabra griega *pur, puros*, fuego.... una ninfa del fuego. Esta coincidencia seria estraña, sino hubiéramos hablado, antes del grande horno central, trabajando debajo de los mares, para quebrantar la capa superior.—

El amor de este semidios, que recorria el mundó para esterminar los mónstruos, debió ser espantable y gigantesco. En medio de los arranques de su
pasion, el objeto que la encendia, le fué arrebatado por un suceso trágico.... A la vista del ensangrentado cadáver de su amante, Hércules pror-
rumpió en quejas y amenazas dignas del héroe, cuya clava vale cuasi tanto
como el rayo de Jupiter; como la espada del Cid valia cuasi tanto como la
autoridad de su soberano.—

La dió sepultura con lágrimas, dice Silio Itálico, y para elevar á su memoria un monumento que, ni el tiempo ni los hombres, pudiesen destruir,
hacinó roca sobre roca, montaña sobre montaña, formando esas pirámides inmensas, que llamó Pirineos, del nombre de su amada, para siempre
dormida.

La ninfa del fuego, así dormida, bajo de la cordillera de montes que le
sirve de túmulo, no es, por ventura, la traduccion poética, pero reducida,
á las proporciones necesarias de la mitologia griega, del sorprendente ca-
taclisino, cuya razon y cuyas leyes, nos han sido revelados por la geología? —

Los Pirineos dominan desde el Occéano al Mediterráneo en una línea de
noventa kilómetros, pierden su altura, por la parte Oeste, con lento declive
que se iguala al nivel de la tierra de Labor y de Guipúzcoa; pero conservan
su elevacion en la parte Oriental, en donde caen verticalmente en el
Mediterráneo; en su centro, miden, sobre el mar, las diferencias siguientes:—

Pico del mediodia, 2,923 metros; pico de *Bergons*, 2,113; el de *Orbizon*,
2,855; puerto de *Gavarni*, 2,331; pico de *Canigou*, 2,809; el de *Pau*,
2,742; el de *Montreal*, 3,115 el de *Vigne mâle*, 3,252; el de *Mont Perdu*,
3,401; el de Maladeta, en Aragon 3 469.—

La cresta de granito, cortada y alta, hasta el punto que hemos indicado,
retuvo las nieves y las conservó en esos receptáculos espaciosos, conocidos,
hoy, con el nombre de ventisqueros de la Maladeta, de *Gavarni*, de *Vigne*
mâle y de *Marboré;* pero los montes secundarios, que alternan la esquita y
el calizo, y que contienen, aun, parte de las tierras y de restos submarinos,
sufren el embate de las lluvias tempestuosas; los torrentes se abren camino por entre las hendiduras y grietas, arrollando los terrenos sedimentarios, en forma de limo y envolviendo, en ellos, las porciones de esquita y
de granito roto; acrecentando con todos estos materiales, destrozos del
grande esqueleto, el monton de escombros, acumulados con anterioridad, al
pie de la cordillera.—

Poco á poco, las aguas de los torrentes, que caian de ambos lados de la
espina dorsal, cruzaron los valles profundos y dieron nacimiento á los rios,

que, en Francia tomaron los nombres de *Bidassoa, Nivelle, Cesson, Nive, ga-ve* (rambla) *de Soule y d' Aussun, Gave d' Argelez, Adour, Arros, Neste, Garonne, Salat, Ariège, Lers, Ande, Agly, Ter* y *Tech;* y, en España, los de Arga, Aragon, Callego, Cinca, Ara, Escra, Noguera, Noguera Rilagorza-na, Segre y Ter.—

Estas corrientes de agua, bajando en direccion de los llanos de las Galias y de España, por la fuerza impulsiva que les comunica la rápida pendiente de los Pirineos, toman, á alguna distancia, su curso primero; pero, pronto, falta el declive, y, deteniéndose, buscan como á tientas, una salida hácia el Occéano ó el Mediterráneo. En este movimiento de conversion la rambla de *Argelez* entra en el *Aussun* y, los dos, se reunen en la de *Soule,* el *Adour* se junta con ellos, y, los cuatro con el *Nive,* vierten en el golfo de Gascuña. Por su parte, el *Neste,* en direccion del Este, encuentra al *Ga-ronne,* que le absorbe. El *Salat* y el *Ariège,* siguiendo á sus hermanos en el viage, van á perderse, á su vez, en el Occéano, muy al Norte de la des-embocadura del *Adour.*—

En fin, el *Ande,* el *Agly,* el *Tech* y el *Ter,* deslizándose por una pendien-te contraria, desaguan en el Mediterráneo, sin haber adquirido mucho cau-dal. En España, este sistema de riego, presenta mayor carácter de unidad; el curso primero de las aguas de los Pirineos, el Arga, toma la direccion de Oriente; se une con el Aragon, y, ambos, acrecen el Ebro, al que en su mar-cha se le junta el *Lessera,* el Cinca, los dos Nogueras y el Segre, llevando, todas las aguas de la vertiente de la parte española, al mar de Tarragona. El Llobregat *(Rubricatus)* y el Ter, bajan derechamente al mar por la para-lela.—

El gran trabajo hidráulico está terminado: la topografia de los Pirineos puede considerarse concluida con lo que hemos dicho de sus valles principa-les y secundarios, de sus rios y arroyos, de sus eternos ventisqueros y de sus lagos.—

Merced á esta admirable cadena de montes, las llanuras de España y de las Galias, no pueden ser devastadas, por fuertes avenidas fortuitas. Estas tienen su cauce, de alto á bajo de los terrenos que los rodean y que, facili-tando el curso á las aguas pluviales, los hacen saludables; mientras que los montes elevados, que, guardan las nieves y los hielos de invierno en las hondonadas, los lagos y los bosques, en épocas de sequia, dejarán correr el elemento liqnido, que fecundará aquellas tierras.

Providencia admirable de la Naturaleza! esclama el historiador de los Pi-rineos, despues de haber hecho constar, puede ser que sin creerlo, la exis-tencia del plan providencial. A medida que el estio, deseca los campos, el ca-lor, subiendo á las latitudes mas elevadas, liquida la nieve poco á poco:

una disolucion pronta y simultánea, causaria inundaciones violentas y destructoras. No elevándose el termómetro mas que por grados, deja que, por razon del frio, continuen inmobles las viejas moles de nieve, y las va minando y haciendo que corran lentamente.

Acabalado el sistema fertilizador de la costra terrestre, por las referidas operaciones geológicas é hidráulicas, hemos llegado á la produccion de las plantas y de los animales, que han de cubrir las estensas llanuras, pintorescas con su admirable vegetacion, y poblar, su soledad, de séres animados.

Situados entre ambos mares, y encumbrándose gradualmente desde su nivel hasta la inmensa altura de los picos cubiertos de nieve, los Pirineos, reunen en su seno las viñas mas variadas, las producciones y las vistas que menos suelen hallarse tan inmediatas.—

Su falda, espuesta, en el Rosellon y en la Cataluña, á todo el ardor de un sol fortisimo, y calentado, tambien, por los vientos abrasadores que vienen de Africa, presenta todos los productos del reino de Nápoles, de Grecia y de la Argelia.—

Las viñas dan los vinos espirituosos de *Baniouls* y de *Grenache*; los cactos, estienden sus espinosos brazos; el olivo, el granado, el naranjo y la palmera, hacen sombra al mijo de los campos, al lado del pino y de la carrasca del reino de Granada. Dirijámonos al Aragon y á la Navarra, demos vuelta por Guipúzcoa, por el Bearnés, la Bigorra y el Comminges. La situacion de los montes, estando siempre en sentido contrario á la del terreno, los vientos de Poniente y del Norte los hieren mas y mas, por lo cual pasamos gradualmente de la zona africana, á la zona del Rin.—

Los campos de Aragon, espuestos al Mediodia, llevan, tambien, viñas, olivos y alcornoques; pero, los naranjos y las palmas, no pasan de las márgenes del Segre: los montes áridos, quebrados y sin tierra vegetal barrida por las aguas, no contienen mas que una pobre alfombra de plantas aromáticas; el sérpol, el romero, el tomillo, el espliego, la yerbabuena y la sálvia.—Los terrenos mas bajos, abonados con el fango de los montes, producen cereales en abundancia.—

La Navarra, al contrario, ofrece toda la belleza de una vegetacion, favorecida por una grande frescura junta con un suave calor solar; es la primera zona de sabrosos y nutritivos pastos; de praderas de sauces, de encinas de dulce fruto y de una especie de pino, llamado abeto.—

Llegamos á Guipúzcoa: sus cañadas estrechas y cerradas, reciben, escasamente, los rayos del sol, pero espuestas á los vientos de Poniente, aumentan el número de sus praderas. En ellas, el maiz, ocupa el lugar, que, en otras, el trigo; y los bosques de avellanos y de robles reemplazan á las encinas y á los pinos, y se ostentan revistiendo tupidamente los montes secundarios. Si la sequedad de Aragon fatiga la vista, la verde monotonia, produce igual efecto en las provincias vascas.—

Los Pirineos franceses, mas frios, aun, á causa de los aires del Norte, matan el trigo, en las seis leguas de tierra desde su raiz; y los llanos del *Gave* y del *Adour*, del Garona y del *Ariège*, muestran toda su fertilidad en las praderas, regadas con inteligencia y en los inmensos campos de maiz, cuyo horizonte no se alcanza; y los grandes ribazos y los primeros montes, cubiertos de helechos, encinas, castaños y hayas de prodigiosa altura, nos recuerdan la vegetacion de la Bélgica y de Ardenas. Mas, al' abandonar la Navarra; perdemos una de las mejores producciones de los Pirineos españoles. Desde San Juan de Luz hasta Carcasona; los viñedos se presentan como un vegetal degenerado por los rigores del clima, cuyo fruto es áspero y agraz. Para hallar buen vino, es preciso bajar á los llanos distantes dos leguas. traspasando la linea, tirada desde *Dax* de Adour á *Saverdun* del *Ariège*. Sin embargo, se encuentran en las Corbieras, ramificacion de los Pirineos; que, que unida á la gran cordillera, hácia el nacimiento del Ande, se pierde en el Mediterráneo, en la desembocadura del mismo rio.—

Esta parte de los Pirineos, bañada por el sol, como la de Aragon, nos recuerda su sequedad y su aridez. Los viñedos, no compensan la falta de bosques y de cereales; y unos olivos, pobres, no pueden valer lo que las encinas y castaños del condado de Fox, de Bearne y de Bigorra.—

Despues de haber dado la vuelta á los Pirineos examinando su falda, subamos, por grados, hasta su cima, y estudiemos los productos y los climas diferentes, que se observan dispuestos en zonas horizontales. Llegados á seiscientos metros sobre los montes secundarios, en los flancos, por punto general, redondeados por agradables curvas, nos hallamos en la region del boj, del abedul, del avellano, y de la haya. El interior de estos montes, no es menos rico, y menos pintoresco que su esterior; comprende: 1.° las escavaciones y grutas, notables por sus estalactitas y petrificaciones, tan variadas: 2.° las canteras de calizo, de esquita, de mármol y de pizarra: 3.° las asombrosas minas de hierro, en el pais de Fox, en Navarra, Aragon, Andorra, Cataluña y Vizcaya; las de cobre, tan abundantes en Navarra; las, muy notables, de plomo y cobalto del Ande y del Gistoa de Aragon: 4.° en fin, los filones de oro, concentrados entre el Ande y el *Ariège*, y los de plata, generalmente, mezclados con plomo.

Pasemos de esta altura, á la de mil doscientos ó mil trescientos metros sobre el nivel de ambos mares. Despidámonos de los pastos; lleguemos á la region de los grandes encantos, de los sublimes espectáculos de la naturaleza en estado de convulsion. Los lagos y las cascadas, los anfiteatros y los profundos boquerones, que abren la espina dorsal de los picos, para permitir el paso al hombre, desde una á otra vertiente, formando un magnifico teatro, en el cual el negro y magestuoso abeto, solamente, tapiza las paredes, que van siendo mas verticales. A la altura de mil setecientos ó mil ochocientos metros, este robusto habitante de los hielos, desaparece, por lo escesivo del frio; la roca salvaje, desnuda, hendida y rematando en punta, no tiene mas adorno que algunos grupos de *rododendron* y de enebro.... Las timidas flores, muestran mucho arrojo en desafiar estas latitudes de la Siberia; la colleja humilde, la genciana, el azafran multifido, el ranúnculo con hojas de parnásia, la potentila *nival*, la arenaria cerastoide, la violeta biflor, el ranúnculo alpestre, la reseda sesamoyde y las saxífragas, se agarran y abren sus corolas en las quiebras mas altas del granito: las plantas, que se encuentran, asi, escalonadas, en estos diversos grados, ascienden á ciento ochenta especies distintas.—

Desde los llanos del Rosellon, continúa Cénac Moncaud, hasta la cúspide de la Maladeta, los Pirineos, gozan del admirable privilegio de reunir todos los climas, por los fenómenos meteorológicos; todos los movimientos termométricos, todas las modificaciones físicas y todos los productos, que hay esparcidos por el continente europeo, desde la Sicilia hasta el mar Glacial. El Rosellon y la Cataluña, presentan la prodigiosa riqueza vegetal de las campiñas de Nápoles; los montes de Aragon y *les Corbières* de Carcasona, tienen la aridez de la Siria; hállase algo de las estepas del Tánais, en el *Landesde, Pinas* y *Port long;* y la salvaje soledad de la Rusia, se ve representada en los bosques de abetos de los valles de *Campau* y de *Assau*, del *Arbout* y del *Ariège.—*

Si, el oso blanco de los hielos polares, no divaga por las eternas nieves de la Maladeta y de Gavarni, el oso pardo, de formas colosales, se cobija en las cavernas, y aumenta los daños, que, á los ganados causan, los atrevidos y numerosos lobos. La ligera gamuza reemplaza, aqui, al reno; la ardilla, varias clases de martas y, hasta el armiño, constituyen las especies cubiertas de pieles, útiles para ciertos usos; el lince, el javali, el corzo, el gato montés, en otras ocasiones muy comunes, y el ciervo, que ha desaparecido ha mas de doscièntos años, vivieron, largos dias, con el bisonte y el búfalo.

Los sitios elevados, guarida favorita del oso y de la gamuza, ven, tambien, cernerse en los aires y descansar en las peñas, multitud de aves de rapiña, mas pequeñas que los de las Alpes. El águila real, el águila comun, el pernopetro, el buitre, el buho nocturno y el halcon, persiguen sin piedad, á las cornejas, las chovas, las perdices blancas, los lagopos y las ortegas: de vez en cuando, abandonan el suelo de los abetos, para bajar á los llanos, y dar caza á los gallos silvestres y á la silvia, el mirlo, el cuervo y otras mas.

Con respecto á las grullas y gansos bravíos, los salva su tamaño; las palomas torcaces tienen, en los cazadores de redes, enemigos mas temibles.

Las zonas, caracterizadas por la variedad de productos, no son iguales, en altura, por la vertiente española, como por la francesa; el calor que se siente en el Sud, por las razones que hemos apuntado, eleva, cada una de ellas dos á trescientos metros sobre la zona correspondiente del Norte.—

La region de las encinas y de los castaños, que concluye en Francia, tiene de quinientos á seiscientos metros; pero, en España, setecientos ú ochocientos, y así de las demas, en proporcion análoga, aunque no se encuentren aquí, los eternos ventisqueros. .

Es, absolutamente, inesplicable el efecto que causa al viagero la vista de los Pirineos, que, con ligereza, hemos descrito, por líneas geológicas y arboríferas.

Colocado en el eje central, á una distancia que permite abarcar el conjunto desde el *Canigou* del Rosellon, hasta el monte coronado de Navarra, hemos podido estudiar el magnífico teatro, cambiando de color y cuasi de formas á cada hora del dia, á cada estacion del año.

En el invierno, oculto bajo un espeso manto de nieve y cubierto con un velo pardusco de niebla, es muy raro que los Pirineos permitan que se vislumbren al traves de la bruma, el fondo de algunos valles ó algun pico iluminado por los últimos rayos del sol.—

Viene la primavera, con sus tormentosos dias y con sus nubes de colores fantásticos; la cordillera se despoja de su manto y ansiosa de agradar, en sus repentinas mudanzas de trajes, se la ve, hácia el medio dia, libre de sus ligeras gasas, presentar al sol sus altas cimas, oprimidas con el peso de enormes moles de esplendente nieve, mientras que, sus sinuosidades y sus valles, ofrecen, risueños, á los rayos oblicuos, que dibujan graciosamente sus revueltas y perfiles, sus blancas rocas y sus negros bosques. Súbitamente, se elevan los vapores del pico de Bañeras ó de la Maladeta; las nubes se amontonan en caprichosas porciones: estas talanqueras, toman los mas incitantes colores: pero pasados algunos momentos en tan locas mudanzas, el negro velo las cubre y las absorbe, el rayo hiere sus costados, y, la cadena entera, desaparece bajo del opaco turbion que la inunda de granizo y de agua, que caen sin medida.—

Cuando el verano ha despejado perfectamente la atmósfera, no queda nieve en parte alguna, á escepcion de los cinco ó seis depósitos, en que, la Naturaleza previsora, la tiene cautiva. La cordillera, teñida del mas vivo

azul, delinea lo grandioso de sus picos y las ondulaciones de sus valles.
Entonces, la verde zona de encinas y castaños, la mas oscura de abetos y
la gris del granito liso, se ostentan á la vista, con una exactitud cuasi matemática. Azul celeste, cuando nace el dia y dora las puntas de las rocas;
al medio dia varia en el de gris perla, para esparcir, por la tarde, un azul mas oscuro con algunas pinceladas de encarnado, debidas al
último adios del sol.—

A este magnifico teatro deberé llevar á mis lectores, cuando haya de
esparcir mi mirada por los sucesos que se realizan al Norte de las cuatro
provincias: Cénac Moncaud, en cuyos trabajos me he apoyado con tanta estension, comprendió, como yo, la importancia de presentar á los hombres
el espectáculo asombroso de la creacion sucesiva de las maravillas, que
admiran, para darles á conocer que, cuanto ha tenido lugar en la creacion,
todo se ha hecho con la intervencion suprema é incesante de la voluntad
divina. Unicamente, para penetrar, lo menos posible, en las profundidades
del Pasado y evitando, de este modo, el multiplicar las dificultades que se
oponian al objeto que llevaba, se redujo á describir los Pirineos; tales
como son, pasando, con ligereza, sobre lo que fueron, en los primeros siglos que vinieron á seguida de la revolucion terrestre, revolucion á la cual,
con mucha verdad, atribuye su irrupcion hácia el cielo.—Procuraré suplir
esta falta, porque es imprescindible el introducirse en estas oscuridades de
la Historia; porque, en el centro de ellas, encontramos algunas veces, al
hombre sacrificando al hombre, entre las ramas colosales de la vegetacion
primitiva.—

Ya que me he tomado la libertad de aprovecharme, tan ampliamente, de la obra arriba citada, no quiero privarme del gusto de trasladar aquí las palabras testuales, que, en la misma, se refieren á la importancia histórica de los Pirineos, descritos con tan poética exactitud.—Son las siguientes:—

»Si, acompañados del naturalista y del artista, admiramos, juntos, este espectáculo sublime, esperimentamos mas viva emocion, considerándole bajo el punto de vista histórico.

«Efectivamente, no solo fueron, los Pirineos, la solucion providencial »del sistema hidráulico, que, por el riego, habia de hacer fértiles y saludables las tierras de España y las Galias; sino que fueron, tambien, »en todo tiempo, un santuario de independencia, para las razas oprimidas.

»Cuando todos los montes, respectivamente, hubieron cumplido esta misión: los Alpes, á la voz de Guillermo Tell; el Olimpo y el Octa, en la »época de las postreras reliquias griegas, acosadas por los turcomanos; »en nuestros dias, en fin, los Krapaks, el Cáucaso y el Atlas, sirvieron de »amparo á los polacos, á los georgianos y á los bereberes, demasiado »débiles, para hacer frente á los enemigos que invadian su pais. Pero este »carácter protector de los montes, en parte alguna es tan constante, tan »grande y tan heróico, como en los Pirineos.

»Fortaleza inespugnable, situada entre Francia y España, estenso campo de batalla de tantos pueblos conquistadores, estos montes, tuvieron »en el trascurso de los siglos, su Yugurta y su Guillermo Tell, su Abd-»el-Kader y su Schamil.—Desenvolvimiento colosal del derecho de asilo, »el mismo Dios abrió, en este vallado de granito en el centro de los bos-»ques y de las cimas, un refugio natural, para los vencidos de todas »las naciones; griegos, iberos, romanos, vándalos, cántabros y visogodos, »vinieron unos tras otros, á buscar seguridad y á protestar, en nombre »del Criador, contra el sistema de esterminio, puesto en práctica por los »devastadores.

»Si, los campos cataláunios, fueron, segun la bella espresion de Jor-»mandes, *la era en que se redujeron á polvo las naciones*, en los tiempos »de Atila, en el reciuto de los Pirineos, al contrario, los restos de esas »mismas naciones, conservaron sus penates y sus creencias. Por consiguiente »luego que, el movimiento de invasion, cesó, el historiador pudo hallar, »en sus valles, al ibero, al galo y al cántabro, con sus costumbres primitivas, sus fueros, sus defensas y su recelosa libertad.—Dos mil años de »guerra contra romanos y feudalistas, habian reducido su número; pero no »pudieron aniquilarlos... Y, sin embargo, estos pueblos, de una misma familia

»y esta comarca, de naturaleza tan particular. no tenian historia propia; pa-
»ra hallar sus anales, es necesario hojear una infinidad de crónicas y de
»escritos especiales, ante cuyo estudio, pocos son los lectores, que
»no retrocederian asustados. Compréndese, sin esfuerzo, que, por estas
»obras, sueltas y truncadas, no puede, por asíduo que sea el estudio. lle-
»garse á formar el conjunto cabal de los sucesos.

»De las poblaciones pirenáicas, no han tratado con mas acierto las his-
»torias generales de Francia, ni las de España; sus autores, preocupados
»en deslindar cuestiones políticas, que han concluido por separar las dos
»naciones. no han meditado, lo bastante, sobre la homogeneidad política y
»social, que habia reinado, en los pasados siglos, en los llanos del Pirineo:
»consideraron á sus habitantes, como divididos, en todos tiempos, por la
»cima de ambas vertientes: confundieron la Cataluña, el Aragon y la Na-
»varra, en la historia general de España; y el pais Vasco, el Bearnés, la
»Bigorra, Cominges y el Rosellon, en la de Francia: y esta nacionalidad com-
»pacta, con una misma lengua y con iguales vicisitudes, se ha visto partida
»en dos, merced á una violenta é injustificable division.

»Este desprecio ó mas bien negligencia, es la que intentamos subsanar.
»reuniendo las reliquias de esta grande é ilustre nacion de los Pirineos,
»esparcidas en la historia. Ojalá pudiéramos, apoyándonos en los hechos, y
»nada mas que en los hechos, devolverle la fisonomía heróica y que mani-
»festó durante la lucha tenaz con los francos, dueños de las Galias, y con-
»tra los sarracenos, señores de las Españas! Que podamos determinar el
»carácter, tan notable, de sus costumbres, de sus leyes y de sus liber-
»tades!

»Si tiramos dos líneas desde el uno al otro mar; una, desde el estremo
»Norte de la curva del *Adour* (Tartas) hasta *Agde* en el *Ande*, y otra desde
»*Calagurris* (Calahorra) en el Ebro hasta Tarragona, tendremos descrita la
»gran meseta de los Pirineos, en que se representáran los dramas políticos
»y sociales, que vamos á referir. Nuestro trabajo, por consiguiente, será
»una especie de lazo de union, entre la historia de Francia y la de España.
»Colocados en la frontera natural, que separa ambos Estados, veremos, á
»un tiempo, los sucesos que los conmueven y los pueblos que se reempla-
»zan, con las leyes y las costumbres, que los rigen»—

Estoy, completamente, de acuerdo con Cénac Moncaud. sobre la necesidad en que se ve el historiador juicioso de tener mas en cuenta la homogeneidad social y política, que, por muchos siglos, ha existido entre los
habitantes de regiones limítrofes, que de las fronteras demarcadas en virtud de las exigencias recientes de un órden de cosas, cuyo origen se encuentra, cabalmente, estudiando esa misma homogeneidad de que habla-

mos.—Pero como se estiende, sin interrupcion, y llega á absorber en sí, aunque no la Humanidad entera, por lo menos, todas las poblaciones de un continente; llegaria á creerse, que, una historia parcial, era imposible y que no podria, el historiador, conocer el pasado de los habitantes de una provincia, sin referirse á todos los pueblos del universo.—El abuso de esta doctrina, nos llevaria al absurdo; habriamos concebido el plan de una Babel irrealizable, y, la confusion, haria imposible todo análisis histórico.— Su interpretacion racional, por el contrario, nos conduce á la ciencia histórica verdadera, y al conocimiento filosófico de las causas que han producido tal ó cual suceso; sea cualquiera el punto, que haya servido de teatro.—

Esta homogeneidad, que acabo de confesar, que existe no solo entre los habitantes de una misma region, sino tambien entre los de un mismo continente, es mas estrecha, todavía, entre unas poblaciones que entre otras, segun el mayor ó menor número de revoluciones, que han sufrido los territorios ocupados por ellos. Y no me remito, aqui, á las revoluciones de una raza sobre sí misma, que conceden el poder á los compatriotas de aquellos, que, las revoluciones habian arruinado. Me concreto, únicamente, á las que nacen de las conquistas, y que alteran, mas ó menos, los usos, las costumbres y hasta el carácter de los individuos de su pais.—Por tanto, creo estar en lo cierto, afirmando, que: en ninguna parte del mundo es tan antigua la raza que ocupa la tierra, como, sobre el suelo pirenáico, vasco, aragonés y catalan, esa raza celtibérica, que, las guerras han adulterado, pero que no han podido aniquilar.—Hé ahí porque es tan grande la homogeneidad que se observa entre las poblaciones de estas últimas comarcas, que defienden los Pirineos y que bañan el Occéano y el Mediterráneo; mientras que, en el Norte y en el Sud, la diferencia moral de los pueblos, que en ellos viven, se estiende, mas ó menos vigorosamente, hasta el mar del Norte y hasta Gibraltar.—

La naturaleza y disposicion del territorio pirenáico, y, en particular, el de las cuatro provincias, que son objeto de mis estudios, no contribuyen poco á conservar inmóviles, en él, las razas primitivas, que le ocuparon, y á protegerlas contra toda conquista, que tenga la absorcion por fin.—Apodéranse de la tierra, sufre el yugo de la victoria; pero, esta, nunca logra trasformar radicalmente la índole de sus habitantes; y, cuando llega, para el conquistador, la hora de la derrota, desaparece con sus cohortes, pudiéndose dudar con motivo á no consignarlo la Historia, que, la invasion hubiese triunfado.—Pero, estas consideraciones, tendrán su lugar correspondiente, en el curso de esta obra, al dar cuenta de las varias invasiones, que han esperimentado la Cataluña y el Aragon; tanto del Norte como del Sud, así de los bárbaros como de los árabes.

He dicho lo que antes era y lo que es al presente, el territorio de los Pirineos, en cuya estension haré frecuentes escursiones. Tal vez debiera contentarme, y estaria mas conforme con mi plan, esponiendo lo que era en la época en que vió la tierra distribuirse las aguas por su superficie, aclararse la atmósfera, haciéndose mas propia para la vida y surgir los continentes, por último, escalonándose, en mesetas, sobre las aguas; obedeciendo á las fatales revoluciones, de que era teatro el interior de nuestro globo, y que ejercian, sobre su forma esterior, un influjo en completa armonía con las miras de la Providencia.—Empero, ademas de carecer de los elementos precisos para un trabajo de semejante naturaleza, es mas agradable abrazar, de un solo golpe, la idea geográfica, que debe formarse del terreno en que, el historiador, coloca á sus lectores, para no volver á recordar ninguna de las modificaciones, que ha sufrido; á no ser bajo el punto de vista de los acontecimientos humanos.—Lo mismo que he hecho con respecto al territorio de los Pirineos, es lo que haré con respecto al de España, en general, y, luego, al de las cuatro provincias, en particular.—De este modo, y antes de principiar la relacion de los hechos, mis lectores se formarán una idea geográfica, indispensable para comprenderlos.

X.

Antes de hacer yo la descripcion del territorio de la Península Ibérica, desde su orígen, tal como nos lo demuestra la ciencia despues que le abandonaron las aguas, y que sus mesetas de supreposicion se cubrieran de la vegetacion que habia de consumir absolutamente, ó á lo menos aminorar la fuerza de ese sol que se aploma, de contínuo, sobre ellas, antes, digo, de echar una ojeada filosófica y geográfica sobre los estados sucesivos de dicho territorio, hasta nuestros dias, voy á reproducir aquí el trabajo de Florian de Ocampo, el mas antiguo y el mas ingénuo de los historiadores, ó, mas bien, de los cronistas españoles.

Este trabajo, inestimable en el punto de vista esclusivamente descriptivo, dará una idea de la manera como los historiadores comprendian su mision, antes de que la historia fuese introducida en el templo por Bossuet, haciendo de ella la sacerdotiza de la fé y, al mismo tiempo la intérprete de la Verdad.

Ocampo, dice así:

«Los sabios antiguos, que con las escelencias de su juicio pusieron en »arte y en razon la substancia y ser de las cosas para que se pudiesen cono- »cer mas fácilmente, repartieron la tierra del mundo en tres partes prin- »cipales. La primera llamaron Asia, que sale frontera de donde nace el »sol, á quien comunmente llamamos parte oriental, ó de levante. La se- »gunda dijeron Africa, puesta derechamente contra mediodia. La tercera »nombraron Europa, frontera tambien de las tierras africanas, mucho me- »nos que cada cual de las otras dos. Esta viene tendida entre septentrion »y mediodia sobre la caida del sol, que tambien solemos decir por otro »nombre la parte occidental ó poniente. De la tal Europa fue la postrera »region España, que tiene su asiento en medio de Africa y de Francia, rodea- »da por su contorno toda de mar, sino es la parte oriental que se junta con Fran- »cia por los montes Pireneos. Su figura, tomada toda junta, parece casi cua- »drada, ó de cuatro laderas principales, con que se hace muy semejante á »un cuero de vaca desollada, echada su parte delantera contra levante, se- »gun que por este nuestro tiempo lo vemos, y segun que tambien todos los »cosmógrafos pasados la pintan y señalan en sus libros: cuyo primer lado »tienen los montes Pireneos, que comienzan por poco antes de Fuente Rabia, »villa principal y bien conocida entre las marinas postreras de Guipúzcoa, »contra la parte del Septentrion. Esta villa nombran las gentes comarcanas mas »en su lengua provincial Honda Ribia, que quiere decir sitio enarenado, por- »que Hondarra llaman ellos al arena; los antiguos ancianos le decian Olarso: »desde la cual atraviesan los montes ya dichos por el ancho de la tierra, »hasta fenecer en la costa de nuestro mar, que dicen algunos Mediterráneo, »junto con la parte que los catalanes nombran cabo de Creus, y los castella- »nos cabo de Cruces: donde los tiempos de la gentilidad edificaron un tem- »plo para la diosa Vénus Pirenea, cerca de Colibre, entre Narbona de »Francia y el condado de Barcelona: por manera que desde Fuente Rabia »hasta llegar en este cabo se hallan de mar á mar casi ochenta leguas de »viage, poco mas ó menos. Son estas leguas una cierta distancia llamada de

»tal nombre, que los españoles usan en sus caminos, poniendo por cada le-
»gua cuatro mil pasos tendidos: y por cada uno de estos pasos cinco pies
»de los comunes, ni muy grandes ni muy pequeños así es que cada legua
»tenga veinte mil pies de estos tales, Bien es verdad que por algunas pro-
»vincias nuestras tasan hoy dia las leguas algo mayores, como son las de
»Cataluña, y en otras algo menores, como son las del camino que traen los
»estrangeros desde Francia para Santiago de Galicia: de la cual diversidad
»participan las ochenta leguas ya dichas, por´ donde pasan las cumbres
»y fragura de los montes Pireneos, de quien ahora hablamos, que sobre la
»parte septentrional son leguas pequeñas; en lo postrero de ellas, contra los
»confines de Cataluña, son grandes y crecidas: en lo demas, razonables y
»medianas, del tamaño primero declarado. Todas estas montañas y la region
»vecina de su comarca fue siempre la parte donde la tierra de España se
»retrae y encoge con menos espacio que por otra region alguna de todos
»sus cuatro lados, tanto que desde la mar de Fuente Rabia, que (como ya
»dije) le viene sobre la parte septentrional, hasta las puntas del sobre dicho
»cabo de Creus, en las riberas de Cataluña, contra la vuelta del mediodia,
»por el camino derecho se halla ser casi la mitad menos ancha que lo que
»va por la parte del occidente, desde el estrecho de Gibraltar hasta los con-
»fines, entre Galicia y Asturias, que caen fronteras los unos de los otros,
»donde se hace lo mas ancho de ella. Fue llamada la fragura y asperezas de
»las tierras entre los autores antiguos los montes Pireneos, que significa
»montes encendidos, por causa que en cierto tiempo, de quien hablaremos
»en el quinto capitulo del segundo libro, todas aquellas montañas ardieron:
»y porque pyr, en el antiguo lenguaje de los historiadores griegos, quiere
»decir fuego, les vino tal nombre de Pireneos, que tambien conservan ahora,
»como siempre conservaron: y no por la causa de cierto rey Pirro, que di-
»cen algunos coronistas castellanos haberlos morado, ni tampoco por causas
»de ciertas hablillas que tocaremos en aquel capítulo, cuando (placiendo à
»nuestro Señor) daremos alguna cuenta de los brazos y montañas que de
»estos Pireneos salen, y se derraman por lo mas dentro de muchas provin-
»cias españolas. Lo que por ahora cumple saber aquí, no será mas de la
»traza y relacion de este lado primero que hacen aquellos montes: en cuyo
»medio poco mas ó menos, dice Tolomeo, y es cierto, que se tuercen con
»una vuelta notable con las vertientes de España. Por la cual razon cono-
»cemos hoy dia, que si desde la primera punta de ellos hasta la segunda se
»camina por Francia, hallan, el trecho menor que caminando por los lados
»españoles: y será la causa, que por aquí de fuerza son viages en arco tor-
»cidos y desviados: en la parte francesa pueden caminar siempre derechos.
»Todas estas cumbres y sierras van siempre llenas de muchos arboles sil-

›vestres, en especial por las vertientes españolas que se derruecan á noso-
›tros: porque del otro lado que cae contra Francia no tienen tal espesura,
›y aun mucho dello va pelado, sin árbol ni verduras algunas. Morábase los
›tiempos antiguos una gran parte dellos; pero no tanto como los vemos
›ahora, que no les falta pedazos sin lugares y villas, y dehesas, y grandes
›valles muy apacibles y provechosos, que se hacen por aquel camino des-
›de Fuente Rabía hasta Colibre: como son en saliendo del parage de Fuente
›Rabia. Pasada la provincia de Guipúzcoa se meten por las faldas de Na-
›varra, sobre los llanos del val de Santisteban, que va por dos villas nom-
›bradas Lesaca, y Guciuta. Despues vienen las cumbres Pireneas sobre los
›valles de Baztan y de Ezcua, donde fue la batalla famosa de los españoles
›contra la gente del emperador Carlo Magno, en que fueron vencidos sus
›franceses y alemanes, muerto Roldan, el mas temeroso de los doce pares,
›cerca del monasterio de Roncesvalles, como lo veremos en la postrera par-
›te desta corónica. Junto con este cabo se hace la mas alta cumbre de todos
›estos montes: en cuyas vertientes á la parte de Francia queda la villa y
›fortaleza de San Jan de Pié de Puerto, metida ya dentro en la tierra de vas-
›cos, puesto que siempre fue del Señorio de Navarra. Sobre la parte de Es-
›paña hallamos el dicho monasterio de Roncesvalles: cerca del cual se des-
›pejaba de los Pireneos un otro miembro de montañas mucho crecidas y en-
›cumbradas, que pasa de través en todas las partes septentrionales de Es-
›paña, tendido á lo largo desde levante á poniente, hasta fenecer en las pos-
›treras tierras occidentales de Galicia, sobre la costa del gran mar Océano
›de poniente, segun que tambien mas en particular lo diremos en el quinto
›capítulo del segundo libro. Desde Roncesvalles adelante, continuando la
›jornada por la falda destos montes, junto con sus alturas y tierras en la
›vertiente siempre de España, pasan al val de Salazar, que tambien es en
›el reino de Navarra, cuya villa principal decimos Ochogavia: despues de
›él van al val de Roncal, donde tambien hay otro pueblo que llaman Isaba,
›y son allí ahora los confines y rayas entre los reinos de Navarra y Aragon,
›Despues dan los Pireneos, por la mesma ladera de España, sobre la villa
›de Cafranque (1), frontero de la tierra de Gascueña, que cae por el otro
›lado dentro del señorio de Francia. Luego salen adelante cerca de Jaca,
›ciudad muy antigua, metida ya por el señorío de los aragoneses, donde
›crian estos montes abundancia de pinos, en que la gente comarcana recibe
›mucho provecho, cortándolos y lanzándolos en un rio que dicen Aragon,
›por el cual esta madera viene hasta que se mezcla con Ebro, para la re-
›partir en lugares y tierras del reino sobre dicho, Pasan luego los Pireneos

(1) El verdadero nombre es Campfranc.

»por otras moradas y caserías no tan señaladas cuanto las que tenemos
»contado, hasta dar en una ciudad catalana, nombrada la Seu de Urgel, donde
»comienza la torcedura destos montes que Tolomeo dice, con que se derrue-
»can á la parte del mediodia occidental, puesto que no mucho despues dan
»en otro lugar llamado Belver, y mas adelante viene á la villa de Pucer-
»dan (1), que fué los tiempos antiguos cabeza de todos los españoles mon-
»tañeses, cuantos le caian al rededor, á quien las gentes pasadas decian ce-
»retanos, por causa della, y por causa de cierto lugar, que tambien hoy
»dia permanece, llamado Cerete, no lejos de Perpiñan. Luego tras esto pa-
»san los Pireneos á Villan franca de Cofrente, y á la Bellaguardia, fortaleza
»muy conocida por su buen edificio, juntamente con el asiento provechoso
»que tiene cercano del Pertús, en el puerto mas alto que se hace por aque-
»lla tierra, donde se descubre gran trecho de tierras, así de las que vienen
»contra los lados españoles, como de las que van para Francia, señalada-
»mente pasando poco mas adelante de la Bellaguardia, no lejos de cierto
»torrejon hecho por los antiguos en una cumbre crecidísima, que dicen el
»Col de la Manzana: desde la cual van las dichas montañas siempre seguidas
»formadas por la comarca, llamada Ampurdan. Allí se desmiembran en al-
»gunos brazos ó gajos pequeños que se reparten en todas estas provincias,
»el uno procede sobre las partes orientales dentro de Francia, donde se
»hacen los montes llamados antiguamente cemenos. El otro viene la vuel-
»ta de poniente casi por medio de Cataluña, desviado muy á la par de su
»marina, sino es en algunos ancones y corvas con que se resquiebra den-
»tro de ella feneciendo poco mas abajo de Monserrate (monasterio de gran
»devocion entre todos los españoles, como tambien lo veremos en los libros
»siguientes). El tercer gajo restante va seguido por el medio destos dos bra-
»zos, entero y derecho contra la mar, hasta fenecer entre Roses y Colibre,
»sobre la punta de Creus, donde dijimos haber sido la casa y el templo de la
»diosa Vénus Pirenea, por causa del cual y de la dicha Vénus, hallamos
»tambien un puerto junto con las vertientes de Francia, que llamaron los
»antiguos el puerto de Vénus, á quien los españoles catalanes que lo po-
»seen ahora, corrompido su vocablo, dicen Port Vendres, muy cercano de
»Colibre, que permanece hasta nuestro tiempo. Desde aquel cabo de
»Creus, en que fenecen los Pireneos, toma principio la vuelta segunda de
»las Españas, que viene despues del primer lado: la cual, allende ser mu-
»cho mayor que ninguno de los otros tres lados de su contorno, fue siempre
»mas tratado de las gentes estrañas, por haber en ella muchas ciudades y
»puertos, y playas provechosísimas, y por caer su mayor parte dentro de

(1) Es Puigcerdá.

»nuestro mar, donde se comunican las inteligencias y tratos españoles con
»las naciones africanas, italianas y griegas, y con las fronteras de Siria y
»Egipto que participan la flor y lo mejor de las otras provincias del mundo.
»El espacio sobredicho tiene por este nuestro tiempo casi doscientas y se-
»tenta y cinco leguas de trecho, contadas en esta manera. Desde el cabo
»de Creus hasta la villa de Roses ponen solas dos leguas: y despues á las
»Empurias (atravesando cierto golfo pequeño que mete la mar en la tierra)
»ponen tres, que son el camino mas derecho de una para la otra: porque si
»la quieren andar por la tierra, solo el rodeo de la costa tomaria cinco le-
»guas cumplidas. Desde las Empurias á Palafurgel ponen cuatro leguas, y
»dos desde Palafurgel á Palamós: una tasan y no mas desde Palamós á San
»Feliu y tres desde San Feliu hasta Blanes (la que otros tiempos fue dicha
»Blanda) cerca de la cual pasan casi media legua de trecho las aguas del
»rio pequeño que llaman ahora Tordera, cuya corriente va derecha contra
»mediodia. Su fuente nace del ramo de los Pireneos que dijimos venir por
»dentro de Cataluña, y acabarse poco mas abajo de Monserrate. Tres leguas
»adelante de Blanes viene la poblacion de Calella, y tres tambien de Calella
»viene la de Mataró. Cuatro son de Mataró hasta Barcelona, pasando por la
»ribera de Badalona, lugar pequeño en esta marina, pero harto mayor los
»tiempos antiguos, segun adelante mostrarémos, cercana de cierto rio que
»decimos ahora Besós. En aquel espacio de costa sobredicha la tierra de
»España comienza poco á poco á meterse por la mar: y ensanchar sus co-
»marcas de continuo, discurriendo siempre contra la vuelta del occidente,
»hasta dar en el estrecho de Gibraltar, donde nuestras Españas son muy
»mas anchas que por otra parte ninguna. Poco menos de dos leguas des-
»pues de pasada Barcelona, toma la mar un rio llamado Lobregat: desde el
»cual á la poblacion que llaman Sitges, ponen tres leguas: y siete des-
»pues á la ciudad de Tarragona: por el cual trecho se hacen unas cum-
»bres y cerros notables, ásperos y levantados en la marina que nombran
»ahora las costas de Garraff. Desde Tarragona hasta Cambrils no son mas
»de dos leguas, quedando en el medio Salou, puerto muy conocido aun-
»que desierto: y desde Cambrils al castillo de Miramar ponen dos leguas,
»y otras tantas adelante hasta la punta de la montaña que dicen el Col
»de Balaguer, quedando en el medio la casa del Hospitalete, donde los pe-
»regrinos reciben mucha caridad. Una legua tasan del Col de Balaguer al
»templo de San Jorge, que solia ser otro tiempo cabeza de caballeria contra
»los enemigos de nuestra santa fé: la cual incorporaron despues en la órden
»militar de Montesa, como lo diremos en su tiempo. Desde San Jorge ponen
»seis leguas al puerto del Empolla, junto con la boca del Ebro, sobre la ri-
»bera de levante, mas porque deste rio hablaremos en el quinto capitulo si-

»guiente, dando razon de su nombre con algunas cosas que le pertenezcan, solo
»diremos aqui ser uno de los grandes y caudalosos de España. Viene su cor-
»riente guiada desde septentrion á mediodia, poco torcida contra levante,
»casi de la misma faccion que dijimos tener los montes Pireneos. Y con esta
»figura discurren sus aguas por muchas provincias españolas, provechosas
»y buenas: pero tanto mas fértiles, cuanto mas alejado de sus fuentes, en
»las cuales provincias recibe muy muchos rios de diverso tamaño: porque
»como digo, pasa tan largo trecho, que desde su nacimiento hasta su boca,
»donde lo toma la mar, son mas de ciento y diez leguas, segun adelante
»las daremos por cuenta. Y tambien asi como sobre la ribera oriental di-
»jimos estar el puerto de la Empolla casi junto á su boca, de la mis-
»ma suerte junto á la ribera occidental de la dicha boca se hacen los
»Alfaques, que son unos tremedales encharcados en agua, con lagunajos y
»témpanos donde se mete mucho pescado por los canales que vienen de la
»mar: por los entrevalos ó medios pace multitud de ganados en las vere-
»das y prados de que los tales animales conocen poder salir. Qué quiera
»decir esta palabra de los Alfaques, y por qué razon le dieron aquel ape-
»llido, verémoslo (si Dios fuere servido) cuando lo tornaremos á nom-
»brar en la tercera parte de esta gran obra. Pasa despues la marina
»contra la parte de poniente, metiéndose bien á la mar, y haciendo las
»Españas continuo mas anchas, guiada por aquella parte donde solia ser
»un monasterio de monjas, llamado la Rápita, grandes tres leguas apar-
»tado de los Alfaques. Y comienza por alli la montaña de Moncia, sobre
»la misma costa, que dura dos leguas en largo: y en medio della junto
»con la ribera, nacen las fuentes de San Pedro, tan abundantes en agua,
»que no bastan á despedir todo lo que manan y meten por bajo de la mar
»adelante gran trecho borbollones muy dulces, que rebalsan encima de
»lo salobre sin se le mezclar ni corromper. Dos leguas destas fuentes vie-
»ne tambien Alcanar en la misma montaña, desviado de la ribera casi
»media legua, cerca del cual pasan y fenecen las aguas del arroyo peque-
»ño, llamado la Cenia, que divide por aqui la jurisdicion entre Cataluña y
»el reino de Valencia, cuyo primer lugar, una legua de Alcanar es Vina-
»rós: y mas adelante otra legua Benicarlon, pueblo señalado por los mu-
»chos vinos que crian sus comarcas: desde el cual á Peñiscla tasan otra le-
»gua, donde se crian aguas dulces de fuentes en abundancia, puesto que la
»mar cerque sus fraguras y riscos á toda parte, sino es una garganta muy
»angosta, que la junta con tierra firme. Dos leguas de Peñiscla hallamos el
»castillo de Chiverte, y tambien otras dos adelante la torre de Oropesa, que
»señorea dos calas provechosas en aquella marina, despues de la cual dos
»leguas adelante viene Castellon: junto con el cual toma la mar el rio de

»Millas. Pasa luego la ribera cuatro leguas adelante, hasta dar en la Pue-
»bla, quedando en el medio Borriana: y en medio de Castellon y Borriana
»la poblacion de Almanzora, desviados todos estos de la mar menos de me-
»dia legua. No tasan mas de otra legua desde la Puebla hasta Chinches, y
»casi dos leguas adelante hallamos á Cañete, llamado de Monvedre por es-
»tar frontero de Monvedre: del cual á la playa de Valencia, donde comun-
»mente dicen el Grao, ponen cuatro leguas: otras cuatro son desde Valen-
»cia hasta Cullera, que tambien está cerca de la mar, en el paso del rio Jú-
»car, á quien los antiguos llamaban Sucro; desde el cual á Gandia ponen tres
»leguas. y desde Gandia hasta Denia cuatro, la que solian llamar Dianio,
»donde se mete por la mar otra punta de tierra, que los navegantes nom-
»bran ahora cabo de Martin ó de Denia, desviado de los Alfaques treinta y
»ocho leguas cabales. Nombraban los antiguos este cabo de Denia el pro-
»montorio de Ferraria. Tambien le decian Emeoroscopeo (1) y Artemisio,
»que quiere decir lo mismo que Dianio, como lo veremos en los veinte y
»seis capítulos adelante, y mucho mas á lo largo en los veinte y ocho del
»tercer libro. Desde esta villa de Denia, que tambien fue pueblo notable en
»los tiempos pasados, hasta la ciudad de Cartagena, ponen por la marina
»veinte y nueve leguas echadas en esta manera. Las tres á Tablada, y dos
»de Tablada hasta Venisa: desde la cual á Carpe tasan otras dos y cuatro
»despues á Benidorma, con una mas adelante, hasta Villajoyoso. Ponen
»tambien desde Villajoyoso cuatro leguas á la villa de Alicante, que dijeron
»los antiguos el puerto Ilicitano, y luego van otras cuatro leguas á la villa
»de Guardamar, pueblo bien conocido por el asiento que tiene sobre la
»boca del rio llamado Segura, que los antiguos decian Estabero: desde el
»cual á la ciudad de Cartagena son nueve leguas bien cumplidas. Este pue-
»blo de Cartagena, allende las muestras y memoria que permanecen hoy dia
»de su magnificencia pasada, vino muy bien á se cumplir en él este pedazo
»de cuenta: porque los marineros que navegan aquel trecho de costa tienen
»alli maravillosos acogimientos en el puerto de esta ciudad, que fue siem-
»pre de los mejores del mundo: y estos hacen ahora mucha cuenta de cier-
»ta punta junta con él, á quien llaman el cabo de Palos. Seis leguas de Carta-
»gena hallamos la fortaleza del Macarron, donde se hacen los alumbres: y
»despues hasta Portilla ponen camino de siete leguas, desde la cual hasta la
»ciudad de Almeria son cumplidas veinte y cuatro leguas de gran despo-
»blado: donde no hallamos en toda la marina lugares notables, que se de-
»ban aqui poner, sino torres y descubridores; con que se hacen señas de
»humos y de fuego desde las unas á las otras, los que por este tiempo guar-

(1) Llamábanle Hemeroscopio.

»dan la costa cuando sienten moros africanos, ó turcos mareantes y corsa-
»rios, que saltean por allí muy continuos y perjudiciales, encubriéndose por
»los resquicios y calas de la ribera, para salir y robar gentes y ganados, y
»todo cuanto mas pueden: pero hallamos en aquel trecho cosas no bajas de
»que se puede hacer memoria, como son la villa de Vera, que cae cinco le-
»guas adelante de Portilla, desviada casi una legua y media de la marina,
»y dos leguas despues de Vera la villa que dicen Muxacra, llamada Murgis
»entre los antiguos: la cual tambien cae desviada de la costa sobre cierta
»punta de tierra, que tiene su nacimiento de cumbres muy grandes y ten-
»didas, que vienen lejos atravesando las tierras en España: de las cuales
»cumbres primero que fenezcan aqui, manan las fuentes de Júcar y las de
»ciertos rios señalados, que despues contaremos adelante, puesto que cuan-
»to á lo de Vera y Muxacra, fue tiempo que la mar llegaba mucho mas cer-
»ca dellas ambas que la vemos ahora. Tres leguas despues de Muxacra ha-
»llamos el cabo de Agatas, el cual fue llamado deste nombre, por ser una
»punta de sierra metida muy dentro de la mar, incorporada toda con unas
»piedras preciosas llamadas ágatas, en tal manera que por solo no tener
»otra pizarra sino de las tales ágatas, casi no las estiman en España, dado
»que por muchas partes del mundo, donde se llevan, son acatadas y teni-
»das en precio: de las cuales daremos sus colores y sus diferencias y pro-
»piedades y virtudes que dellas escriben los filósofos naturales, cuando pla-
»ciendo á nuestro Señor, trataremos particularmente la faccion y la postu-
»ra deste risco en la tercera parte desta corónica. Llaman ahora la gente
»vulgar esta punta cabo de Gata corruptamente, por decir cabo de ágatas:
»y los antiguos le solian nombrar Caridemo, que significa tanto como
»parte graciosa y amigable: porque según dicen, es virtud principal en
»estas piedras ágatas hacer á los hombres que las traen bien quistos con
»cuantos tratan: y por aquella razon, un seno de la mar á manera de puer-
»to que se hace poco despues, hubo tiempo que se dijo tambien el puerto
»Caridemo, á quien ahora, corrompido su primer vocablo, nombran puerto
»Carbonero. Cuatro leguas adelante deste cabo hallamos un espadañal
»muy cerrado, que los moros cuando poseian aquella tierra, llamaban Al-
»gayda, cuyo nombre le dura tambien ahora: tiene bien una gran legua de
»trecho, y aun algo mas: cria venados y puercos monteses con otras salva-
»ginas que se cazan cuando son tiempos enjutos: porque si son húmedos
»y lluviosos, enchárcanse tanto con agua, que por ningun modo se pueden
»cazar. Los moros salteadores que pasan acá desde sus puertos africa-
»nos reciben provecho del aparejo que tienen allí sacando las fustas á tier-
»ra, y encubriéndose con aquel espadañal; y por esta razon las atalayas y
»torres son aqui mas continuas y juntas, que por otra parte de la costa.

»Media legua despues recibe la mar el rio de Almería. que sin duda
»podemos afirmar, ser una de las frescas y fértiles riberas del mundo:
»produce muchas palmas de dátiles, muchas diferencias de frutas excelen-
»tes, muchas abundancias de bienes en gran manera provechosas, que se
»dirán en la postrera parte de esta corónica. Junto con la boca del rio
»sobre la mar tenemos un lugar llamado Alhadra, casi una legua mas
»adelante la mesma ciudad de Almería: la cual legua es tan llena de
»placeres y deleites que no se puede significar cosa mas apacible, esto
»cuanto la frescura de frutas y arboledas: porque cuanto á lo demás,
»va todo tan lleno de pedreria preciosa, que pocas partes de España le lle-
»van ventaja de granates y jacintos, y ninguna le puede ser igual. señala-
»damente por el campo de Niza, comarcano á esta ciudad de Almería, don-
»de se halla multitud dellos. Cuatro leguas despues de Almería viene un
»castillo fuerte y bien labrado, que dicen de las Roquetas, donde se reco-
»gen ahora los pescadores, y las otras guardas, que defienden aquella cos-
»ta: y tres leguas de las Roquetas el lugar de Adra, no muy grande, pero
»muy antiguo. De Adra hasta Berja son cuatro leguas, y tres de Berja has-
»ta Buñol: y dos mas adelante viene Castil de Fierro, asentado sobre lo pos-
»trero de una punta, que la tierra mete contra la mar: en las cuales dos
»leguas ni tenemos torre, ni menos atalaya, como las hallamos en los otros
»espacios ó trechos que hasta ahora dejamos contado. Tres leguas de aquel
»castillo viene la villa de Motril, que tenemos creido ser ahora la que lla-
»maron otro tiempo Sexi, ó muy cerca della de quien adelante se hará men-
»cion en diversas partes desta corónica. Una legua mas adelante viene Salo-
»breña, la que decian antiguamente Selambina: y tres leguas despues dan
»en Almuñecar con su puerto bien abrigado de los vientos del poniente.
»Desde Almuñecar á la Atalaya, ó Torrejon de Velez, son nueve leguas: la
»cual torre se llamó desta nombradia, por caer frontera de Velez Málaga,
»pueblo desviado de la marina casi una legua: desde el cual á otra fortaleza,
»que dicen Bezmeliana (1), son dos leguas grandes y tres desde allí hasta
»Málaga, ciudad tan principal estos dias, como fue los antiguos, y aun creo
»que mas. Pasado una legua de Málaga, se mete por la mar el rio Guadal-
»quevirejo, que por otro nombre llaman Saduca los autores de cosmografia,
»puesto que los españoles ancianos le solian decir Malaca, como decian á
»la misma ciudad: desde el cual á una fortaleza, nombrada la Fuengirola,
»son cuatro leguas: y cuatro mas adelante viene Marbella, la que en otro
»tiempo decian Barbesota. Cinco leguas despues damos en Estepona, y
»cuatro mas adelante se mete por la mar el rio que los moros decian Gua-

(1) Hoy se llama las ventas de Bismillana.

»diaro, no muy grande ni caudaloso, pero señalado por algunos cosmógra-
»fos antiguos que le decian Crisio (1): desde el cual hasta Gibraltar son dos
»leguas no mas. Y despues desde Gibraltar á la parte en que solia ser po-
»blada la ciudad de Algezira, ponen otras dos, echadas en el rodeo de la
»costa: porque, caminando sobre mar, es una sola y no grande. Tres le-
»guas ponen despues hasta la villa de Tarifa tasadas en la misma marina,
»de suerte que desde Gibraltar á Tarifa son justas cinco leguas: en las cua-
»les viene toda la canal á lo largo, que vemos entre las tierras africanas, y las
»de Andalucia. Ya dijimos arriba ser aquí la mayor anchura de nuestras Espa-
»ñas considerándolas por el través derecho, que responde frontero de Asturias:
»por manera que segun la cuenta sobredicha, desde Cartagena hasta dar en Al-
»mería, son treinta y siete leguas enteras, y mas adelante hasta Málaga ponen
»otras treinta y siete: despues tasan diez y siete hasta Gibraltar echadas de
»puerto en puerto sobre los esconces y vueltas conocidos en aquella costa:
»las cuales juntadas con las que hallamos desde el cabo de Creus á Cartage-
»na, hacen largas doscientas leguas. Bien creo yo que si los tales viajes de
»puertos y puntas, ó las navegaciones de mar, se tomasen por camino se-
»guido, seria mucho menor la suma: pero llevámoslo contado con tal órden,
»porque los lugares y distancias, y faccion de la marina sobredicha, salgan
»exentas y declaradas, y las pueda mejor entender el que no las viere ni
»caminare. Pasada Tarifa, las marinas comienzan á ladearse poca cosa en-
»tre septentrion y poniente tomando por aquel través un pedazo de la
»costa de Andalucia, con todo lo postrero de Portugal, que por allí cae
»contra los fines del cabo, que dijimos llamarse de San Vicente: en el cual
»paraje viene la isla de Cádiz, de quien en adelante se hallarán diversos
»apuntamientos en el proceso desta gran obra: porque los tiempos antiguos
»tuvo cosas notables, y mucha mas tierra de la que le hallamos ahora. Es-
»ta ribera va casi toda guiada y derecha, sin que la mar haga por ella
»notables entradas: á lo menos desde la salida del estrecho hasta la boca
»del rio Guadiana, sino son dos esconces disimulados que le va ganando la
»mar sin que nadie lo pueda casi sentir: y dado que la cantidad ó tamaño
»de toda la marina sea menor que ninguno de los otros espacios sobredi-
»chos, tiene buenos puertos y gran abundancia de pescados, por caer en el
»mar Océano, donde son las aguas vivas y substanciosas para semejante
»generacion, y fuera de nuestro mar Mediterráneo, que no las tiene tales.
»Va todo aquel trecho puesto en frontería, casi á la pareja con los montes
»Pireneos, remedándolos mucho en su sitio, y tiene de largo sesenta y ocho
»leguas de camino, contadas en esta manera. Desde Tarifa hasta los cabos

(1) Chryso. Tal vez sea el Guadalete que desemboca en la bahía de Cádiz. Así lo opina Florez.

»que llaman de Plata, ponen cinco leguas, quedando en aquella marina las
»muestras de cierta poblacion antigua, nombrada Belon, que dicen ahora
»Beloña (1). Despues de los cabos de Plata, sola una legua mas adelante
»viene la parte del pueblo, que solia ser en Barbate, junto con un riezuelo
»pequeño del mesmo nombre que cerca della recibe la mar, y en un sitio
»desta legua sobredicha se hace la pesquería del almadraba de Zahara,
»donde mueren muchos atunes. Otra legua mas adelante del rio Barbate,
»viene tambien el cabo de Trafalgar, en el medio trecho, quedando señales
»enteras de hartos edificios viejos, á quien suelen decir comunmente, las
»aguas de Meca, por una fuente que les nace junto donde los moros africa-
»nos tienen por gran religion venir á bañarse. Desde Trafalgar á Conil es
»una legua, y otra sola mas adelante de Conil viene la segunda pesquería
»principal de los atunes, que tambien llaman almadraba: desde la cual son
»dos leguas hasta la punta de Sancti Petro junto con otro rio pequeño que
»viene de Chiclana, una legua de allí dentro de la tierra: y esta punta es la
»parte de toda nuestra costa, donde la tierra continente se llega mas con la
»isla de Cádiz, tanto que hasta la isla no se atraviesa mas que la mitad de
»medio cuarto de legua por el agua. Desde allí comienzan otra vez á cor-
»barse las riberas y reciben un seno de mar, hasta dar en el Puerto de San-
»ta Maria: por manera que son en aquel contorno cuatro leguas de trecho,
»las dos á la poblacion que dicen Puerto Real, y las otras dos al de Santa
»María: entre la cual ribera y la isla de Cádiz se hace la bahía, ó seno que
»llaman de Cádiz, á quien solian los antiguos decir la marina de los espa-
»ñoles corenses. Pasadas otras dos leguas despues, dan en la villa de Rota:
»y tres adelante de Rota, viene Chipiona: y una despues de Chipiona, San
»Lúcar de Barrameda, donde recibe la mar el gran rio Guadalquevir junto
»á la parte que los antiguos solian tener un templo del Lucero, donde le
»sacrificaban, y hacian plegarias con gran solemnidad. Es aquel rio Gua-
»dalquevir uno de los mas grandes en España, cuyas aguas vienen desde
»levante, guiadas al poniente, seguidas y bien dispuestas, dado que torci-
»das cuanto mas andan contra la vuelta del mediodia, tan disimuladamente
»que casi nadie siente su torcedura, hasta llegar poco encima de Se-
»villa, que ya muy á lo claro toma camino derecho por aquella via del me-
»diodia: y como quiera que no sea mucha tierra la que corre, comparada
»con la que pasan algunos otros rios en España, pues á la verdad no son des-
»de sus fuentes hasta su boca sesènta y cuatro leguas cumplidas no por
»eso lleva menos agua ni menores vivezas en ella que los otros rios espa-
»ñoles. Junto con esto tiéneles alguna ventaja, por ser las tierras y co-

(1) Tolomeo y Mela la llaman Bellona. Dista poco de la boca del rio Barbate. Llámasela Bellon.

»marcas que riega desde su nacimiento hasta su fin, á maravilla fertilísi-
»mas y grandemente bienaventuradas, llenas de muchas abundancias y de-
»leites, y de todos los provechos que sobre la tierra pueden criarse: del
-cual rio no fue por ahora necesario declarar otra cosa mas de la disposi-
»cion ó figura sobredicha que trae su corriente, pues adelante repartiré-
»mos en el proceso de la corónica lo restante que los buenos autores de él
»escribieron: y tambien algunas otras cosas que despues acá le conocemos
»y notamos. Desde San Lúcar ó desde la boca del rio hasta la parte que
»nombran ahora la Higuera, ponen cinco leguas, en que reside comunmen-
»te multitud de gente pescando, llamada por otro nombre la Javega, sin
»tener casas ni poblacion, sino fuesen algunas chozas ó ramadas en que se
»recogen, y aun estas muy pocas. Otra semejante Javega, se hace tres le-
»guas adelante llamada Val de Vacas, en la mesma costa, y todos aquellos
»espacios en que las tales javegas caen suelen llamar los mareantes arenas
»gordas. Desde Val de Vacas á la villa de Palos tasan cuatro leguas, el
»cual es un pueblo mucho bueno sobre la ribera del rio Tinto, que viene
»por Moguer y por Niebla dentro de la tierra, cuya boca dura casi una le-
»gua de trecho; en fin de la cual está Huelma (1) del otro cabo del agua,
»desde la cual á San Miguel son tres leguas, y de San Miguel á Cartaya dos
»no mas. Tres ponen despues á la villa que dicen Ayamonte, donde toma la
»mar al rio Guadiana, que fue siempre muy principal entre los rios españo-
»les, pero diferenciando segun vemos en sus corrientes y figura de los que
»dejaremos escritos en este capitulo, por causa que va gran pedazo de tre-
»cho despues que sale de sus fuentes guiado y regido desde levante hasta
»poniente, sin hacer torceduras notables. En aquel ser y tenor pasa diez y
»seis leguas de viaje desviado casi cabalmente del rio Guadalquevir, y su-
»miéndose por bajo de tierra, y tornando á salir de nuevo, como mas abier-
»tamente contaremos adelante, puestas sus aguas en aquel término sobre-
»dicho, no lejos de la parte donde hallamos ahora la ciudad de Badajoz, de-
»ja súbito la corriente que primero lleva del occidente para se trastornar
»contra mediodia, bien asi como lo hace Guadalquevir hasta se meter en la
»mar, que son treinta y cinco leguas tiradas. Y desde la dicha boca todas
»las marinas occidentales que se siguen pertenecen al reino de Portugal:
»cuyas riberas y costas van de tal faccion y manera que parecen arremeter
»con algun impetu para se lanzar en la mar, puesto que (bien mirado) pa-
»sada la boca deste rio, las marinas se retraen algun tanto por dos veces
»hasta venir al cabo de San Vicente, donde reciben otras dos bahias ó se-
»nos razonables. El primero comienza desde Castromarin, una legua mas

(1) Es Huelva.

»occidental que dijimos estar Ayamonte, pero sobre las aguas del mesmo
»rio Guadiana junto con su ribera de la mano derecha, y así va cinco le-
»guas aquel seno hasta dar en Tavila (1), segunda poblacion de los portu-
»gueses por aquella parte con un rio mediano que la divide por medio.
»Despues viene Faró, cinco leguas de Tavila (2), y dos mas adelante halla-
»mos otra punta de tierra que llaman el cabo de Santa María, metido por la
»mar una gran legua, y aquel es el que nombraban los antiguos Cuña ó
»Esquina de la tierra: los cosmógrafos griegos le decian Sfen, donde tiene
»fin el primer seno que ya dijimos, y comienzan las torceduras del segundo
»seno hasta la punta de San Vicente. Primero que le toquen dejan el Albu-
»hera sobre la costa puesta cuatro leguas del cabo de Santa María: despues
»van tres leguas á Villanueva, desviada de la mar un solo cuarto de legua,
»sobre la ribera de cierto rio que viene de Silves contra su mano derecha.
»Dos leguas adelante damos en otro pueblo que dicen Albor, á quien los
»antiguos llaman el puerto de Anibal: y como lo pasan, en solas otras dos
»leguas viene Lagos, poblacion vieja, que nuestros antepasados nombraban
»Lacobriga. Desde Lagos á Sigres (3) son cuatro leguas, y una sola de Si-
»gres al dicho cabo de San Vicente que tambien los antiguos nombraban el
»cabo sagrado, con que se cumplen la suma de las sesenta y ocho leguas ya
»señaladas. En aquel cabo de San Vicente se principia la marina del otro
»tercer lado de España, volviendo de mediodia contra septentrion: la
»cual marina toma dentro de si todo lo largo de Portugal contado has-
»ta la boca del rio Miño, con otra parte de Galicia, que va desde la
»misma boca hasta Finisterre. Hallamos en este pedazo casi ciento veinte
»y cuatro leguas de viaje, puesto que los mareantes como navegan al de-
»recho sin doblar puntas ni torcer caminos para tomar posadas, no le
»dan en su navegacion tan largo trecho por el agua. Las leguas de tierra
»se cuentan en esta manera. Desde el cabo de San Vicente, donde ya di-
»je ser una de las principales esquinas ó canton de España, hasta la po-
»blacion llamada Lodemira (4) sobre la mano derecha de cierto rio que
»por alli toma la mar, son siete leguas tendidas, y desde Lodemira van otras
»tres leguas al isleo de Perseguero (5), desde el cual hasta Sines ponen
»cuatro leguas justas, y siete mas adelante viene Satubal, pueblo señalado
»y antiguo mas que ninguno desta ribera, como parecerá claro cuando se
»tratare su fundacion en el cuarto capitulo siguiente. Pasan despues adelan-

(1)   Tavira.
(2)   Tavira.
(3)   Ahora Sagres, de Sacrun, cabo cercano.
(4)   Odemira.
(5)   Pesegueiro.

»te de Setubal cinco leguas á Cezimbra, junto con la mar alta, desde la cual
»al cabo de Spichel, nombrado en los tiempos antiguos el promontorio Bar-
»bárico, por cierta razon que contaremos en el octavo capítulo del tercer li-
»bro, ponen una legua, y cinco leguas de Spichel viene la boca del gran rio
» Tajo, famoso y muy alabado sobre los mas preciosos de España: cuya cor-
»riente lleva mas de ciento y diez leguas de tierra, discurriendo algun tre-
»cho desde septentrion á mediodia, derrocándose disimuladamente cuanto
»mas va contra las partes occidentales, hasta que pasadas buenas cuatro
»leguas desde sus fuentes, viene sobre la ciudad de Toledo: y habiendo ro-
»deado la mayor parte della, deja de todo punto su disimulacion y viaje,
»segun primero lo traia, y se trastorna derecho contra la parte del ponien-
»te sin hacer mas torceduras ni vueltas que tengan espacio notable. Por to-
»da su corriente recibe copia de rios que se le mezclan caudalosos y creci-
»dos, que muchos dellos serian principales, si no topasen con este que los
»consume. Pasa poderoso y pujante, hasta venir á la mar en esta parte so-
»bredicha, teniendo solas dos leguas antes de su boca, sobre la ribera del
»norte, la gran ciudad de Lisboa, y en este mismo lado, cuando se mete
»por lo salado, hallamos una punta de sierra, que dicen ahora cabo de Cas-
»caes, porque tambien está junto con aquella sierra la villa nombrada Cas-
»caes. Tiene creido la gente vulgar de los portugueses, ir aquella tierra so-
»bredicha por bajo de la mar hecha siempre montaña, hasta salir en la is-
»la de la Madera, que son largas doscientas leguas por el agua pero yo de
»ninguna parte veo suficientes indicios, para que nadie lo pueda conjeturar.
»Seis leguas de Cascaes por la misma costa dan en Alisera (1), despues de
»la cual cinco leguas adelante hallamos otra poblacion pequeña de hasta
»noventa ó cien casas, que dicen Penier (2), y frontero desta metida por la
» mar buenas cuatro leguas adentro la isleta de las Berlangas, llamada Lon-
»dobries (3) entre las gentes antiguas: y junto con ella queda tambien otras
»dos islas menores, que dicen ahora los Fallarones (4). Pero si de Penier
»no queremos hacer cuenta, por ser poblacion pequeña, podriamos poner
»en su lugar la villa de Atauguia, sola media legua mas adentro de tierra,
»pueblo mayor y mas notable. Pasadas cinco leguas, caminando siempre
»contra septentrion, hallamos otro pueblo pequeño casi todo de pescadores,
» llamado Pederneira, junto con el cual tienen una casa de Nuestra Señora
»(5), donde la gente comarcana reconocen mucha devocion: y despues

(1) Erizeira: villa con título de condado.
(2) Es Peniches.
(3) Es Londobris.
(4) Farollones.
(5) De Nazaret: santuario muy frecuentado en Portugal,

»otras dos leguas adelante van á Selir (1) asentado sobre la mano derecha
»de cierto rio, que luego toma la mar allí junto. Tres leguas de Selir vie-
»nen las Paredes, y mas otras seis arriba se lanza por la mar el rio de
»Mondego, que los antiguos llamaban Mondad, sobre cuya boca hallamos
»la villa de Buarcos en la ribera de su mano derecha. Viene tambien des-
»pues otras ocho leguas adelante la boca del rio llamado Voga (2), que pa-
»sa junto con la villa de Avero, tres leguas encima de donde sus aguas en-
»tran en la mar: y dado que no sea mucho caudaloso, pertenece bien á
»nuestro cuento, porque todos aquellos trechos tienen hoy dia pocas cosas
»que se puedan señalar: y porque tambien los cosmógrafos pasados, algu-
»nas letras mudadas, le llamaban el rio Vaca (3), haciendo notable relacion
»de él en sus libros: y no va tan pequeño, que no lo naveguen hasta la vi-
»lla de Avero (4) navíos de noventa y cien toneles ó pipas, Cinco leguas
»adelante se hace la poblacion de Ovar, puerto conocido de esta marina,
»desde el cual á San Juan de Foz sobre la boca del gran rio Duero son otras
»cinco leguas. Este rio Duero con mucha razon y causa dicen los cosmó-
»grafos antiguos ser uno de los mayores y mas poderosos de España, y el
»que mas tierra pasa con su corriente: tanto que desde la parte donde nace,
»hasta donde fenece, son largas ciento y veinte leguas de trecho, por las
»cuales recibe muchas aguas de diversos arroyos y fuentes y rios caudalo-
»sos que lo hacen muy crecido. Trae siempre su camino derecho desde le-
»vante contra la vuelta de poniente, sin hacer torceduras grandes en todo
»su viaje, sino son en tres partes notables. La primera diez leguas mas
»abajo de donde nace, porque como quiera que saliendo de sus fuentes co-
»mienzan las aguas á guiarse desde septentrion á mediodia, poco torcidas
»contra levante, despues de pasadas aquellas diez y seis leguas vuelven
»al occidente, prosiguiendo el camino por aquel tenor mas de cuarenta y
»tres leguas enteras hasta la· villa de Tordesillas, pueblo bien principal
»entre los muchos que caen sobre su ribera: allí disimuladamente se va der-
»rocando tres leguas enteras hasta la villa de Castonuño: donde llegado,
»toma como solia su viaje del poniente: y así pasa largas diez y nueve le-
»guas que se cumplen frontero de la villa nombrada Miranda, junto á la
»raya del reino de Portugal sobre la mano derecha deste rio: donde se ba-
»ja tercera vez camino de mediodia largas diez leguas de trecho, hasta dar
»en un pueblo llamado Frejo (5), dentro del mesmo rio, y en la mesma

(1) Llámase Selir de Porto para diferenciarlo del Selir do Malo situado entre Alcobaza y Caldas de Ra-
hiña.
(2) Vouga.
(3) Vœca.
(4) Aveiro.
(5) Freijo, ó Espada en cinto.

»ribera. Luego despues toma su camino del occidente como primero venia,
»por tierra muy mucho fragosa y áspera: y no parando hasta casi treinta
»y seis leguas adelante de Frejo, se lanza por la mar, y deja sobre su ribe-
»ra de mano derecha la ciudad que dicen el Porto, desviada sola una legua
»de la mar alta. No cumple hacer otra relacion aquí della, pues la hare-
»mos en los treinta y seis capítulos del tercer libro, y en otros lugares des-
»ta corónica: y tambien porque ahora principalmente van declaradas en es-
»te capítulo las riberas ó marinas de España, de las cuales esta ciudad cae
»poco desviada. Pasada la boca de Duero no mas de una legua, viene la
»poblacion de Matusinos, asentada sobre la mar en la ribera de cierto rio
»que llaman Leza, por causa de tener al otro lado su mesma boca cierto
»lugar que llaman tambien Leza, frontero de la cual sola media legua que-
»dan unas peñas que dicen los Lijones: y tres leguas adelante queda la bo-
»ca del rio Avia (1) que fue siempre llamado deste nombre por todos los
»cosmógrafos antiguos. Donde tambien hallamos la villa de Conde, lugar
»no muy grande, pero harto conocido por nuestros navegantes y marineros.
»Dos leguas despues llegan á Posende sobre la boca del rio Cavado: y tres
»leguas mas adelante viene la villa de Viana sobre la boca del rio Limas.
»Luego pasan las marinas á Casniña cuatro leguas adelante de Viana, que
»tambien está puesta junto con la ribera del rio Miño sobre la mano sinies-
»tra de su corriente donde fenecen hoy dia los señorios y costas de Portugal.
»Es tambien este Miño rio famoso, de los crecidos y principales en España:
»porque sin las aguas que se le juntan, sale de sus fuentes y manantíos muy
»abundoso y muy hecho: cuya corriente lleva treinta y cinco leguas justas
»de viaje: de las cuales veinte y tres dellas viene derecho desde septentrion
»á mediodia, sin desviar á parte ninguna, hasta la villa que llaman Riba-
»davia, puesta sobre sus riberas en la mano derecha. Llegando por aqui,
»tuerce contra la vuelta del occidente las otras doce leguas que le faltan has-
»ta su boca donde lo toma la mar, Desde la cual boca se comienzan los se-
»ñorios de Galicia, cuyo lugar primero sobre la marina llaman ahora Va-
»yona cuatro leguas adelante de Camiña, junto con la cual se hace la punta
»que llaman de Silleiros, y cerca destos las islas que llamamos comunmente
»de Vayona, llamadas entre los antiguos insolas Cicas, apartadas una legua
»de la ribera, que son mucho provechosas á la gente de su comarca, y á
»los navegadores que por aquí caminan, por el gran bastimento de cone-
»jos, y perdices, y palomas, y toda volatería que cazan en ellas, y por la
»sobra de besugos, barbos, lenguados, con otras diversidades de peces, que

(1) Llámase rio Ave, para no confundirle con el propio Avia, tributario del Miño, que da nombre al celebrado vino de Ribadavia.

»por su contorno se pescan, á quien dan la ventaja sobre todos los de Ga-
»licia, cuanto al buen sabor, y cuanto á ser muchos. Junto con esto tienen
»grandes arroyos (1) y fuentes de aguas dulces, en que continuo toman re-
»fresco, y se bastecen á causa que son muy saludables y delgadas, y se
»conservan mas que ningunas otras en la mar. A la mayor dellas, contra
»la parte del norte, le hallan un puerto seguro, bien ancho, donde los na-
»víos se recogen: de cuya causa la gente muy antigua por sobrenombre
»las llamaban tambien insolas de los Dioses. Pasada Vayona cinco le-
»guas adelante siempre sobre la marina viene luego Redondela. Son mas
»otras tres leguas de Redondela hasta la villa de Pontevedra: desde la cual po-
»nen seis á la ria del Padron. Otras cinco mas adelante viene Muros, lugar
»asentado sobre la mar viva, junto con una ria que hace por alli la boca
»del rio Tamar (2) en lo salado: sobre la cual ria, poco menos de tres le-
»guas adentro sobre la misma ribera de Tamar, queda Noya desviada de
»la costa, poblacion antigua, que los pasados llamaban Novein (3). De Mu-
»ros á Corvian (4) miden cuatro leguas, y dos mas adelante hallamos la
»punta llamada Finis-terre, de quien hubo diàs en el siglo pasado que le
»solian llamar Tyerna (5) y en algun tiempo le dijeron Nerion. Aqui se prin-
»cipia el cuarto lado restante de las Españas, que viene todo sobre la parte
»septentrional: cuya costa no hallamos ahora derecha ni seguida, como la
»hallaba Pomponio Mela desde poniente para levante, sino con muchas en-
»tradas y senos y puntas de la mar en la tierra y de la tierra contra la mar:
»en el cual trecho se tasan hoy dia casi ciento y cuarenta leguas de viaje,
»contadas en esta manera. Desde la punta de Finis-terre hasta la poblacion
»de Mongia, por cuyo respecto suelen tambien decir al mesmo cabo la pun-
»ta de Mongia, son cuatro leguas, y de Mongia hasta llegar en otro pueblo
»llamado Laja tres leguas. Cuatro ponen desde Laja hasta Malpica, cerca
»de la cual hallamos ahora un isleo que llaman ahora Sesarga, bastecido
»de conejos y de mucha volateria: desde la cual á Cayon son otras cuatro
»leguas (6). Y despues adelante viene la Coruña, puesto principal en Gali-
»cia, el mas ancho, seguro y espacioso de todas aquellas marinas, á quien
»los autores antiguos de cosmografia llamaban el gran puerto Brigantino.
»Desde la Coruña hasta Ferrol, pasando por la boca del rio de Betanzos,
»y por el pueblo llamado Pontes-dimia (7), ponen casi dos leguas. Ponen

(1) Es un error de Ocampo. Aquellas islas no tienen aroyos aunque sí fuentes: y no son las islas de
los Dioses, sino las de Ons, situadas mas al norte.

(2) Léase Tambre.

(3) Es Noviun.

(4) Corcubion.

(5) Es corrupcion de la voz Neria.

(6) Son solo dos leguas.

(7) Es Pontesdeuma.

»tambien otras dos desde Ferrol al cabo de Priolo; y es Priolo (1) punta no-
»table desta marina por entrar casi dos leguas tendidas en el agua: desde la
»cual hasta Codeyra tasan cuatro no muy largas. Y dos pequeñas despues
»á los Aguijones llamados de Hortiguero (2), que son unos peñascos, en
»cuya frontera se hace la boca del rio que viene por Santa Marta. De Hor-
»tiguera pueblo gallego dos leguas antes de la mar, y desde la tal boca has-
»ta Rivero, tasan tres leguas enteras, como tambien desde Rivero hasta San
»Cebrian son dos pequeñas: en cuyo derecho quedan dos isletas desiertas
»metidas á la mar, que se decian antiguamente los peñascos Trileucos. Lue-
»go tres leguas adelante viene la Basma (3) lugar pequeño desviado media
»legua de la costa: desde la cual á Ribadeo son cinco leguas cumplidas. En
»Ribadeo fenece la costa de Galicia por aquella vuelta septentrional: y lue-
»go como pasan un rio grande que por allí toma la mar junto con la mesma
»villa, parece del otro cabo Castropol, cerca tambien de sus riberas: el
»cual es primer lugar de las Asturias, que llaman Oviedo: porque las tales
»aguas deste rio cuando llegan aquí, son division entre Galicia y esta pro-
»vincia: nombrábanle los antiguos el rio Mearon (4) y viene muy bien á
»nuestra cuenta, pues le hallamos tratado por libros de cosmografia, y así
»mesmo por la particion que hacen ahora con él estas dos tierras ó provin-
»cias. Desde Castropol hasta dar en otro pueblo que se dice Navia sobre la
»marina y dicha, pasando los puertos de Tapia y de Prucia (5), cuentan casi
»seis leguas, y cuatro desde Navia hasta Luarca. Desde Luarca para venir
»en Artedo ponen cinco, caminando por las fronteras de Caneyro y Cadave-
»do, y las Vallontas, que son puertos conocidos en aquel principado de las
»Asturias. A media legua de Artedo viene Codilleiro (6), del cual hasta Avi-
»lés, villa principal en aquella costa, son cuatro leguas. Y dos leguas ade-
»lante hallamos una punta, que llaman las peñas de Basou, (7) puestas al norte
»verdadero. Tres leguas ponen tambien de las tales leguas á Gijon: y mas
»otras tantas desde Gijon á Villaviciosa: desde la cual á Ribadesella cuen-
»tan siete: y seis despues hasta Llanes, postrera villa de las Asturias de
»Oviedo. Desde Llanes á San Vicente de Barquero, pasando junto á Colom-
»bres, cuentan seis leguas justas, y cuatro mas adelante van á dar en el
»cabo nombrado San Martin de las arenas derecho contra septentrion.

(1) El propio nombre es Prioiro.
(2) Llámanles Aguillones de Hortiguera, ó de Cariño, cuyo nombre lleva un puertecito que está á la vuelta del cabo.
(3) No es la Basma sino la Masma. Tambien en vez de lugar debe leerse rio.
(4) Hoy se llama Mera ó Santa Marta. Tolomeo le llamó Meharo. Del rio de Ribadeo, llamado Eo, no hablan los antiguos.
(5) Purcia, nombre de rio y puente.
(6) Cudilero.
(7) Uson ó Gason, es una restinga del cabo de Peñas.

»Item dos leguas despues viene cierto monasterio, que se dice Santa Jus-
»ta (1) fundado sobre la misma costa: frontero del cual media legua dentro
»de la tierra cae la villa de Santillana, tan principal en aquella comarca,
»que solo por su causa dicen á toda la provincia las Asturias de Santillana,
»diferente de las otras Asturias de Oviedo, de quien primero hablamos. Des-
»de Santa Justa, ó desde Santillana hasta Santander son cinco leguas ente-
»ras: y dos no mas desde Santander al cabo de Quejo, despues del cual cin-
»co leguas adelante viene la peña redonda de Santoña, que por otro nom-
»bre dicen el Fraile, rodeada toda de mar en un seno pequeño, que dura bien
»una legua contada desde la peña hasta dar en Laredo. Ponen mas cinco
»leguas desde Laredo hasta Castro de Ordiales. Y desde Castro hasta Por-
»tugalete, lugar asentado sobre la boca del rio que viene de Bilbao, tasan
»otras cinco. Bilbao queda buenas dos leguas en tierra. Llamaban este rio
»los antiguos Nervion, en el cual fenecen hoy dia las riberas de mar perte-
»necientes á los montañeses de Castilla y de Leon. y desde su boca comien-
»za la costa de Vizcaya y de Guipúzcoa, que tiene de trecho veinte y cuatro
»leguas justas echadas desta manera. Desde Portugal ó desde la villa de
»Bilbao, al cabo que dicen de Machicao son tres leguas cabales, quedando
»la villa de Bermeo junto con el dicho cabo contra la vuelta de mediodia: cua-
»tro leguas adelante hallamos á Lequeitio. Y despues otras dos leguas viene
»la poblacion que dicen Hondarrea, que tambien es último lugar de Vizcaya,
»desde el cual poco mas arriba comienzan las marinas de la provincia si-
»guiente llamada Guipúzcoa, diversa de la de Vizcaya, puesto que sus gen-
»tes ambas tengan unas mesmas costumbres, y casi la mesma pronunciacion
»en su lenguaje diverso de las otras gentes españolas. Desta provincia de
»Guipúzcoa cuentan su primer lugar sobre la marina la villa de Motrico.
»desviada de Hondarrea tres leguas enteras, y desde Motrico para la costa
»por Deva, que tambien es otra legua mas adelante con otra legua hasta
»Camaria. Ponen mas otra legua desde Camaria hasta Gaetaria, puerto bien
»provechoso desta ribera. Despues en otra legua viene Zarans. Y no mas
»de otra ponen á la boca del rio que pasa por Orio, que tambien es pobla-
»cion en aquellas tierras algo desviada de la mar. Tres leguas adelante de
»Orio vienen á la villa de San Sebastian, á quien los naturales llaman en su
»lenguaje provincial Donostien, pueblo principal desta marina, fundado so-
»bre cierta ria salada. La cual ria los antiguos decian Melasco, que toca jun-
»to con el adarve del mesmo pueblo. Desde San Sebastian al Pasage ponen
»otra legua sola, que tambien es puerto bien conocido, por causa de la ria
»que tiene, nombrada la ria de Lezo. Y casi tres leguas adelante se comien-

(1) Llámase hoy Santi-juste.

»zan las cumbres de los Pireneos, que dividen á Francia de las Españas,
»cuyo punto señalado fue donde comenzamos la cuenta deste contorno, las
»cuales cumbres ó puntas llaman ahora por aquella parte la sierra de Jazqui-
»vel, que van al través entre la sobredicha villa de Pasage con la villa de
» Fuente Rabia juntada con las dichas cumbres en las vertientes que trastornan
»para Francia, puesto que siempre la tal poblacion fue reputada y atribuida
»de los señorios españoles entre todos los cosmógrafos pasados, como tam-
»bien hoy dia se posee: de la cual ya dejamos apuntado cuando principia-
»mos este capítulo ser llamada los tiempos antiguos Olearso: los moradores
»tambien de su comarca se decian españoles olearsos: el cual apellido dado
»que lo hallemos en la villa ya mudado, permanece hasta nuestros dias un
»pedazo de la tierra que por allí viene cerca: la cual, poco mudado su vo-
»cablo llamamos el valle de Oyarzo, del otro cabo de los montes, donde
»tambien tenemos una poblacion nuestra que dicen Oyarzo, llena de case-
»rías derramadas segun usanza desta provincia que dura gran espacio, casi
»desde Fuente Rabia por aquellas laderas adelante. Juntadas, pues, todas
»estas veinte y cuatro leguas postreras de Vizcaya y Guipúzcoa con las otras
»leguas arriba señaladas, hacen las ciento cuarenta y una que primero ta-
»samos en el cuarto lado sobredicho, de quien últimamente damos aquí re-
»lacion.»

XI.

Acabo de aducir la descripcion que hace el narrador sencillo, que se
contenta con describir el teatro de los acontecimientos que ha de esponer,
sin ocuparse en estudiar los puntos de contacto que pueda haber entre los

mismos acontecimientos y la naturaleza ó configuracion del terreno en que han tenido lugar. Ahora, aunque me sea preciso repetir algo de lo que ya llevo dicho sobre los Pirineos, voy á traer aquí las palabras de los historiadores mas modernos, que describen el suelo de la Península, los cuales no se paran todavía á considerar filosóficamente la historia de los pueblos y la geografía que les es particular, en sus relaciones con la historia, ni han empezado á comprender que la naturaleza y la configuracion del terreno, los cataclismos que ha sufrido, y las modificaciones de la atmósfera que pesa sobre él, influyen de un modo directo en la historia de los pueblos que le ocupan y que le quieren como padre, ya sea para ellos fértil ya sea estéril.—

Rosseeuw Saint-Hilaire, el mas moderno y á la vez el mas sintético de dichos historiadores, ha hecho mas fácil mi tarea, reuniendo en el capitulo primero de su *Historia de España* todos los elementos esparcidos en los otros, bajo el aspecto relativo, que he indicado.—

«Por cualquier lado, dice, que se ponga el pie en la Península Espa-
»ñola, es necesario ir siempre hácia arriba, siempre subir para penetrar
»en ella, y rara vez bajar. Parece que se sube por una gigantesca escalera,
»en la cual de vez en cuando se encuentran varias mesetas, á manera de
»descansos para reposar, y que, despues de tomar aliento, se comienza á
»subir de nuevo. Con nada puede ser comparada España mejor que con una
»inmensa pirámide cortada por el medio, y cuyas largas hiladas de piedra
»elevándose unas sobre otras, os conducen por grados á las mesetas del
»centro. Llegados á las desconsoladoras estepas de la Mancha y de las dos
»Castillas, asombra el ver elevarse apenas algunos centenares de toesas so-
»bre el nivel del suelo picos aislados ó cordilleras que miden mas de dos
»mil sobre el nivel del mar (1); pero esto consiste tambien en que el suelo
»que se pisa, llano al parecer y montuoso en realidad, está á la altura media de trescientas á cuatrocientas toesas sobre el mismo nivel (2); consiste

(1) Somosierra; punto culminante del camino que atraviesa el Guadarrama no está mas alto que Madrid mas que 966 metros próximamente; tambien la temperatura media de Madrid, que se halla en los 40 grados de latitud, pero á 680 metros sobre el nivel del mar, es de 15 grados centígrados, mientras que la de Nápoles, situada algo mas al Norte, es de 22 grados y medio.

(2) He formado, como Rosseeuw Saint-Hilaire, y tomándolo de una noticia de A. de Humboldt, sobre la configuracion del terreno y clima de España, el cuadro siguiente de las diferentes alturas de una série de puntos principales en la direccion del Sud-Este al Nor-Oeste ó de Valencia á la Coruña:—

Alginete, entre Valencia y el rio Júcar. . . .	65 toesas.
Mogente.	164 »
Almansa.	348 »
Bonote.	477 »
Minaya.	374 »
Ocaña.	395 »
Aranjuez.	258 »

»en que bajo la latitud abrasadora de la Calabria y del Asia Menor, el olivo,
»con frecuencia tambien la viña, no pueden resistir los duros vientos que arra-
›san, en el invierno, estas campiñas, no obstante el sol de Africa que las
›devora nueve meses consecutivos. En Madrid, dice el adagio, nueve me-
»ses de invierno y tres de infierno, y así es en efecto; porque en estos me-
›ses de verano, en las llanuras calcinadas, un finísimo polvo de gra-
›nito esparcido sin cesar por el aire, por esa brisa insensible, se introduce
›en los pulmones y fatiga los pechos mas robustos. Hasta en el invierno llue-
»ve rara vez en Madrid; pasan uno ó dos meses, sin que una nube empañe
›el horizonte siempre azul, mientras que el cierzo penetrante del Guadarra-
›ma sopla constantemente sobre una tierra empedernida y cambia en tém-
›panos de hielo el agua escasa que por allí corre.

»En el verano, es muy raro hallar un amparo en estas dilatadas llanuras,
›situadas á la mitad de la altura de los montes que las dominan. El labrador
›español deja perecer, cuando no las destruye por sí mismo, las hermosas
‹arboledas, que tapizaban en otro tiempo las vertientes de sus montañas.
‹Una preocupacion nacional, que, de seguro, no trae su origen de los ára-
›bes, le hace derribar los árboles de los llanos, porque, segun ella, «cor-
›rompen el aire cuando son muchos, y, cuando estan aislados, acuden á sus
›copas los pájaros que se comen las mieses.» De trecho en trecho, sin em-
«bargo, en medio del desierto, que cruza con la rapidez del rayo el ruidoso
›tiro de doce mulas que arrastran una diligencia española, se presenta al-
›gun fresco oasis de verdura, que mantiene un arroyuelo. Las torres de
»doce á quince conventos que se apiñan en la mas pequeña aldea se abren
›paso por entre el ramaje, como los minaretes de las mezquitas, cuyo lugar

Madrid.	940	toesas.
Escorial.	541	»
Guadarrama.	770	»
Villa-Castin.	572	»
Sanchidrian.	474	»
Medina del Campo.	330	»
Villapando.	920	»
Astorga.	410	»
Villafranca.	217	»
Venta del Paguda del Bastro.	480	»
Sobrado.	277	»
Lugo.	209	»
Gutriz.	242	»
Coruña.	3	»

Cuál es el soberano de Europa, añade Humboldt, cuyos palacios (el Escorial y la Granja) se encuentren
situados á 541 y 640 toesas de altura? En este cuadro se echará de ver que una vez llegados al interior,
la altura mas pequeña que se halla es de 217 toesas, mientras que el pico de Malahacen en Sierra Nevada
se eleva á la enorme altura de 1,824 toesas, cerca de 650 metros, y el pico de Veleta á poco menos de
1,800 toesas, 3,600 metros.

32

»ocupan, y las cereales ricas de Castilla ondulando en el llano, visten, á lo
»menos por algunos meses, la triste desnudez del suelo,—

»Abandónense ya estos campos frios é incultos: recórrase desde el cabo
»de Cruces, último punto de los Pirineos orientales, hasta la embocadura
»del Duero, zona estrecha de tierra, que va desde el mar á los montes. Allí
»en aquel risueño litoral, comparable solamente con la fértil orilla que se
»estiende al norte del Africa, desde el Atlas hasta el mar, la flora meridio-
»nal ostenta el lujo de su vegetacion: el olivo, que se encuentra mucho an-
»tes de llegar á Figueras, al mismo pie de los Pirineos, acompaña hasta don-
»de crece el naranjo, que ciñe con su follaje todos los blancos caseríos del
»litoral catalan. Al acercarse á Valencia, los vegetales del Africa con sus
»palas erizadas de espinas ó con sus hojas derechas como hierros de
»lanza, entapizan la ribera contínua que se recorre, el mar á un lado, la
»*huerta* al otro y el cielo azul sobre la cabeza. En Elche, algu-
»nas leguas mas allá de Valencia, comienzan las palmas, no por troncos
»aislados, sino por bosques enteros. La comarca toma una fisonomia mas
»africana y mas desnuda. Parece como que los árabes la abandonaron
»ayer, dejando en ella su industria horticultora, sus ruedas guarnecidas de
»canjilones para elevar el agua, sus canales para repartirla y hasta los plie-
»gues flotantes de su vestido se encuentran en los zaragüelles del labrador
»valenciano.—

»Al fin, se llega á la feliz Andalucia, pais al cual la Naturaleza ha pro-
»digado todos sus dones, y en el que, por cierto, no se echará en cara al
»hombre que no sabe gozarlos. Ahora sí que se está en Africa. Si Cataluña
»recuerda la *corniche* de Génova y las costas montuosas de Sarzana y de
»Lerici, si Valencia semeja á la Sicilia, es decir á la transicion de la Italia
»al Africa, la Andalucia es el Africa pura. Detras de esa enorme muralla
»de Sierra Nevada y de sus eternas nieves, crecen al abrigo de los vientos
»del Norte todos los vegetales de los trópicos, el plátano, el algodonero, la
»caña dulce, la palma, originaria del Atlas, y cuyo fruto no madura en
»ningun otro punto de Europa. Las pitas y los nopales forman las cercas de
»las casas de campo, y del fondo de sus impenetrables especillos se ven ba-
»lancearse en el aire los esbeltos tallos de las palmas, que señalan el cami-
»no al viagero al traves de la polvorosa llanura, como los postes que le indi-
»can la direccion sobre las nieves del Guadarrama.

»En lo fisico y en lo moral, España es un compuesto de contrastes, y no
»parece formar un todo sino por yustaposicion. El carácter de los habitan-
»tes de cada provincia difiere tanto como su aspecto fisico ó como su vege-
»tacion. Nada se parece menos al grave é indolente castellano que el anda-
»luz fanfarron y ligero. Bajo las mismas condiciones fisicas de posicion y de

»clima se ve al industrioso catalan buscar fortuna en todos los rincones del
»mundo; mientras que el valenciano, sedentario y desconfiado, cultiva en
»su rica huerta el campo que han cultivado sus padres. Viene luego el la-
»borioso gallego, que, de un estremo de España al otro, alquila sus robus-
»tas espaldas á quien las quiera pagar. Al lado del aragonés tranquilo y no-
»ble, aunque vista de andrajos, está el vizcaino, vivo, vigilante y orgulloso
»con sus fueros republicanos, como lo está el aragonés del famoso *Sino no*.
»(1) que decia á sus reyes.

»Tiéndase la vista sobre un mapa de la Península, y estos contrastes se
»esplicarán al momento. Con muy pocas escepciones, cada provincia de Es-
»paña se halla separada de las demas por una carrera de montes, que for-
»ma una frontera natural, bastante alta para separar dos pueblos y dos rei-
»nos. Cada parte se halla aislada del conjunto, como la misma Península
»lo está del resto de Europa. Tambien la historia de España está toda ente-
»ra en su configuracion física, como el carácter de un hombre en los ras-
»gos de su rostro: un mapa de España cuenta la historia de ella. Jamás, en
»la apariencia y considerándolo por encima, ningun pais ha sido mejor for-
»mado por la Naturaleza, para la unidad; jamás, al estudiarle en su cons-
»truccion interior, ninguna unidad nacional ha sido formada de fragmentos
»mas desasidos y mas independientes los unos de los otros. En una tierra
»tal, el hombre, que obedece sin saberlo á la presion de las circuns-
»tancias materiales que le rodean, debia tender á aislarse. La na-
»cion misma, que no es mas que un ser colectivo, continuando sin morirse
»al traves de los siglos, con todos sus hábitos y sus inclinaciones primiti-
»vas, ha conservado este rasgo notable del carácter del individuo: aun hoy
»en dia, la unidad que junta la España no es mas que facticia: al menor cho-
»que, las soldaduras aparecen, y cada parte como por una ley de repulsion
»constante, aspira á separarse del todo.—

»España, á decir verdad, no es una sino contra el estranjero: contra to-
»da agresion del esterior es siempre fuerte; y su debilidad emana de su fal-
»ta de cohesion en el interior. Estúdiese su armazon huesosa: el muro que
»forman los Pirineos se eleva al Norte para aislarla de Europa; el mar la
»separa del resto del mundo; esta larga espina pirenáica, como por lujo de
»defensa, se prolonga hasta la estremidad de la Galicia, formando de este
»modo una segunda muralla, detras del Occéano, que es la primera. De
»la cadena pirenáica parte, como un inmenso estribo ó machon, separado
»no obstante de los Pirineos por grandes mesetas, la sierra de Moncayo y

(1) Nos, que valemos tanto como vos, y que juntos podemos mas que vos, os hacemos rey para que
guardeis nuestros derechos: Sino, no.

»la de Cuenca (la antigua *Oróspeda*) que defiende la Peninsula por el lado
›del Este, como por el del Norte los Pirineos. La muralla tiene, por des-
»gracia, una abertura, causada por el Ebro. Este rio ha hecho traicion á Es-
›paña, ha abierto una profunda via á la conquista romana, desde el mar
›hasta Asturias. Tambien, párese en esto la atencion, de todas las provin-
»cias de España, la menos española, es Cataluña. Puede ser que sea debido á
›que siempre está abierta á la invasion. Aun hoy, el catalan es mas fran-
›ces que español: tiene su lengua propia, y su industria tomada de la Fran-
»cia, su vecina. Mas que ninguna otra provincia de España, la Cataluña
›afecta una nacionalidad que le es particular y que le gusta separar de las
»otras. Hasta el portugués mismo se hace comprender mejor por el caste-
›llano que el catalan; bajo todos conceptos, es mas español.—

»Pero no es esta cadena oriental del Oróspeda la defensa mas fuerte de
›España. Los enemigos, por esta parte, están muy lejos; no se necesitan
›tantas murallas para contenerlos; basta el mar. Efectivamente, como si la
›Naturaleza hubiese previsto que de Sud á Norte se dirigiria todo el empe-
›ño de la conquista, y de Norte á Sud todo el esfuerzo de la resistencia, en
›este sentido fortificó España. De esta cadena del Oróspeda, parten, de Este
»á Oeste, cinco inmensas trincheras ordenadas una detras de otra, como cin-
›co lineas sucesivas de defensa, para poder guarecerse, tomada la una,
›detras de la otra. Entre cada una de ellas corre un estenso rio, que lle-
›na, á manera de foso el valle profundo que los separa. Las laderas de los
›montes son en general mas ásperas por el lado de la defensa, esto es hácia
›el Sud; y los mismos Pirineos, aunque destinados á resguardar la Peninsu-
›la por el Norte, se interesan en esta ley comun: su vertiente baja hácia Es-
»paña por escalones mas escarpados y mas rápidos que por el lado de Fran-
›cia, bien que el suelo de Aragon y Cataluña sea mucho mas alto que el de
›la Gascuña.—

»Hemos procurado esplicar la impresion que produce en el viajero la es-
›traña configuracion de España, de la cual aun el mas ignorante se sorpren-
›de. Vamos ahora por partes, científicamente, tomando de Bory de Saint-Vi-
•cent algunas de sus ingeniosas observaciones sobre la geografia fisica de la
›Península.»—

Mis lectores habrán comprendido, que el historiador de quien he tomado
los pasages que preceden, ha estudiado las relaciones que existen hoy entre
el suelo de la Península y los habitantes de ella; pero bien porque haya alcanzado la necesidad que hay ya de establecer entre ambas cosas una comparacion, para darse cuenta de una manera precisa de los hábitos y destinos de un pueblo, no ha hecho aplicacion de este sistema al pasado : no se
ha dedicado á crear de nuevo la geografia de las primeras épocas, pidiendo

á la revelacion los datos que suministra ni á ver el complemento de esta revelacion en el conocimiento de lo que era el suelo al cual ha dirijido la vista: todo lo cual le era fácil; porque los efectos encierran en sí el secreto de
sus causas; el estado actual de la tierra indica al sábio el en que la misma
se hallaba aun antes de la aparicion del hombre.—Pero prosigamos las citas, que, desde ahora, dejan de ser comparativas.—

‹España se estiende, en latitud, desde Tarifa, por los 36 grados 6 minu-
›tos 30 segundos hasta el cabo Ortegal, en Galicia, por los 43 grados 46
»minutos 40 segundos. Su estremo occidental es el cabo de la Roca, junto á
›Lisboa; y el mas oriental es el de Cruces, última grada de los Pirineos há-
»cia el mar, entre un grado de longitud Este y 12 de longitud Oeste. La super-
›ficie de España se calcula en 18,296 leguas cuadradas de 20 al grado. Las
»noches y los dias mas largos aquí son, hácia el Norte, de 15 horas y un
›cuarto, y, hácia el Sud, de 14 horas y 30 minutos.—

›Seis sistemas diferentes de montes forman el armazon de este
›pais.

›1.º El pirenáico que corre del Este al Oeste en todo lo largo de la
›Peninsula y en línea perfectamente recta, hasta Galicia; donde se
›divide en diversas ramas que llegan hasta el Norte del Duero. Sus ma-
»sas de granito se elevan generalmente á grande altura.—

»2.º La ibérica, que, partiendo de la misma fuente del Ebro, junto
»á Reinosa, donde parece unirse á los Pirineos, de los cuales se halla en
›realidad apartado por anchas llanuras, serpentea por el medio de Es-
»paña, acercándose siempre al Este, y se dirije en fin de Norte á Sud
»para terminar en Sierra Morena. Las altas cimas de la sierra de Oca,
»que se ven desde Zaragoza, empiezan al Norte esa línea sinuosa y no
›interrumpida, que, estendiéndose por las sierras de San Millan, San Lo-
›renzo y Moncayo, hace, al Este, en la sierra de Albarracin, una punta
›en; el bajo Aragon, donde se ramifica hasta cerca del mar. En este
›grupo de montañas calcáreas y llenas de enormes montones de huesos
›fósiles, tienen su origen, por una parte, el Tajo, y, por la otra, el Ca-
›briel, el Guadalaviar y el Júcar. Esta cordillera ó sistema ibérico acaba en
»los montes de Cuenca y muere en las llanuras elevadas de Minaya y de
»San Clemente, donde el viagero que viene de Valencia, despues de haber
›subido con trabajo las escarpaduras del camino, se sorprende al no tener
›que bajar. Las carreteras de Madrid á Navarra y Zaragoza cortan igual-
›mente el sistema ibérico por el medio, y llegan en algunos puntos á la
›enorme altura de 1,400 á 1,600 metros.—

›3.º El sistema carpetano-vetónico, en todos los mapas, parece unirse
»tambien con el anterior hácia el Sud de Soria: pero tambien está separa-

»do por grandes llanos, los mas altos, los mas frios y los mas áridos de Es-
»paña. Corre de Nord-Este á Sud-Oeste por una cadena estrecha y escarpa-
»da, de naturaleza granitica, que comienza en la sièrra de Pela, y toma en
»seguida los nombres de sierra de Ayllon, Somosierra y Guadarrama. Aquí
»llega á grande altura, pues que el nivel de Madrid á Búrgos, en su punto
»culminante, es de 1,540 metros. Por eso se encuentran sobre algunas de
»sus cimas, esas nieves que los abrasadores estíos de Castilla no pueden der-
»retir. Los palacios reales del Escorial y la Granja, los mas elevados de Eu-
»ropa están situados en estas pendientes: el primero ha sido construido con
»el granito de un gris rojizo de que se compone esta cadena, y que da á este
»palacio monacal un aspecto triste y severo. Dicha cadena continúa hácia el
»Sud-Oeste por la sierra de Gredos, donde se halla un pequeño ventisquero
»llamado el Palacio del Moro Almanzor; despues viene la Peña de Francia,
»la sierra de Gata, y la de la Estrella, en Portugal.

»4.º El sistema lusitánico es el menos elevado de todos. En ninguna
»parte se encuentran nieves eternas. Sus raices se pierden en los llanos que
»separan los montes de Toledo de los de Cuenca; vastos espacios entera-
»mente planos, en que las aguas parecen dudar sobre la pendiente que han
»de seguir. Esta cadena larga, baja y sinuosa, que separa el Tajo del Gua-
»diana y que los romanos llamaron *mons Herminius*, se estiende desde los
»montes de Toledo, por las sierras de Guadalupe y de San Pedro, en Espa-
»ña, y por los montes Estremos, en Portugal: despues, inclinándose de
»pronto hácia el Sud, va á confundirse con los montes que Bory de Saint-
»Vicent, quiere sin razon, segun nosotros, aislar, con el nombre de sistema
»cuneico y que rematan en el cabo de San Vicente por la sierra de Monchi-
»que.—

»5.º El sistema mariánico (*Marianus mons*, Sierra Morena) no es mas
»elevado que el anterior, y no presenta mas que pendientes suaves y cum-
»bres onduladas como las crestas de los ribazos. Tampoco se encuentran
»aquí nieves eternas. Sierra Morena, cuando se llega á ella viniendo de los
»llanos de la Mancha, parece elevarse apenas sobre el nivel de los terrenos
»que se acaban de pasar. Pero apenas se ha salvado la cima, casi sin pre-
»verlo, cuando sorprende el ver bajo los pies los horrorosos precipicios de
»Despeña Perros. La vegetacion cambia de pronto: á los romeros y tomillos
»suceden de repente las pitas, las palmas y las plantas africanas. Esta sin-
»gular construccion del suelo, que se halla por toda la Peninsula, en nin-
»guna parte es tan sensible como en las dos vertientes tan desiguales en al-
»tura de Sierra Morena, que toma el nombre del follaje negruzco de las en-
»cinas, los lentiscos y demas arbustos que la cubren.—

»Otra particularidad de este sistema de montes, es que, si bien parece

»destinado por la naturaleza para separar las dos hoyas del Guadiana y del
»Guadalquivir, las aguas de estos dos rios, como que tienen un caprichoso em-
»peño en cortar la sierra que los divide, para ir á parar á otro punto distin-
»to del que les corresponde. Así el Guadarrama, verdadero origen del
»Guadalquivir, atraviesa, desde el pié de la sierra de Alcaraz, todo el sis-
»tema mariánico, para arrojarse en el Guadalquivir: el Guadiana tambien,
»despues de haber corrido mucho tiempo por su propio cauce, entre los dos
»sistemas lusitánico y mariánico, vuelve rápidamente al Sud, y corta esta úl-
»tima tierra cerca de Serpa, para llevar sus aguas al Occéano, por el cauce
»mismo del Guadalquivir.—

»Lo repentino de la interseccion de la cordillera mariánica por el Guadia-
»na, ha hecho, que muchos geógrafos consideren como sistema aislado el gru-
»po de montes que ocupa la estremidad Sud de Portugal. A este sistema
»se le dá el nombre de *cuncico*, del cabo de San Vicente, que es el *Cuncus*
»de la antigüedad; pero este sistema bastardo no es evidentemente mas
»que la continuacion de la cadena mariánica, por mas que la separe el Gua-
»diana, ó de la cadena lusitánica, con la cual confina por el Norte, y no
»nos parece de bastante importancia para formar por sí solo un sistema
»aparte.—

»En fin, la última particularidad de la singular Sierra Morena, llano por
»un lado y por otro monte, consiste en que al llegar á lo alto, por el lado
»de la Mancha, admira el ver los arroyos, que desde luego se cree que cor-
»ran bajando, tomar al contrario su curso en la misma direccion de las altu-
»ras, y abrirse paso hácia el Sud. De esta manera las aguas que han pene-
»trado por la enorme quebrada de Despeña Perros, salen realmente de la
»hoya del Guadiana, donde formaban antes un estenso lago, para caer en la
»del Guadalquivir.—

»6.° El sistema bético, cuyo principal grupo es el de Sierra-Nevada, el
»mas alto de toda la Peninsula, tiene su raiz arrancando muy cerca de la
»de Sierra Morena, con la que confina por la sierra de Sagra. Dirijese en
»derechura al Sud por la sierra de Gador, cuyos inmensos estribos llegan
»hasta cerca del mar; despues vuelve de pronto al Oeste por Sierra Neva-
»da, continuando por las de Alhama, Antequera y Ronda y va á buscar de
»nuevo, junto á Tarifa, el sistema del Atlas, al cual se unia probablemente
»con anterioridad á que, las terribles convulsiones de que conserva el sello,
»hubiesen separado los dos continentes.—

»Nada iguala al sublime contraste de las nieves, brillantes con los rayos
»del sol de Africa, con ese cielo azul y ese mar mas azul todavia en que se
»reflejan sus cumbres. En estas cimas heladas, los líquenes de Islandia, ca-
»si no encuentran donde ahondar sus secas raices en los intersticios de las

»peñas; y al pié de ellas, los vejetales de la zona tórrida se ostentan en to-
»da su lozanía, reuniendo en el corto espacio de algunas miles de toesas to-
»dos los contrastes de vegetacion que la Naturaleza ha esparcido desde el
»Polo al Ecuador. De lo alto de las pirámides gigantescas del Mulahacen ó
»del picacho de Veleta, el Africa y la España presentan á la vista, sus cos-
»tas paralelas exactamente, en una estension de sesenta leguas, doblando al
»Oeste, con una graciosa curva para formar el inmenso golfo y el istmo,
»que, demasiado débil para resistir la presion de ambos mares, ha concluido
»por abrirles paso.—

»España se divide en seguida en cuatro grandes vertientes haciendo fren-
»te cada una á uno de los cuatro puntos cardinales. El primero es el cantábri-
»co ó septentrional, situado á la vista de Europa: su vegetacion tiene un ca-
»rácter que recuerda el de las comarcas del Oeste de Europa, tales como la
»Bretaña y el pais de Gales. Húmeda mas bien que fria, resguardada de los
»vientos cálidos del Sud, y siempre azotada por los del Norte, contra los
»que no tiene proteccion, esta estrecha y larga vertiente tiene un clima del
»todo escepcional con respecto al resto de España: un espeso verdor entapi-
»za las pendientes de los montes, la viña es muy rara, y la sidra reempla-
»za al vino en esta Normandía de la Península.—

La vertiente lusitánica ú occidental, desde el cabo de Finisterre hasta el
»de San Vicente, comprende en tan larga estension de costas, corriendo de
»Norte á Sud, tal variedad de vistas y de climas, que seria dificil hallar
»la fisonomia comun: es á un mismo tiempo mas cálida que la vertien-
»te cantábrica y mas fria que las otras dos. Los árboles que con mayor
»frecuencia se encuentran son la encina de fruto dulce, llamado bellota,
»el pino y el castaño; en los llanos y los valles la viña y el olivo, y hácia
»el Sud, una infinidad de plantas de las islas Atlánticas, las Azores,
»Madera y Canarias, plantas que se aclimatan aquí con muchísima fa-
»cilidad.—

»En la vertiente bética ó meridional, la vegetacion es puramente africana,
»y presenta ese carácter de aridez y de vigor que distingue la flora berbe-
»risca del verde húmedo del continente americano. El *chamærops*, ó palme-
»ro enano, crece aquí sin cultivo, y los vegetales de Europa están desterra-
»dos de este suelo abrasador: tambien convendremos gustosos con Bory de
»Saint-Vicent en que la Península ha estado en lo antiguo unida al Africa
»por un istmo que hoy se halla reemplazado por el estrecho de Gibral-
»tar.—

»Basta para convencerse, el observar la perfecta identidad de formacion
»geológica de los dos promontorios de Tarifa y de Ceuta, compuestos de ro-
»cas tan paralelas, que su analogia ha parecido sorprendente hasta á los

»mas entendidos; especialmente la que existe entre las costas de la mayor
»parte de los estrechos, y con mas singularidad aun entre los de Francia é
›Inglaterra, en la Mancha. No se ven allí, añade Bory, esas costas sua-
›ves que denotan una formacion lenta; pero sí esas escarpaduras, que ma-
›nifiestan algunos destrozos. Grandes fragmentos de montes, arrojados el
›uno por el sistema bético, el otro por el Atlas, se adelantan fieramente
›el uno contra el otro. Todo indica la violencia de los sacudimientos que de-
›bieron desunirlos, y que el estrecho que junta los dos mares, no ha existi-
›do siempre. Las tradiciones de la fábula que dan el nombre de Hércules al
›de las dos regiones violentamente divididas, son un testimonio mas; porque
»en todo tiempo, dice Plinio, los pueblos de la Bética han creido que el
›Mediterráneo se ha abierto paso por entre Calpe y Abila.—

›A todas estas pruebas añadiremos otra, que nos suministra la historia:
›el testimonio de los autores antiguos, nos muestra el estrecho como ensan-
›chándose siempre, á medida que el escritor se acerca á los tiempos moder-
»nos. Por lo cual, quinientos años antes de Jesucristo, Scilax no le hace
»mas que media milla de ancho; Euctemon, en el siglo cuarto, cuatro mi-
»llas; Turanio Gracil, poeta trágico español, un siglo antes de Jesucristo,
»cinco millas; Tito Livio, en el primer siglo de la era, siete millas; Victor
›Vitense, en el quinto siglo, doce; en fin, hoy, la menor distancia entre
›Africa y España se calcula de catorce millas.

›Por último, la cuarta vertiente, la ibérica ú oriental, desde el cabo de
›Gata al cabo de Cruces, es la mas angosta de todas, y ofrece, como debia
›esperarse, el mismo carácter de vegetacion que la vertiente opuesta, é
›igual escala de progresion en la temperatura, avanzando hácia el Sud.
›España puede tambien dividirse en dos grandes regiones ó climas fisicos:
›una linea ideal, ligeramente sinuosa, que partiendo de Lisboa hácia la hoya
›inferior del Ebro y de la Cerdaña, siguiese el curso del Tajo y de la cor-
›dillera del Guadarrama, y partiese el Ebro por bajo de Zaragoza, podria
›servir de límite á estos dos climas. El *boreal* ó templado comprende las
»hoyas del Duero y del Miño, el Ebro superior y la vertiente cantábrica;
»el *meridional* ó tórrido, el resto de la Península.—

›Para concluir con las divisiones de la ciencia, solo nos falta ocuparnos
›de las hoyas. Cuéntanse en la Península, cinco principales: las del Ebro,
»del Duero, del Tajo, del Guadiana y del Guadalquivir; y cinco menos im-
›portantes, como las del Guadalaviar, del Júcar, del Segura, del Mondego
›y del Miño. La mayor parte de estos rios, lejos de correr cautivos entre
›montes, como podria creerse al contemplar el mapa fisico, se han abierto un
›camino caprichosamente al traves de los espesos muros de rocas, ahondando
›en sus flancos, barrancos profundos. Las lagunas saladas, que en gran nú-

33

»mero se encuentran en la Península, sobre todo en Aragon y en Cataluña, y
»las florescencias salinas que espontáneamente produce el suelo en diversas
»partes, ponen fuera de duda á los ojos de la ciencia, que una considerable
»masa de agua salada ha cubierto en otro tiempo la superficie del pais. Pero
»con la estraña configuracion que tiene España, es fácil de comprender que
»las aguas del diluvio, al retirarse, debieron correr sin dificultad por las
»pendientes de las cuatro vertientes; deteniéndose, no obstante en los llanos
»del centro. Allí, se reconcentraron convirtiéndose en lagos, que, aumenta-
»dos con las aguas pluviales, buscaron una salida, y no hallándola, debieron
»procurársela socavando las partes mas débiles y menos resistentes de las
»cordilleras que los circuian. Una vez vencido el primer obstáculo, una ma-
»sa de agua mas ó menos fuerte, arrastrada hácia el mar por su propio
»curso, se derramó por la hoya inferior inmediata, y creciendo continuamente
»con las lluvias y con las pérdidas del remanso superior, debió buscar de
»nuevo una salida. Así es como de hoya en hoya, de grada en grada, las
»aguas del diluvio han descendido uno á uno los largos peldaños de esta inmen-
»sa escalera, para llegar al mar; no sin dejar en las mesetas del centro seña-
»les evidentes de su permanencia.

»Especialmente al mediodia de España, donde la tierra conserva las
»muestras de roturas mas anchas y profundas, puede seguirse el trabajoso
»camino de las aguas en las pendientes mas difíciles que debian salvar. Así
»el Guadiana, que parte casi del centro de la Península, entre los montes de
»Toledo y Sierra Morena, baja al mar, desde la altura enorme de 6 á 800
»metros, no por una pendiente seguida, sino salvando precipitadamente las tres
»ó cuatro hoyas puestas una sobre otra. La hoya de Antequera, en la que hay
»tambien un lago salado, es el lecho de un antiguo Mediterráneo, que se apa-
»reció atravesando la Serranía de Ronda. La hermosa vega de Granada fué
»igualmente un lago, que desaguó por el Jenil, cerca de Loja, para llevar sus
»aguas al Guadalquivir por no haber podido romper al Sud, la enorme mu-
»ralla de las Alpujarras. Otro tanto se puede decir de los rios de Baza, de
»Huescar, de Guadix y del Guadalete; del Sil, en Galicia, que ha atrave-
»sado el valle de Ores por Peñaforada; del Miño, por bajo de Lugo; del Due-
»ro, á su entrada en Portugal; del Tajo en fin, y del Ebro, hácia Mequinen-
»za, todos los cuales han dejado en mas de un punto las señales de su len-
»to y gigantesco trabajo para abrirse camino en direccion al mar.

»Estas considerables masas de agua salada, deteniéndose sobre el suelo de
»la Península, antes de haber podido hallar una salida, alimentaron los vol-
»canes, hoy estinguidos; pero cuyo estremecimiento interior se percibe aun,
»como lo prueba el espantoso terremoto de Lisboa: y mejor todavía, las aguas
»termales, los cráteres de volcanes y las corrientes de lava, dispersos, aun-

»que raros en verdad, que se ven en algunos puntos de España. Encuéntranse
» especialmente estas señales volcánicas en Cataluña, en los montes de Cuenca,
»cerca de Valencia, en la Mancha, en Portugal, y en el cabo de Gata.

»Todas las provincias de la Península abundan en mármoles de todos colo-
»res y de singular belleza. La sal marina es tan comun como la sal gema. En
» Almaden, provincia de la Mancha, hay una mina de mercurio, que es la mas
» rica del mundo. Escepto el estaño, ni uno solo de los dones de la naturaleza
» ha sido negado á este suelo, tan rico en productos minerales como en veje-
» tales de todos los climas. El hierro de Vizcaya es tan famoso como la habili-
» dad de los vizcainos para templar el acero y fabricar armas. Las minas de
» plata de la Bética, cuya inagotable fecundidad han ponderado todos los histo-
» riadores antiguos, parecen al presente estinguidas, ó al menos, la pereza y
» miseria de los habitantes no les permiten esplotarlas. Hállase tambien en la
» Península, cobre, imán, oro, y hasta diamantes y otras piedras preciosas.
» Es inútil añadir, que casi todas estas riquezas descansan ocultas en la tierra.

» Pero la riqueza de España consiste en los rebaños de ganado lanar, y
» que, sin embargo, aniquilan el suelo que podrian beneficiar. Millones de fane-
» gas de tierra cultivable quedan convertidas en baldios, para alimentar es-
» tas bandadas, no menos devastadoras que las de los godos y vándalos, y
» que se pasean de un cabo de la Península á otro, guiados por sus pastores
» mas temidos por los campesinos, que los mismos ladrones. En el siglo diez
» y seis, los rebaños de la *Mesta*, poderosa y privilegiada compañía, que
» daba ocupacion á cuarenta y á sesenta mil pastores, llegaban á siete millo-
» nes de cabezas. Bajaron á dos millones y medio en el siglo diez y siete;
» pero, al fin del mismo siglo, subieron á cuatro millones, creciendo hasta
» tener hoy cinco, esto es, la mitad de todo el ganado de España. La *Mesta*
» tiene un tribunal especial, que le pertenece, el cual juzga todas las cuestio-
» nes que se originan entre los pastores nómadas y los dueños del terreno.
» La *Mesta* tiene sus alcaldes, sus entregadores, sus achagueros, que, en
» nombre de la corporacion molestan y abruman á los arrendadores. (1)

» Este ganado trasumante, distribuido en rebaños de diez mil cabezas,
» con un mayoral, cincuenta pastores y cincuenta perros para conducirlos,
» recorren, en todos sentidos, la superficie de España, devastándola impu-
» nemente. Por do quier que pasan, dejan el suelo arrasado, como por una
» nube de langostas. En estas desoladas llanuras, que pertenecen mas bien al
» ganado que á los labradores, no crece árbol alguno. Los pastores, á su paso
» por las comarcas habitadas, tienen el derecho de cojer, para encender
» lumbre, una rama de cada árbol que encuentran. Si el camino del ganado

(1) Ay carin Spain, by an American 1832.

»los lleva hácia un campo cultivado, es necesario marcarles una vereda
»que siempre es lo mas estrecha posible, pero que ellos, apoyados en los per-
»ros ensanchan, destruyendo con los pies todo lo que no se comen.

»Los caballos de Andalucía gozan de mucha fama por su agilidad, por su
»fuego y por lo suave de sus movimientos; pero la figura arqueada de su
»cabeza no es graciosa y carecen de trote. Los toros de España son tam-
»bien celebrados, por la belleza de sus formas, la pureza de su raza y por
»su ferocidad : y el combate de los toros es, en España, una fiesta na-
»cional, que el rey se apresura á compartir con el último de sus súbditos.
»El teatro español ha decaido; pero el verdadero teatro de España, LA COR-
»RIDA DE TOROS, tiene siempre el privilegio de atraer á la muchedumbre.

»En los montes se encuentran muchos lobos, y en los Pirineos algunos
»osos, pero pequeños; porque la especie parece que degenera á medida que
»se acerca al ecuador. Una de las plagas que devoran España, á esta tierra
»todo africana, es la langosta; los vientos suelen llevar algunas veces nubes
»tan espesas de ellas, que oscurecen la atmósfera. Bástales un momento
»para destruir las mas ricas mieses, y ningun vegetal se libra de su
»voracidad.

»La poblacion de la Península no está de ningun modo en proporcion con
»su estension inmensa: las guerras contra los moros, la espulsion de este
»pueblo y la de los judios en el siglo quince, la conquista del Nuevo Mundo,
»y mas que todo esto tal vez, la miseria, las contribuciones y la falta de
»industria, han cegado las fuentes que renuevan una nacion. En 1724, no
»se le concedian mas que 7.500,000 habitantes; el censo de 1767, produjo
»9.142,000; en 1803, se contaban 10.391,000, y finalmente en 1826,
»13.953,000, mientras que España podria alimentar dos ó tres veces mas.

»Esta rápida ojeada es suficiente para que se puedan apreciar los inmen-
»sos recursos que posee este pais, tan espléndidamente dotado por la Natu-
»raleza. Si fuese dado á la desdichada España el ser libre y tranquila á la
»vez por algunos años y el romper al fin ese circulo vicioso de opresion y
»de anarquia en que se agita hace un cuarto de siglo; si un gobierno hon-
»rado solamente, sin ser hábil, la consolara de tanto como ha sufrido por
»tantos gobiernos ó depravados ó estúpidos, comenzaria para ella una era
»nueva. Causaria asombro el inmenso desarrollo moral, industrial, y agricola
»que, de pronto, tomaria esta Península, tenida tan en poco en el movi-
»miento politico de Europa. El lugar que ocuparia seria importante y mag-
»nífico, como lo fué en otro tiempo el destino de España; y los pueblos que
»la han dejado atrás en el camino de la civilizacion, se sorprenderian de
»verla de repente ponerse á su nivel. (1)

(1) «En nuestro concepto, debemos completar esta reseña de la geografía física de España con un

XII.

Sábenlo mis lectores: esta Historia está escrita desde un punto de vista tan elevado, que le permite comprender todos los hechos y todas las causas despues del origen de los tiempos, y estudiar los unos y las otras en sus relaciones con los hechos y con las causas esclusivas de las cuatro provin-

»resúmen de los datos de la estadística moderna, que tomamos de la escelente obra de Moreau de Jonnés, »*Statistique de l'Espagne* 1 vol. en 8.° Paris 1834.

»Cúentanse en España 738 habitantes por legua cuadrada, pero repartidos con mucha desigualdad por la »superficie de la Península: la rica provincia de Guipúzcoa tiene 2,100 por legua, como la Alsacia y los »Paises Bajos; las llanuras desiertas de la Mancha y Estremadura no tienen mas que 350 ó 320, como la »Valaquia.

»El aumento sensible de la poblacion en los veinte primeros años del siglo actual, no obstante las por- »fiadas guerras que han desolado á España, proviene de la disminucion del número de frailes y de la »emancipacion de las colonias. Sin embargo, España parecerá bien pobre y despoblada si se la compara »con los tiempos de su prosperidad perdida. Toledo, en 1525, tenia 200,000 habitantes; hoy cuenta 25,000. »Sevilla contaba 300,000; hoy le quedan 90,000. Córdoba, en tiempo de los moros, tenia ocho leguas de »ancho (tres menos que la antigua Roma) y dos de largo; contenia 283,000 casas y 60,000 palacios; al »presente no tiene 30,000 habitantes. El número de los sitios poblados ha disminuido en la misma pro- »porcion. En la diócesis de Salamanca habia 125 poblaciones y no quedan mas que 13. En 1778, se con- »taban 1,511 pueblos, mas ó menos grandes, abandonados en España. En Sevilla, cuando los moros, habia »60,000 operarios, dedicados esclusivamente al arte de la seda; en 1742, eran solo 10,000 en toda Es- »paña los que se ocupaban en trabajar la seda y la lana.

»En 1740, el número de eclesiásticos ascendia, en toda la Península, á 250,000, 1 por cada 30 habi- »tantes; en 1826, descendió á 150,000, 1 por cada 90, con mas 15,000 personas que vivian dependientes »del clero. Las rentas de los bienes raices de la iglesia española, en 1788, subian á 150 millones de fran- »cos, sin contar los diezmos, que, en 1817, llegaban aun, para el clero, á 81 millones y para la corona á »32; y añadiendo á esto lo eventual, como misas, donativos, sermones y derechos de estola, el haber to- »tal del clero era de 262 millones de francos, casi la mitad de los productos de el inmueble de España.

»En 1809, el valor del capital territorial de España, se elevaba á 12,500.000,000 de francos. En 1826, »existian en la Península 1.440,000 individuos pertenecientes á la nobleza, 1 por cada 9 habitantes;

cias cuyo nombre lleva. Y como me he propuesto probar que la voluntad del Criador, en su plan sublime, ha sido que la Francia y la España fuesen hermanas y que, con el tiempo, formasen el primer lazo de la gran unidad que ya en nuestros dias se vislumbra por los hombres, y de toda eternidad es conocida por El, voy aun antes de esponer mi teoria geológica con respecto á la Península, á trascribir un largo testo de uno de los autores de mas mérito, de Alejandro Moreau-de Jonnés, miembro del Instituto de Francia.—El testo, que, en todo, se refiere á mi patria, me servirá, cuando estableceré mis analogias, para demostrar claramente la fraternidad providencial existente en el seno mismo de los dos suelos, antes de que estuviese en el seno de sus habitantes.—Y, no pocas veces, tendré que buscar en el suelo de la antigua Galia, la clave de muchos secretos de la antigua Iberia y *vice versa*.

«Nos hallamos, dice Moreau de Jonnés, harto apartados de los tiempos en «que el ilustre Buffon confiaba á su imaginacion brillante, la dificil tarea «de descubrir cómo ha sido construido el globo, y cómo ha llegado á ser «una tierra habitable. Al presente, la observacion es la guia del progreso, y «los hechos, se hacen constar; no se adivinan. Hemos seguido siempre es-«crupulosamente, este método racional, y con objeto de añadir algunos datos «para la esploracion geológica de la America tropical, hemos, en nuestra «juventud, trepado hasta la cima de cuatrocientos montes.

«Al trazar la historia física de la Galia primitiva, no nos separaremos de «este método; pero con frecuencia nos será preciso manifestar solamente los «resultados que la ciencia ha logrado alcanzar, sin deducir los hechos, que «los han producido, y que son ó demasiado conocidos, ó demasiado comunes «para tener cabida en un simple compendio.

«Y debemos traer á la memoria, en pocas palabras, dos revoluciones del «globo, que han hecho de la tierra lo que es en nuestros dias, y cuyas «pruebas irrefragables se ven escritas en todas partes. Una es el cambio del «clima de Europa, que, anteriormente era el de la zona tórrida, puesto que «las plantas con organizacion propia para vivir bajo la influencia de un es-«tremado calor, habitaban entonces nuestras regiones, en donde ahora no «subsistirian. La otra es la proyeccion de las montañas fuera de la superficie «del Occéano.

«1.579,000 individuos de la clase media, 1 por cada 9; 8.613,000 agricultores, 2 por cada 3; 2.318,000 «industriales, uno por cada 6.

«En cuanto al comercio de España, las importaciones llegaron en 1827, á 71 millones; y en 1829, á «65; decadencia que los males de la guerra civil deben de haber agravado mas.

«En España solo 40,000 niños gozan de los beneficios de la educacion, 1 por cada 3 1|2; 1.466,000 no «reciben instruccion alguna.

«He ahí lo que es España, gracias al despotismo y á la inquisicion: los números que preceden no nece-«sitan comentarios.»

»La ignicion del globo, es la causa primera de estos dos grandes fenóme-
»nos. Cuando la temperatura accomodada para la tierra, era en la superficie
»de esta, tan elevada como la que no existe ahora sino á mas de dos mil
»metros de profundidad, comunicaba este mismo grado de calor á la atmós-
»fera y á las aguas del Occéano, y el clima de la region en que vivimos,
»era igual al de los trópicos. Su descenso gradual en su latitud de 48 gra-
»dos hácia el polo, se hallaba, por este hecho, reducido á dos terceras
»partes.

»Los vestigios de semejante estado de cosas, son, sin duda, los que die-
»ron orígen, entre los pueblos de la antigüedad mas remota, á la tradicion
»de una primavera perpétua. Efectivamente, el calor del clima provenia de
»una causa distinta que la de la posicion de la esfera, y no estaba sujeta, por
»lo tanto, á las alternativas tan desagradables, que esta nos hace esperimen-
»tar con la vuelta del invierno.

»Por mucho tiempo se ha creido que el globo, desde su nacimiento, se
»hallaba surcado por los altos montes que, hoy, erizan su superficie. Esto
»era un error que la ciencia ha hecho desaparecer. La proyeccion de los
»montes no se ha verificado sino con posterioridad á la creacion de los seres
»naturales mas antiguos. El Occéano estaba ya poblado de millares de espe-
»cies de animales, cuando los gases elásticos producidos por la larga ignicion
»del centro de nuestro planeta, levantaron, mas allá de la superficie del
»mar, las masas de rocas de granito, de una ó dos leguas de alto, y, con
»ellas, las capas sedimentosas que las cubrian en el fondo de las aguas. Los
»bancos, formados horizontalmente por los depósitos marinos sucesivos, y
»que se encuentran en las laderas de los montes primitivos, prueban que es-
»tas grandes protuberancias han sido producidas por elevaciones.

» En nuestros dias, cuando la fuerza del vapor se emplea en los usos
»domésticos, hay mas disposicion que en otro tiempo, para creer que, ma-
»sas como los Alpes helvéticos, de doscientas leguas de largo y de cinco mil
»metros de alto, hayan podido ser arrojadas desde las entrañas de la tierra
»hasta la region de las nubes; y se da mas asenso tanto mas fácilmente á
»este prodigio, cuando se observa, estudiando las primeras edades del mun-
»do, que entonces habia una fuerza de creacion de que solo quedan débiles
»restos.

»Se ha echado de ver que los montes primitivos los forman sólidos diez
»veces mas anchos que largos, surgidos al parecer por aberturas en forma
»de hendiduras longitudinales, cuyo ancho tiene mas de ciento cincuenta le-
»guas en la Península itálica, y mas de doble entre la Europa y el Asia.

»Existe, en la posicion de estos montes, una singular uniformidad, cuya
»causa se ha procurado con cuidado descubrir. Una parte de estas altas

»protuberancias se estiende en largas cordilleras, que corren en direccion
»de los meridianos, y, como los Andes, se estienden desde el uno hácia el
»otro polo. Al contrario de aquellos, otros, mas en número, se despliegan
»en la direccion de las paralelas y atraviesan los continentes en toda su an-
»chura. Tales son las montañas de Africa: el Atlas y los montes de la Lu-
»na: así como, en Europa, los Pirineos, y en Asia, el Tauro, el Himalaya y
»el Khous, llamado Imao por los antiguos. A la misma ley han estado suje-
»tos, en su proyeccion, los archipiélagos volcánicos: sus islas están coloca-
»das en linea recta; de Sud á Norte, algunas veces, con muy pocos grados
»de inclinacion Oeste, igual á la que la fuerza magnética causa en la brúju-
»la. Lo mismo acontece con las Antillas en número de trescientas. Las Fili-
»pinas y las Molucas tienen idéntica posicion.

»Creeríase, ciertamente, imposible el llevar la luz de la cronología hasta
»unos tiempos tan remotos y envueltos en densas tinieblas. Sin embargo,
»hasta allí ha podido penetrar una ciencia ingeniosa. El Occéano, padre de
»todas las cosas, como le llamaba la antigüedad, que ya sabia, hace veinte
»y cinco siglos que la tierra habia salido de él, el Occéano, habiendo cu-
»bierto la superficie del globo con sus aguas turbulentas y fecundas, deposi-
»tó, en todas partes, sedimentos análogos á los que arrastran nuestros rios.
»Las capas que formó, aunque acumuladas, se distinguen perfectamente en-
»tre sí, y cada una pertenece á una época en que puede fijarse la edad com-
»parativamente á la de otras estratificaciones.

»Los terrenos, que constituyen estas capas, en órden á su prioridad, son,
»principiando por los mas antiguos:

»1.° El calizo de Jura, llamado Oolitico, en razon á asemejarse á hue-
»vecitos los granos de que se compone. Son restos microscópicos de conchas,
»cuyo número debió de ser prodigioso.

»2.° Los asperones verdes y la creta, que, no obstante su homogeneidad
»aparente, no es mas que una trituracion de animales testáceos.

»3.° Los terrenos terciarios, que son los que se han formado, en la épo-
»ca mas cercana, con los depósitos de conchas.

»4.° Los de terromonteros ó de arrastre, de que se componen los mor-
»rillos, el casquijo, la arena, y el limo amontonado por el tiempo, que, aun
»en nuestros dias, continúa este trabajo.

»Todos estos terrenos se formaron unos despues de otros, y sin duda nin-
»guna, mediaron entre ellos intervalos de siglos. En estos intervalos y cuan-
»do la série de los bancos era mas ó menos numerosa, las convulsiones del
»interior del globo abrieron, en su superficie, por medio de los depósitos oc-
»céanicos, las bocas por donde salieron las masas de los montes. Las capas
»horizontales de los terrenos de sedimento, levantadas por la fuerza de pro-

»yeccion de los gases elásticos, perdieron su posicion primitiva y se halla-
»ron colocados oblicuamente; pero variando muchísimo la colocacion oblí-
»cua al apoyarse en los flancos toscos de las grandes escrecencias que aca-
»baban de aparecer.

»Así es como se esplican dos fenómenos importantes: el uno es la incli-
»nacion atrevida y hasta vertical de los bancos formados de sedimentos,
»que, claramente, habian sido depositados en posicion horizontal. El otro es
»la existencia de conchas fósiles de origen marino, encontradas:

>En los Pirineos, por Ramond, á . . . . 3.300 metros.
>En Yungfrau, en los Alpes, por Saussure, á. . . . 4.000 »
>En los Andes del Perú, por Bouguer, á . . . . . . 4.040 »
>En el Monte Cailas, del Himalaya, por Gerard, á . . 4.900 »

»Pero, de estas esploraciones, la consecuencia mas inesperada y sorpren-
»dente, es el conocimiento que se adquiere de la edad comparada de los
»montes del globo. Los terrenos de sedimentos están sobrepuestos por el
»órden de su antigüedad; y es evidente que, cuando solo se encuentra el
»primero de los de su clase, en las capas colocadas en los lados de los mon-
»tes, es porque las otras tres clases no las habia formado aun el Occéano
»en la época de su proyeccion, que, por lo mismo, se remonta á los tiem-
»pos mas distantes. Mas si las estratificaciones verticales manifiestan al ob-
»servador la reunion de las cuatro especies de terrenos, juntos los unos á los
»otros, es prueba indudable que los montes no han salido á luz sino despues
»de la sucesion de todos los depósitos occeánicos y luego de la creacion de
»los seres que han poblado los grandes mares primitivos, siendo, por ello,
»su proyeccion casi moderna, si puede emplearse tal calificacion á hechos
»que ocurrieron hace ya miles de años,

»La observacion geológica demuestra que las montañas de Sajonia, el
»Monte-Pila, en el departamento de la *Lozère*, la Costa de Oro, que separa
»la hoya del Saona de las del Sena y del *Loire*, y que dan tanta fama á sus
»escelentes viñedos, son masas de incalculable antigüedad; porque se han
»presentado despues de la formacion del calizo Oolitico y antes de la forma-
»cion de las otras suertes de terrenos.

»En las vertientes de los Pirineos y de los Apeninos, las capas levantadas
»son el calizo Oolitico y el terreno de asperon verde y de creta. Estos mon-
»tes deben, por consiguiente, ser posteriores á los precedentes.

»Los Alpes occidentales, comprendiendo el Monte Blanco, arrojaron, en
»su proyeccion, no solamente las dos formaciones que hemos mencionado,
»sino tambien los terrenos terciarios. La enórme elevacion de estas masas

34

»no debe engañarnos; su orígen es mucho menos remoto que el de los Piri-
»neos; y la Galia estaba ya cerrada al Mediodia por esta cadena de montes,
»cuando todavia permanecia abierta por Levante, por el punto en que los
»Alpes debian de surgir.

»En fin, para no multiplicar estos ejemplos, el *Monte Ventoux*, en donde
»nace la fuente de *Vaucluse*, tiene en sus laderas, las cuatro especies de ter-
»renos de sedimentos sobrepuestos. Este es, por decirlo asi, un monte re-
»ciente; tambien, á pesar de su altura de mil nuevecientos nueve metros,
»contiene el espejuelo en capas considerables y hasta lignitos en esplotacion.

»Por estos testimonios, sacados de los mas antiguos archivos del mundo,
»se ve que los Pirineos son la primera cadena de prominencias de la Galia,
»y que los Alpes no les igualan en antigüedad.

»Las rocas primitivas ó plutónicas, como las llaman algunos geólogos,
»han agujereado la cubierta sedimentaria del globo, en otras partes del ter-
»ritorio de Francia. Hállanse desnudas en los departamentos de la antigua
»Armórica y en la Vandee.—En las dependencias de los Alpes y de los Piri-
»neos; y principalmente en el grupo montañoso de los departamentos de el
»*Lozère*, el *Corrèze*, el *Cantal*, el *Aveyron*, el *Creuse*, el *Alto Vienne*, el
»*Puy-de-Dóme*, el *Ardèche*, el *Dróme*, el *Loyre* y el Alto *Loyre*. En los
»otros sesenta y cuatro departamentos, los terrenos pertenecen á las forma-
»ciones terciarias, oolítica, cretácea y aluvial ó de transicion. Es necesario
»separar de las formaciones plutónicas las montañas mas altas del llano de
»la Auverña, arrojadas por los volcanes y cuyas rocas han sido trasforma-
»das por su accion. Estas montañas son nueve; y sus cimas se elevan á mas
»de mil metros sobre el nivel del mar.

»La estincion completa de los focos volcánicos, que habia en estas mon-
»tañas, es anterior á los tiempos históricos; porque César, que vivió en es-
»ta parte de la Galia, hubiera, seguramente, mencionado estos volcanes,
»por pocas que hubiesen sido sus muestras de vida. Era tan profunda la oscu-
»ridad que envolvia el origen de dichas montañas, que únicamente á mediados
»del siglo diez y ocho el mineralogista Guettard reconoció y anunció el primero
»que la Auverña estaba erizada de conos volcánicos cuyos cráteres habian ar-
»rojado innumerables corrientes de lava. Nosotros hemos hecho constar por
»investigaciones circunstanciadas que la estructura de sus antiguos focos
»ignívomes y la naturaleza de sus eyecciones no se diferencian de las de los
»volcanes de las Antillas, á dos mil leguas de distancia y bajo distinta zona.

»Pero las aguas dulces ó marinas fueron especialmente los agentes de la
»formacion del territorio de la Francia. Es, pues, indispensable determinar
»los rasgos característicos de cada creacion de terreno debida á su inter-
»vencion.

«I. Los terrenos terciarios que forman la capa superficial del suelo, en
»una vasta estension, están compuestos de depósitos sucesivos, horizontales
»en su asiento natural, pero muy frecuentemente inclinados ó enderezados
»incidentalmente. Compónense de arena, marga, arcilla, calizo grosero con
»conchas marinas de especies vivientes, de restos de cabezas sumamente
»desmenuzados, de osamentas de cuadrúpedos, que han desaparecido de la
»superficie de la tierra, ó que aun existen, y á veces contienen producto
»del trabajo de antiquísimas razas de hombres, como son fragmentos de vi-
»driado, hachas de piedra, barcos para pescar, y tambien navíos.

»Los terrenos terciarios constituyen, en Francia, tres grandes regiones:
»la mayor se estiende desde el 47 grados 30 minutos al 51 grados; comprende
»en parte ó en su totalidad: los departamentos del *Indre, Cher, Indre-et-Loire*,
»*Sarthe, Loiret, Eure-et-Loire, Seine-et-Marne, Seine-et-Oise, Seine, Eure*,
»*Seine-Inferieure, Oise, Aisne, Somme, Pas-de-Calais* y *Nord*. La segunda
»region forma una zona prolongada desde el Mediterráneo hasta el Alto Sao-
»na. Abraza: los departamentos de la *Côte-d Or*, del *Jura*, de S*aone-e*
»*Loire*, del *Ain*, del *Rhône*, de la *Drôme*, y continúa, siguiendo la ribe-
»ra izquierda del *Rhône* hasta Marsella. La tercera region contiene toda la
»hoya del Garona, y los departamentos de los Landes del Garona, de los
»Pirineos altos y bajos, del alto Garona, del Ande, del Tarn, de Tarn-et Ga-
»rona, de *Lot* y Garona y de una parte de la Dordoña. En resúmen contamos:

»16 departamentos de suelo terciario en la region del Norte.
» 7   »   »   »   en la region Oriental.
»10   »   »   »   en la region Occidental.

»En todo, treinta y tres departamentos formados en su mayor parte por
»terrenos calcáreos debidos á las aguas marinas ó á las aguas dulces, y que
»pertenecen á la última época geológica.

»II. Los terrenos cretáceos descansan debajo de los terrenos terciarios,
»y les son anteriores en el órden de su formacion. Constan de depósitos ma-
»rinos, formados de conchas, por lo comun reducidas á polvo, accidente que
»nos ha hecho creer por largo tiempo que eran una 'formacion de materia
»inorgánica. Hállase por todas partes una multitud de conchas bien conser-
»vadas, que hoy no existen en estado de vida. Son tambien muy comunes
»los restos de pescados; mas no se descubren ni osamentas de cuadrúpedos
»ni despojos de plantas, ni conchas terrestres ó fluviales. La posicion hori-
»zontal de los bancos cretáceos da lugar á creer que se han formado en una
»mar tranquila y profunda, en época en que los animales diferian entera-
»mente de los de nuestro tiempo. Dichos bancos tienen, por lo general mil

»pies de espesor, y una estension de muchos centenares de leguas. En el
»Berkshire, en Inglaterra, la creta llega á trescientos cuarenta metros, so-
»bre el mar, y en los Alpes hasta dos mil doscientos metros. En Francia,
»constituye uno de los ribazos de la hoya de Paris, y se prolonga desde el
»valle de *Braye* cerca de *Beanvais,* hasta *Sens,* en el *Yonne,* á una distan-
»cia de treinta y cinco leguas. Penetra en los terrenos terciarios y sobrepo-
»ne el asperon verde, formacion parcial, cuyos bancos tienen de diez metros
»á mas del triple de espesor.

La creta forma una suerte de terreno menos vasto y mas diseminado que
»la precedente. Su mayor zona es la de Champaña; se estiende por los de-
»partamentos del *Aime,* de la *Marne* y del *Aube,* hasta cerca del *Cher.* Se la
»ve al Oeste de la Viena, *Maine et Loire,* la *Sarthe* y el *Orne.* Otra zona
»se descubre en la Dordoña y la *Charcute.* Ultimamente, hay terrenos cre-
»táceos esparcidos á lo largo de la ribera escarpada de la Mancha, al pié de
»los Pirineos, y en los departamentos del Var. Su banco, que corre por de-
»bajo de los depósitos terciarios, se presenta en todos los puntos de donde
»estos han desaparecido, arrastrados, sin duda, por la corriente de las
»aguas. En diez departamentos forma la creta terrenos estensos; pero
»en otro mayor número de aquellos, solo se encuentra parcialmente.

»III. El Oolito ó calizo jurásico, es la tercera formacion de sedimentos.
»Se compone de calizo granado, que contiene Amonitas y Belemnitas de es-
»pecies diferentes de las que tiene la creta, y que se sabe que han vivido en
»los mares primitivos. Hay tambien en el calizo jurásico corales y otros
»zoófilos marinos. Sin embargo, las maderas fósiles que aquí se encuentran
»alguna vez, demuestran que habia, por consiguiente, tierras con arbo-
»lados.

»Debajo de esta formacion se asienta el Lias, ó calcáreo arcilloso, que le
»es como dependiente. Es azul, y contiene ostras de las llamadas Grifitas.
»Alli es en donde yacen grandes pescados fósiles, de la familia de los tiburo-
»nes, y reptiles de figura y dimensiones estraordinarias: el Ictiosauro y el
»Plesiosauro, que son tambien comunes en las formaciones anteriores. Créese
»que estos estraños animales respiraban como los cetáceos modernos, y que
»habitaban los mares bajos y cenagosos, y en las bocas de los rios en co-
»municacion con el Occéano.

»Los terrenos jurásicos se manifiestan en cuatro comarcas de Francia. Su
»gran region es una llanura alta que comprende: el *Jura,* el *Doubs,* el *Hau-*
»*te-Saône,* el *Haute-Marne,* la *Côte-d'Or,* el *Nievre,* el *Jonné,* el *Meurthe,*
»el *Moselle,* y hasta los *Ardennes.* Al Oeste, la misma formacion se repro-
»duce en el *Charante-Inferieure,* los *Deux-Sévres* y el *Vienne:* al Norte se
»prolonga por el *Orne,* Mancha y Calvados. En fin, *Lozère* posee terrenos

»jurásicos. Cuéntanse catorce departamentos, en los cuales esta formacion
»es mas ó menos considerable.

»Fácilmente se comprenderá que las localidades que se acaban de enu-
»merar, son aquellas en que rije el órden natural mas comun de las cosas.
»Hay muchas escepciones de este órden general, causadas por los efectos
»aislados ó combinados de las aguas dulces ú occeánicas, y por las eleva-
»ciones parciales. En los puntos que particularmente se han esperimentado
»estos efectos, las formaciones están divididas, levantadas con grandes grie-
»tas, ó confundidas todas. Mas, en su disposicion primitiva, los ter-
»renos de sedimento, están colocados como acabamos de decir.

»Inferiores á ellos están los lechos de arcilla plástica, luego las rocas
»metamórficas, cuya testura se supone que ha sufrido alteracion por su
»contacto con las rocas plutónicas aun incandescentes. Estas, que se com-
»ponen especialmente de granito y de pórfido, son, como todo el mundo sa-
»be, los materiales de los cimientos del globo.

»Esponiendo circunstanciadamente con respecto á una localidad notable
»y bien esplorada, los fenómenos geológicos que, en general, hemos
»indicado poco há, esperamos que serán mejor comprendidos haciéndolos
»mas patentes.

»El juzgar que, en los primitivos tiempos, todo seguia la marcha regular
»que sigue hoy en dia, es un error. Habia, como no puede negarse, algo de
»impetuoso y de desordenado en los pasos de la Naturaleza. Mil pruebas
»atestiguan, que las aguas del Occéano, no bajaron como bajan las inunda-
»ciones de nuestros rios, ó como se retiran los mares, por el reflujo. En vez
»de ser lento y gradual, se hizo rápidamente, con violencia, á semejanza
»del repentino deshielo del invierno; y enormes pedazos de granito, arran-
»cados de las montañas é impelidos por las aguas, han dejado en las rocas
»las señales de su choque. La observacion enseña, aun al presente, despues
»de tantos siglos, la pujanza, la elevacion y el camino de las corrientes que
»imprimieron aquellas marcas en las paredes de los montes.

»Otro fenómeno sorprendente, es la vuelta reiterada del Occéano, á las
»mismas regiones, abandonadas antes. El sitio en que estamos escribiendo,
»en el arrabal de San German de Paris, ha sido inundado tres veces por el
»mar, sepultando á ochenta brazas de su superficie, el suelo que habia cu-
»bierto primero, y que, no obstante, estaba diez y siete metros sobre el ni-
»vel actual del Occéano.

»Dichas repeticiones suponen que el mar de estos parages, estaba some-
»tido, como sucede todavía al de los Trópicos, al flujo, que aumentaba, en
»proporciones colosales, su altura, el impulso de sus corrientes y la furia de
»sus olas. La elevacion de su temperatura, mayor que la de la atmósfera,

»era probablemente la causa de estas grandes perturbaciones. Hemos de-
»mostrado en otra parte, que este era tambien el origen del terrible azote
»llamado en el mar de las Antillas, Huracan, y, en el de las Indias, Tifon.
»Es un testimonio mas en apoyo de la opinion de que, entonces, el calor del
»globo comunicaba á las aguas del Occéano, que cubrian la Galia, una tem-
»peratura sumamente elevada y probablemente mas cálida que la que, en
»la actualidad, tiene la zona tórrida.

»En medio de estas revoluciones nació la tierra que es nuestra patria (la
»Francia). Pero cuántas vicisitudes debió de sufrir? Cuántos cambios ten-
»dria que esperimentar para ser lo que hoy es¿

»En una edad desconocida, pero inmensamente retrasada hácia el origen
»de las cosas, el Occéano, que inundaba el suelo francés, depositó una pro-
»digiosa porcion de creta y de conchas pelágicas, y formó con estas mate-
»rias el cimiento primero de él. Ignórase hasta donde llega esta estratifica-
»cion en la hoya de Paris; su espesor conocido es de cincuenta y siete me-
»tros, ó sean ciento setenta y cinco piés, de los cuales veinte y uno han sido
»esplorados mas abajo del nivel del Sena. Este gran depósito cesa de repen-
»te, y se le sobreponen dos estratos de cabo á cabo y no uno sobre otro. Es
»un calizo síliceo, sin conchas, y despues un calizo tosco, con ellas, distin-
»tas de las que tiene la creta. Los testáceos traidos por esta nueva irrupcion
»del mar son infinitos, y forman bancos muy estensos.

»El mar se retira, y el suelo, que cubren las aguas dulces, crece y se
»eleva, en su seno, por las capas alternativas de espejuelo y de marga
»que envuelven los restos de los animales, que poblaban las orillas de los
»lagos.

»El Occéano vuelve por tercera vez; destruye toda esta creacion,
»y no deja mas cuerpo organizado que ostras y otras conchas bival-
»vas.

»Por último, un reflujo hace que las aguas del Atlántico evacuen la tier-
»ra, y, por segunda vez, es el suelo invadido por las aguas dulces, que
»llevan, hasta la cima de las cuestas mas altas, los despojos de sus habi-
»tantes.

»Esta sucesion de fenómenos geológicos, para formar la tierra de la
»Francia es tan interesante, que juzgamos deber insistir sobre estas particu-
»laridades, enumerándolas, por su órden cronológico.

»1.° Base granitica sumergida, en una profundidad desconocida; la curva
»que describe, tiene sus estremidades: una de ellas en los Alpes, y la otra
»en el llano de la Armórica. Su origen es tan antiguo como el del globo
»mismo.

»2.° Creta, inmenso depósito, con lechos de sílice, cuya existencia es

»enigmática. Contiene belemnitas, conchas univalves, que la caracterizan,
»dientes de lija, crustáceos, esquinos, initéporas y otras pruebas de la pater-
»nidad del Occéano.

»3.° Arcilla plástica, blanca, pizarreña, roja, sin conchas ni vestigios
»de plantas ó de animales.

»4.° Calizo tosco y asperon marino, por capas, con conchas bien con-
»servadas: numulitos, ceritos, ostras, despues algunas ovas y piedras en que
»se ven estampadas figuras de plantas articuladas, depositadas lentamente
»en un mar tranquilo.

»5. Espejuelo y marga, en capas alternativas. En la primera de estas
»formaciones de agua dulce, hay esparcidos, esqueletos de tortugas, de pes-
»cados, de pájaros y de cuadrúpedos, desconocidos en épocas anteriores y
»posteriores.

»6.° Marga marina, amarilla, que contiene huesos de pescados, plantas
»llamadas peines de pastor, pescados dichos rayas, patas de langosta, gran-
»des ostras y otras conchas.

»7.° Asperon sin conchas, arena y piedra de molino sin fragmentos tes-
»táceos.

»8.° Marga de agua dulce, con conchas.

»9.° Limo de terrero, morrillos, almendrillas, marga arcillosa, turba
»bosques enterrados en la arena.

»Ha habido, en resúmen, para crear el suelo de la Francia:

»1.° Una formacion de rocas primitivas ó plutónicas, sumergidas por el
»Occéano desde los primeros dias del mundo.

»2.° Tres formaciones neptunianas, cuyos agentes han sido las aguas del
»mar.

»3.° Tres formaciones lacustres ó fluviales, debidas á la intervencion de
»las aguas dulces.

»4.° Tres ó cuatro formaciones intermediarias.

»Total: diez creaciones geológicas, de las cuales, una, es debida á la flui-
»dez ígnea del globo, ó nueve á las olas del Occéano, ó á las aguas dulces
»de los lagos y los rios. Beaumont cuenta hasta doce dislocaciones de terre-
»nos, que indican otras tantas revoluciones físicas y la accion eficaz de fuerzas
»de la Naturaleza, aplicadas á la estructura de la parte maciza mineralógica
»de la Francia.

»En la observaeion de cada una de las capas, que componen esta parte
»maciza, se ve desenvolver la vida orgánica rápidamente y con una fuerza
»creciente á medida que los estratos se acumulan, y que el tiempo, este ele-
»mento necesario para todas las cosas, une unos á otros los grandes perio-
»dos seculares. Pero lo que ha causado mas sorpresa, es la esploracion de

»los hechos de la formacion quinta, en donde se han descubierto, metidas en
»el espejuelo osamentas infinitas de mamíferos desconocidos. Admira la va-
»riedad, lo estraño y complicado de la organizacion de todas estas especies
»de animales, que tanto precedieron al hombre sobre la tierra, y que no na-
»cieron sino para perecer, dejando únicamente, para prueba de su existen-
»cia, sus esqueletos dentro del espejuelo, depositado por las aguas de las
»lagunas.

»La espesor de esta formacion notable, es de quince metros: se eleva á
»treinta metros sobre el nivel actual del Sena; pero ha dejado rastros mu-
»cho mas altos; entre otros:

> El monte Valeriano, de. . . 136 metros de elevacion.
> La cuesta de Pantin, de. . . 110 »
»La cima de Montmartre, de. 103 »

» Las capas horizontales, observadas en la seccion de estas alturas, pre-
»sentan una correspondencia perfecta, que junto con la identidad de su com-
»posicion, demuestran ser vestigios de un terraplen, cuya contigüidad ha
»destruido la accion de las aguas. El espejuelo que suministran, con el nom-
»bre de Yeso, para la construccion de edificios, contiene multitud de huesos
»fósiles, cuyo descubrimiento ha hecho que Jorge Cuvier hallase y describie-
»se, con admirable sabiduría, estos testimonios desatendidos de las antiguas
»revoluciones del suelo francés.

»Mientras este período de fecundidad, la causa misteriosa de las irrupcio-
»nes del Occéano al través de la Europa, y hasta una altura enorme sobre
»el lecho natural del mar, nada habia perdido de su prodigioso poder. Otra
»tercera inundacion marina invadió el suelo, que habitaban estos animales,
»sobrecargándole de una materia sólida de quince metros de espesor, com-
»puesta de arenas calcáreas de marga, de asperon y de otras sustancias y
»amalgamas marinas.

»Aquí concluye la intervencion del Occéano. Mas quedaron, no obstante,
»sobre los terrenos que habia acumulado, dos formaciones de agua dulce,
»de veinte y ocho metros de altura, compuestas de aluviones arenáceos, de
»turbas y de piedras calcáreas, que sirven para edificar las casas de Pa-
»ris.

» Estas observaciones, hechas en el suelo de Francia, y especialmente en
»la demarcacion de Paris, por los primeros geólogos del presente siglo, ates-
»tiguan que debe su orígen á tres formaciones marinas, alternadas con tres
»formaciones de agua dulce, y seguidas de otra gran formacion aluvial, que
»le han dado de altura desde diez y siete metros sobre el nivel del Occéano,

Lightning Source UK Ltd.
Milton Keynes UK
UKHW020923150822
407319UK00007B/1371